特此鸣谢

本书的理论研究成果获得
广东省第六届哲学社会科学优秀成果二等奖（2015）

本书相关的理论基础研究
得到国家自然科学基金资助
（批准号：70972077、71372152、71972190）

数字化时代
建立领导品牌
理论与模式创新

蒋廉雄 著

Building a Leading Brand
in the Digital Age

The Innovation of Theory and Model

社会科学文献出版社
SOCIAL SCIENCES ACADEMIC PRESS (CHINA)

自　序

现代品牌的发展经历了百余年的历程。过去的一百年，是由欧美品牌主导的工业化品牌时代。当前，处于工业化时代与数字化时代交替之际。新的营销现实显示，现有一切的营销可以重来，现有一切的产品可以重构，越来越多的品牌可能加速消失。重来、重构和消失的结果是带来新营销、新产品和新品牌的产生机会，且是不可计数、无法想象的史无前例的新机会。正因为如此，中国企业在品牌建立上面临所谓的百年未有之变局，即中国企业建立领导品牌，遇到了全新、重构的时代性机会，正如百年前欧美企业遇到工业化时代的机遇一样。

在数字化时代如何建立领导品牌、实现中国品牌的中国梦，是政府、企业和学界近年关注的问题。本书立足中国市场现实基础，从中国品牌观察视角，探索领导品牌建立的总体战略。它是位于具体战略和策略之上的顶部层次品牌化战略。长期以来，品牌化被误解的一个重要地方是，将品牌营销活动看作品牌建立的主体内容，或将品牌化的具体战略当作总体战略。本书在区分层次的基础上对其加以研究。

在从事营销研究的学术生涯中，我从一开始就专注于品牌化战略的研究。本书在总结自己近年关于品牌化战略思考、多项定性研究成果基础上，探讨数字化时代建立领导品牌的战略问题，确定产品作为品牌本体的理论取向，建构理论基础，分析新的战略模式和实现方式，目的是对数字化时代的品牌化战略探索建立新的理论框架和营销指引。

一　取向

品牌与产品、营销到底是什么关系，这是进行品牌研究前要明确的取向问题。本书将产品作为品牌本体看待，品牌的建立围绕识别消费者的需要来进行产品本体的发展、意义化以及效应增强，发展、创造本体是品牌建立的条件、基础和中心。这一取向不同于长期以来关于品牌的两种传统取向。其一是将品牌独立于产品，认为品牌仅仅是产品之外的附加价值，品牌是通过名称、标识、口号、广告、公关、代言人及其相关营销活动营造的"虚有"之物，忽略了产品这一"实有"部分。其二是将品牌看作产品价值加上附加价值，认为品牌是"实有"加"虚有"的结合，或者产品是品牌的载体。[①] 但在研究和实践上，研究者和营销者实际上仍然强调品牌的"虚有"成分和作用。品牌的打造仍然主要从品牌要素设计、广告、赞助以及开展热门营销活动等方面来进行。

之所以要采取、坚持产品作为品牌本体的取向，是试图对品牌概念、品牌化战略、品牌营销的分析和实践还原长期被忽视的真相。这一真相被喧嚣的日常营销活动所掩盖，它们过度吸引了我们的注意力。从外向里，本书想探索和呈现的是：①发展、创造产品这一本体是品牌建立的条件、基础和中心。②发展产品作为品牌本体以及对本体的意义化，是品牌价值的永续来源和品牌化战略的关键问题。③产品作为品牌本体是品牌建立最大、最好、最持久、最经济的自发驱动器，尤其在数字化时代。④对于产品如何原创化和围绕产品本体的意义化这一被学界和业界轻视的关键问题，需要新的品牌化战略模式来解决。

过去的经验已经告诉我们，产品作为品牌本体的成功与否是品牌

[①] 关于品牌研究的两种取向的分析和体现，可参见第一章末的相关文献（何佳讯，2016，2017；Keller，2013；Kapferer，2013）。

成功与否的主要原因。从可口可乐、海飞丝、苹果 iPhone、王老吉、老干妈、华为、格力、微信、淘宝、京东等品牌的成功可以看出，产品作为品牌本体的成功是这些品牌成为市场领导者的关键。再看看失败的例子，当年开机铃声"Nokia tune"响遍我们周遭的诺基亚，通过"留住生活美好一刻"广告曾感动过神州大地你、我、他的柯达，早年以天价竞得央视广告标王的那些品牌，昔日国内电视机市场牛气冲天的品牌，以及在 21 世纪初曾崛起让国人看到中国品牌希望但又跌落的那些手机品牌等，其失败均可归因于产品的不足，甚至溃败。再向前设想下，华为、vivo、OPPO、小米等谁能最终成为手机市场的领导品牌，以及众多中国企业能否在所在市场建立领导品牌，莫不取决于其能否打造伟大的产品。

领导品牌的建立，最大的奥秘在于它在市场中率先定义了产品的利益、类别、属性以及它们融合而成的产品形态。王老吉成为凉茶饮料产品的领导品牌，是营销者对民间中药凉茶，在利益满足上从事了从"治疗上火"到"预防上火"的调整，在产品类别上进行了从"药品"到"饮料"的转变，在属性上主要采取了降低味道的"苦"而增加味道的"甜"的取舍。经过上述转化，首次定义了由预防上火利益、凉茶饮料产品类别、甘甜味道、浅褐颜色、草本芳香等属性融合而成的新饮料产品形态。① 在市场上率先推出后，成为凉茶饮料领导品牌。其间，市场上出现过多个跟风的凉茶饮料品牌，它们面对由王老吉定义的独特利益、类别、属性构成的产品长城，不但无法动摇其领导地位，而且有些已经销声匿迹。在移动即时通信市场，微信通过率先推出即时通信应用程序，并以快速迭代方式定义了集即时沟通、娱乐社交和生活服务于一体的移动生活平台的新产品形态，成为市场领导者。虽然微信与可口可乐、王老吉等传统消费品牌定义产品的方式不同，前者通过快速迭代进行产品创新，后者首次定义类别、属性并保持初始产品形态不变，但它们有异曲同工之妙，即在结果上

---

① 参见蒋廉雄主持的罐装王老吉品牌定位项目研究报告（2003 年 2 月）。

都是通过成功定义由利益、类别、属性构成的独特产品形态来打造伟大的产品以取得品牌建立的成功。产品是这些品牌立于市场中心的基石，也是维护其领导地位的护城河。日常的各种营销活动，只不过是对其品牌化战略进行实施，达到增速、提升、增强或保护的目的而已。

二　基础

在理论上，本书根据学者们的共识，从消费者出发，以消费者的品牌知识作为品牌化战略建立的起点和基础。本书回顾了品牌知识研究的主流理论、研究方法以及认知心理学视角、消费者行为视角、品牌特征视角和整体视角的研究演化，有针对性地分析了作为品牌主流理论和方法的联想网络理论和自由联想方法的性质和问题。本书在研究上运用类别化理论作为品牌知识和品牌战略模式分析的理论基础。

根据类别化理论，在人们的认知世界中，万物皆类别，万物皆概念。在消费世界，产品、品牌等任何营销提供物，以及某一品牌意义，如品牌为消费者表达身份的象征意义，均可看作消费者从事类别化加工后形成的不同层次、不同性质、不同内容的概念。这些概念的形成体现了消费者的某种期望。遵循消费者的类别化加工原理，一个要在某个类别市场成为领导者的品牌，必须在市场中建立代表性，即具有高的产品典型性。而要具有高的典型性，就是它在市场，更准确地说是在消费者的世界中，首次识别、定义了产品的类别、属性并使其实现最高的表现水平。

从品牌类别化的角度看，一个品牌在某个产品市场建立高的典型性，成为该市场中的代表——品牌原型。它奠定了领导品牌建立的内在机制，包括：①作为类别成员优先进入消费者的认知集，获得消费者的优先关注；②其定义的产品利益、类别、属性成为消费者对其他品牌产品的评价标准；③与品牌使用率、品牌态度、品牌选择存在高相关性，塑造消费者的认知和购买行为；④作为产品类别和市场品牌代表的认知，构成了市场进入的壁垒以及领导地位维持的护城河；⑤消费者根据品牌的社会声名、营销地位和表现能力对品牌的产品延伸进行评价，超越产品类别匹配性的限制，使领导品牌能较灵活地进行市场扩展，甚至具有成为跨多个类别的超级品牌的可能性。

三　模式

在战略模式上，本书分析和评价了工业化时代基于竞争者差异化的模式，认为数字化时代的品牌建立，在市场建构、提供物发展、意义化和品牌化驱动器的选择上具有不同于工业化时代的性质和特征。提出了领导品牌的战略模式不是基于竞争者的差异化，而是基于消费者期望的原型化。本书从市场假定、消费者认知机制、战略参照、战略方式四个方面对其进行了新的界定和分析。

四　实现方式

"期望－原型化"是一种新的战略模式，探讨它的实现方式是理论落地的重要问题。本书根据"市场－提供物－驱动器"这一品牌化的市场决定机制，对数字化时代企业建立领导品牌的战略模式，从市场建构、原型化方向、提供物的原创化、品牌意义塑造、品牌化驱动器建立等方面依次进行了操作性分析。

（一）市场建构

分析了市场建构是通过建立满足该市场消费者需要的产品类别的定义来实现。仅从互联网方面看，互联网发展产生的市场风口期似乎已过，但实际上数字化时代的市场尚未成形。尽管网络购物市场随互联网发展出现最早，发展也较充分，但也不能说格局已定。拼多多以独特的网上拼购模式横空出现，同时通过识别、建构新市场空间搅动淘宝、天猫、京东主导的网络购物市场格局只是新近的例子，以后还会有新形态的电商大品牌出现。无论针对现有市场还是未来市场，建立领导品牌必先具有创建属于自己原创市场的宏愿。原创市场也为建立品牌原型从而最大化地产生品牌效应奠定基础。本书分析了数字化时代市场建构的四个主要市场领域：①现有的低度或空白性品牌化的产品市场，②资源产品市场，③在技术演变中出现的新产品市场，④社会发展、环境变化产生的新需求催生的产品市场。

（二）实现以提供物为中心建立品牌原型成为领导品牌

市场中的品牌有多种形态，如依赖广告兴起和维持的品牌、凭借包装打造的品牌、依靠价格撑起的品牌、追赶风潮建立概念的品牌，这些品牌可一时蹿红，甚至能取得短期成功，但很少能成为领导品牌。以长期成功为目标的领导品牌，是属于以提供物为中心的品牌形态的。本书分析了以提供物为中心建立品牌原型的主要方向。一是基于提供物本体的品牌原型，包括：①纯粹产品品牌原型，②平台支持/杠杆的产品品牌原型，③平台品牌原型。二是基于提供物意义的品牌原型，包括：①身份品牌原型，②标志品牌原型。最后，提出和分析了数字化时代领导品牌的新形态——超级品牌。

（三）实现提供物的原创化

从利益、类别、属性三个层次分析建立原创性产品成为市场代表的问题。一个品牌在市场中首次定义的独特利益、类别、属性以及意义，构成了它的基因。

在产品利益上，对现有的定义进行了扩展。产品具有直接性利益和延伸性利益。产品的直接性利益和延伸性利益是品牌价值的内生来源。

在类别建立上，分析了发展方向，定义了数字化时代最可能出现的四种提供物形态：①产品作为产品，②产品作为平台，③平台作为产品，④混合型产品。

在属性定义上，分析了数字化时代的产品物理与现实属性和新属性的定义。分析了产品通过数字化如何强化，重新定义了互动性、体验性等现有属性问题，首次提出和定义了"通灵性"这一数字化时代的产品新属性概念，并阐述了它对产品形态带来的革命性改变的性质。对低度或空白性品牌化的现有产品、资源产品、新技术发展出现的新产品、社会发展和环境变化产生的产品，对如何选择保持、改进、转化、创新及重构通过属性定义建立原创产品的方式进行了分析。

（四）品牌意义的塑造

消费者感知的品牌价值来自多个方面，如产品、标识、广告、包装、价格、渠道与销售方式、售后服务等。但产品是品牌价值的内生来源，是外生来源价值存在和实现的基础。品牌价值实现的基本方式是以产品为基础的意义化。本书在回顾相关研究基础上，提出和分析了品牌本体意义、象征意义和文化意义。其中，品牌的本体意义是指品牌基于产品所具有的意义，是品牌意义塑造的根本和基础。分析了来源于产品的品牌独特性、先进性、正宗性和优异性的塑造方式。随后，界定了品牌的象征意义和文化意义，以及它们与身份品牌、标志品牌的关系。从内生、外生方面，分析了品牌的象征意义和文化意义的塑造与身份品牌、标志品牌建立的策略。

（五）建立品牌化驱动器

品牌营销的策略性活动一直被误解为品牌营销的主要内容。本书将其看作品牌化驱动器的一部分。数字化时代不但为品牌建立带来了前所未有的市场机会，也让品牌塑造产生了新的逻辑和方式，包括品牌化驱动器。本书在定义品牌化驱动器概念基础上，界定了内部和外部、自发和非自发驱动器的类型。重点分析了数字化时代两种重要的品牌化驱动器：①品牌的数字化嵌入，②产品作为原驱动器（自发驱动器）。前者针对当前广为关注的新策略，提出和界定了品牌数字化嵌入的概念和方式。后者则是针对长期忽视的问题，从新的角度进一步认识和强化产品在品牌建立中的作用。

本书共分为六章，采取层层递进的方式，实现从理论到应用的研究思路。其中，第一章进行品牌化战略的基础理论研究回顾，对作为品牌化理论基础的品牌知识研究现状进行述评。第二至三章是关于品牌化战略的基础理论创新的建构性研究，包括重新理解品牌认知模式与品牌效应发生机制、重新理解品牌的产品意义与战略价值。第四至六章围绕数字化时代建立领导品牌的战略模式创新问题展开研究，包括品牌化的新时代与品牌化理论创新的可能性与途径、数字化时代建立领导品牌的战略模式、数字化时代建立领导品牌的战略模式的实现方式。

品牌化是科学，也是艺术。本书试图在对其科学与艺术双重性质的理解、把握中从事建构性的品牌化理论与战略分析。但任何探索和分析总是有局限的，本书也是如此，还望营销学界、业界同仁加以批评与指正，以在日后有机会时进行完善。

蒋廉雄

2019 年国庆节假期于中山大学

目　录

第一章
消费者品牌知识研究的现状、
问题与展望

一 引言

  自 20 世纪 80 年代，品牌成为营销学研究的重要领域。从 90 年代开始，学者们不断探索和发展品牌新的研究领域、主题和方法（卢泰宏和周志民，2003；Muniz，1997），以增加对品牌的理解，提高品牌管理的有效性。多年来，学者们发展了品牌形象、品牌定位、品牌资产、品牌个性、品牌关系、品牌延伸、品牌联盟、品牌社区等品牌管理理论（卢泰宏等，2009），这些品牌化理论的发展，主要以理解、运用消费者的品牌知识为基础。其内在的假定是，品牌存在于消费者心中，消费者在日积月累的品牌感知、接触、学习、体验中形成的品牌知识是解释消费者行为基础变量之一，包括影响其对品牌的态度和选择（Keller，1993，2013）。这一前提性问题在 20 世纪 90 年代关于品牌资产理论的研究中进一步得到了明确。学者们提出品牌知识是品牌资产来源的命题，并指出品牌知识对于公司营销战略具有重要的意义——公司在提高营销产出性上最有价值的资产就是公司投资于营销活动时在顾客心中所创造的有关品牌的知识（Keller，1993）。基于此，品牌管理被界定为企业基于消费者的品牌知识，并在产品水平上展开的决策及其活动（Kotler 和 Keller，2016；Keller，2013）。

无论是从理论分析还是从品牌管理实践上，品牌知识是品牌化战略建立的起点和基础性理论（Keller，2003；卢泰宏，2017）。了解品牌化战略的发展，有必要首先回顾品牌知识的研究状况。

二　品牌知识概念

（一）知识的概念

长期以来，哲学家、语言学家和心理学家一直在探究人类究竟怎样在大脑中组织和表征外部世界的问题（艾森克和基恩，2004），对这一问题的探索形成了关于知识（knowledge）的研究。学者们认为，知识是人类以符号形式对外部世界信息进行编码加工的认知表征，这种编码后的表征以某种组织形式或结构贮存在人类的记忆中（Kanwar 等，1981）。

知识体现了人脑中信息的存储方式和呈现形式，人类知识的形成是信息在人脑中的存储与组织的过程。人类对信息的编码、存储和组织，有形象性的表征，称为表象表征；也有抽象性的表征，称为命题表征。对知识的主要研究对象是命题表征。故此，人们通常认为知识的心理表征是以抽象概念为形式来存储知识和组织信息的具有内在联系的符号活动（梁建宁，2003）。

在知识概念中，符号和表征是两个重要概念。符号（symbol，sign）是泛指代表、表示或意指他物的一切东西。表征（representation）是指反复指代某一事物的任何符号或符号集，某一事物可能是外部世界的一个特征或所想象的一个对象。通过心理表征，人类建立知识的内容和形式。认知心理学家们认为，表征是记忆中的信息编码，个人能够创造、保持和使用表征（Smith 和 Queller，2004）。

（二）品牌知识的概念

品牌知识（brand knowledge）是消费者品牌知识（consumer brand knowledge）（Keller，2003）或关于品牌的消费者知识（consumer knowledge of a brand）（Park 等，1986；Keller，2001）的简称。依据认知心理学的知识概念，品牌知识是消费者对品牌的心理表征（mental representation）或对品牌的认知表征（Peter 和 Olson，2001）。品牌知识体现了消费者心中关于品牌的概念或认知模式。

品牌知识的概念发展自消费者知识概念。消费者知识具有内容特征和结构特征（Alba 和 Hutchinson，1987；Brucks，1986）。消费者知识的内容是指关于消费者贮存在记忆中的信息的主观之物（Brucks，1986），具体是指贮存在消费者记忆节点中的信息类型（Dacin 和 Mitchell，1986）。消费者知识的结构则是指消费者关于某一领域的信息在记忆中的组织方式（Dacin 和 Mitchell，1986）。消费者知识的内容与结构互相依存、不可分离（Lawson，1998）。

消费者知识概念强调消费者对产品的相关认知，品牌知识包含在消费者知识概念中，即品牌知识是消费者知识的构成维度或内容之一（Brucks，1986；Park 等，1992）。随着对消费者知识研究视角的扩展，学者们不但将消费者有关品牌的认知纳入了消费者知识概念，并提出"品牌知识"的独立概念（Park 等，1992）。

对品牌知识的另一定义由品牌研究者 Keller（1993）提出。Keller（1993）在其建构的基于顾客的品牌资产理论（customer-based brand equity，CBBE）中，将品牌知识定义为消费者记忆中的品牌节点，这些节点通过联想联结。之后，Keller（2003）又将品牌知识定义为贮存在消费者记忆中的有关品牌的个人意义，即消费者所有有关品牌的描述性和评价性信息。他进而总结，品牌的力量在于消费者在日积月累的体验中关于品牌学习、感觉、看到和听到了什么，即品牌的力量在于在消费者心中驻留了什么（Keller，2013）。无论是进行品牌管理还是建立品牌化理论，建立和分析品牌知识都是其重要基础。

三　现有研究的理论与方法

（一）联想网络理论

品牌知识研究的理论基础是认知心理学，其有关知识表征的理论和概念构成了它的基本框架。其中关于语义记忆结构（semantic memory structures）的联想网络理论（associative network theory）在品牌知识研究中处于主导地位（Lawson，1998；Mitchell，1982）。例如，在消费者行为的主要教科书中，主要采用联想网络记忆模型作为知识分析的基本理论（Lawson，1998）。在品牌知识研究中，Keller（1993）首次提出基于顾客的品牌资产分析框架时，也以联想网络理论作为基础理论。随着Keller基于顾客的品牌资产理论，包括其中作为品牌资产来源的品牌知识分析框架被广泛接受，联想网络理论也被多数学者作为进行品牌知识研究的基础理论。

20世纪60～70年代出现的联想网络理论，其基本思想体现在关于记忆的联想网络记忆模型（associative network memory model）中（Mitchell，1982）。联想网络模型也称为联想网络结构（association network structure）（Lawson，2002），在其发展过程中综合了不同修正模型，如扩展激活模型（spreading activation model）（Collins和Loftus，1975）、层次语义网络模型（hierarchical network model）（Collins和Quillian，1969）的思想。

联想网络记忆模型的基本假设是，人的记忆由节点网络（a network of node）和各种联结环（connecting links）构成，节点是记忆中贮存的信息或概念，联结环体现了各个节点互相联想的强度（Keller，1993）。品牌知识就是记忆中通过联想联结的品牌节点，消费者在激活了一个节点后，通过联结环自动向相邻的节点传导。

联想网络理论的基本原理是：①记忆网络。记忆网络由节点（概念）和联结环组成，联结概念的联结环具有强弱程度之分。②激活加工。信息或知识的提取依赖激活加工（activation process），当某个节点（概念）被激活后，通过联结环传递到与其联结的下一节点。③计算机隐喻（computer metaphor）。人的记忆是类似计算机的巨大的可填充信息的容器（Mitchell，1982）。

在联想网络理论中，主要采用直接联想方法开展研究。它是对消费者关于产品、品牌的直接联想的知识内容的分析，如 Brucks（1986）通过被试对运动鞋的自由回忆（free recall）归纳了消费者知识内容的八种类型。

（二）测量方法

1. 直接测量与间接测量

以认知心理学的联想网络理论为基础，学者们在消费者知识的内容和结构研究方面发展了直接测量和间接测量方法，见表1-1。

（1）直接测量方法。

直接测量（direct test）是对消费者知识内容本身的测量方法，包括纸-笔测试（paper-pen test）、自由反应（free response）方法，涉及自由联想（free association）、自由回忆（free recall）和自由启发（free elicitation）、问卷调查等多种技术。其中对自由启发进行口语记录分析（protocol analysis）是最主要的方法（Lawson，1998）。

（2）间接测量方法。

间接测量（indirect test）是通过测量消费者相关变量来推测消费者知识水平的测量方法，包括自我报告（self-report）、使用经历调查（experience investigation）等技术（Alba 和 Hutchinson，1987；Kanwar等，1990；Mitchell 和 Dacin，1996）。

2. 主观测量与客观测量

从获得测量结果的性质区分，消费者知识的测量还可分为主观测量（subjective test）和客观测量（objective test）。

主观测量反映消费者的主观知识水平，或称作自我评估知识水平，是消费者对品牌个人感知的结果。自我报告、问卷调查均属于主观测量。客观测量反映消费者的客观知识，是消费者个人事实上贮存在记忆中的信息数量、类型以及组织的结果（Alba 和 Hutchinson，1987；Brucks，1986）。使用经历调查和纸 - 笔测试一般应用于客观测量。

在某种类型的测量方法中，还发展了专门的具体测量方法。例如使用经历中的购买频率调查（frequency of purchase）（Alba 和 Hutchinson，1987）、自由反应中的自由启发（free elicitation）、关键词记忆探测（key-word memory probes）等（Mitchell 和 Dacin，1996）。

表 1 - 1　消费者知识内容的测量方法

项目	技术	研究程序
直接测量	自由联想	根据联想网络理论中的扩展激活观点发展而来，被认为是最简单和有力的方法。问被试听到某个品牌时想到什么，测试时不加任何具体的刺探或线索
	自由启发	与自由联想在原理上一致，但操作时有所区别。研究者在研究前确定具体的刺探（probes），在正式测试时研究者读出一刺探，被试口头说出所想到的任何内容
	纸 - 笔测试	进行多重客观选择测试（objective multiple-choice），根据正确答案数量计算知识得分（knowledge score）。属于客观测量技术
间接测量	使用经历	对产品的购买频数/量或使用经验，例如购买频率（frequency of purchase）调查
	自我报告	被试通过一系列测项评估自我知识水平，诸如对该品牌的熟悉性等评价。属于主观测量技术

说明：笔者根据文中相关参考文献整理。

3. 其他方法与新近发展

对于消费者的知识搜寻、加工过程与机制，学者们也发展了多种方法，较早开始使用的有信息展示板（information display boards，IDBs）、任务完成方法（task methodology）（Brucks，1986），以及词库网格任务技术（repertory grid task）（Kanwar 等，1981）。信息展示板是早期使用认知心理学实验方法研究消费者知识的主要技术，它将产品信息按照品牌×属性的矩阵方式列在展示板上，其最大的优点是可以发现被试对信息的搜寻过程（Brucks，1986）。但这种形式良好的信息展示方式被认为与消费者实际接触的信息状况不符，因此学者们发展了任务完成方法。

任务完成方法在操作时由研究主持人员设定任务目标（task goal）和任务环境（task environment）。任务目标就是让被试在完成分配的某项购买任务时做出最终的评价，例如"您认为谁是质量最好的品牌"。任务环境就是在完成任务过程中控制或呈现的刺激，例如提供品牌、价格等信息线索（Olson，1978）。任务完成方法可测试消费者的知识组织等。

此外，自 20 世纪 70 年代以来，为了更真实地理解消费者的认知活动，甚至揭开大脑黑箱，认知心理学的学者引进了反应时测试仪、眼动仪、脑电图研究。到 21 世纪，学者们将功能性磁共振成像（fMRI）等更专业化的工具和技术引入消费者认知和行为，包括消费者品牌信息记忆、品牌评价的研究中（杜建刚和王琳，2012）。但这些方法存在经济成本与技术成本较高、测试过程中消费者高度不自在等问题。

总体来看，消费者知识研究发展了多样性的方法。但在品牌知识的研究中，主要借鉴其中的联想方法这一自由反应技术，并成为主导性的方法。它根据联想网络理论中的扩展激活观点发展而来。作为直接测量方法，操作时询问被试听到某个品牌时想到什么，与自由联想原理一致的自由启发方法，操作时与此略有区别。研究者在正式研究前确定具体的刺探（probes）（可以是一个线索或一个词），在正式测试时研究者读出一刺探，被试口头说出所想到的任何内容。在自由反应技术中，利用表格或录音设备记录被试的口头语言报告（protocol）。通过编码（encoding）对口头语言报告进行定性或定量分析（Lawson，1998；Russo 和 Johnson，1980；Brucks，1986）。

四　品牌知识研究的演化

对品牌知识的研究，可以从其研究背景、概念定义、知识分类的原则和标准、分析框架等差异入手，观察到认知心理学视角、消费者行为视角、品牌特征视角及整体视角四种研究的发展脉络。不同视角的研究除了对品牌知识内容和结构的探索不断取得进展外，其理论本身也在不断演化，这种演化体现在以下方面：①在研究水平上，从认知心理学视角和消费者行为视角的产品类别（product category，product class）水平演化为品牌特征视角和整体视角的品牌水平（brand level）的研究，研究概念也从消费者知识聚焦到消费者品牌知识；②在研究框架上，从认知心理学的概念框架，到经过消费者行为视角的拓展，直至转换为品牌化理论框架；③在模型建构上，从前三个视角对消费者产品知识基本维度和结构的探索、描述到整体视角的品牌知识综合分析框架的提出（蒋廉雄，2008）。

（一）认知心理学视角的研究

认知心理学视角的研究直接借鉴了认知心理学的知识概念框架，在产品类别水平上进行消费者知识的研究。该视角研究的一个重要主题是区分消费者知识内容（content）和结构（structure）。自20世纪70年代以来，知识内容和结构两个问题就成为认知心理学视角最早的注意点（Dacin 和 Mitchell，1986；Kanwar 等，1981；Russo 和 Johnson，1980）。其中消费者知识的内容是指贮存在消费者记忆节点中的信息类型，消费者知识的结构就是消费者关于某一领域的信息在记忆中的组织方式（Dacin 和 Mitchell，1986）。消费者对产品的心理表征需要处理所贮存知识的类型和形式，贮存知识的类型涉及产品知识的内容问题，形式涉及产品知识的结构问题。

认知心理学视角研究应用知识表征（representation of knowledge）的概念，将消费者知识的内容分类为陈述性知识（declarative knowledge）

和程序性知识（procedural knowledge）。陈述性知识是"知道这是什么"，即是关于客体或事件是什么的知识，包括事实、概念、原理等，可用语义网络（semantic network）来描述。程序性知识是"知道怎么做"，即是关于解题过程或操作程序的知识，表示为"条件－行动"或"如果－那么"形式的产生式规则（Anderson，1976；艾森克和基恩，2004；梁建宁，2003）。陈述性知识通过概念、命题、图式和表象来进行表征，程序性知识则是按照"条件－行动"的产生式规则来进行表征。

1. 消费者知识的内容

在消费者知识的内容方面，基于认知心理学视角的研究定义了消费者知识的基本维度。

（1）客观知识和主观知识。客观知识（objective knowledge）是指消费者对某个产品拥有的实际真实的知识（actual knowledge）（Park 等，1992），它来自消费者贮存的产品类别信息（stored product-class information）。Park 等认为消费者贮存的产品信息虽然也是客观的，但不一定正确，因此将其与客观知识进行了区分，同时将消费者贮存的产品信息设定为客观知识的来源。主观知识（subjective knowledge）也叫自我评估的知识（self-assessed knowledge），是消费者自己认为对产品所知道或所思考的内容，它来自消费者的产品相关的经验。主观知识和客观知识往往并不相称，即消费者自我评估的知识（自以为自己所知道的）与客观知识（实际所知道的）并不对等，因此消费者自我评估的主观知识并不能准确反映其所拥有的客观知识（Brucks，1986；Park 等，1994）。这种消费者自我评估的知识不能准确反映其客观知识的现象，也称为"想当然效应"（feeling-of-knowing），它反映了消费者存在表达自己不能回忆的信息的模式（Park 等，1992）。

客观知识和主观知识及其不同水平对消费者相关行为如信息搜寻、信息使用有不同的影响效应。客观知识似乎可看作认知的能力因素，提供信息处理的原始材料，提升和增加搜寻效率与问题解决的准确性。主观知识可看成是认知的动机因素，它影响消费者是否产生信息搜寻的动机以及信息的搜寻策略（Park 等，1988）。在不同水平的效应差异方面，高客观知识水平提升了消费者使用新信息的能力。高主观知识水平的消费者因自认拥有高的知识水平，降低了搜寻外部信息的动机，他们更多依赖内部线索或记忆。比起高主观知识水平的消费者，低主观知识水平的消费者产生更多的认知推理，更容易接受新的产品信息及更新原有的产品知识（Brucks，1986）。

（2）熟悉性。熟悉性（familiarity）是指消费者积累的与产品相关的经验（product-related experiences）的总和。产品相关的经验包括消费者接触广告、信息搜寻、与销售人员的互动、不同情境的产品使用等（Alba 和 Hutchinson，1987）。在一些研究中，消费者经验被作为消费者知识或产品熟悉性的测量内容（Bettman 和 Park，1980；Park 和 Lessig，1981）。Alba 和 Hutchinson（1987）曾经就熟悉性对消费者认知加工效应的研究进行了回顾，并提出五个基本的研究命题：①随着熟悉性增加，消费者在完成认知任务中所需要的认知努力将减少。②判断产品差异化的认知结构更精练、更完整和更真实。③分析信息的能力，即在离析最重要以及与任务相关的信息方面进一步改善。④对给定信息的精细化能力，即在产生超过给定信息水平的准确知识上进一步改善。⑤对产品信息记忆的能力将改善。Park 和 Lessig（1981）对熟悉性与知识内容和结构的关系进行了研究，发现低熟悉性的消费者在产品属性上具有较宽的类别宽度（category breadth），因为他们主要从先前的使用经验中获得相关和所需要的产品信息，其信息结构是零碎的，也没有形成突出的层级，导致其知识结构类别数量较少，但类别宽度较宽，呈现相对简单而不具有多水平（深度）复合性的特点。

（3）技能。技能（expertise）是指消费者完成执行产品相关的任务的能力（Alba 和 Hutchinson，1987）。例如，两个消费者具有同样的说明性知识，但技能水平的差异会使他们选购、判断产品的能力产生差异。一般来说，提高消费者的熟悉性可以提高其技能水平。但消费者在完成一项任务时需要多项专门的技能。Alba 和 Hutchinson（1987）认为，消费者技能与消费者产品相关经验并非同一个概念。消费者技能是一个更宽的含义，包括认知结构（如对产品属性的信念）和认知过程（如作用于产品信念的决定规则）。Alba 和 Hutchinson 认为，技能具有以下五个维度：认知努力（cognitive effort）、认知结构（cognitive structure）、分析（analysis）、精构（elaboration）和记忆（memory）。在结构关系上，认知努力、认知结构两个维度对分析、精构和记忆三个维度具有促进作用，分析、精构和记忆三个维度之间具有相关性。

根据技能水平的高低，学者们将消费者分成两类：熟手消费者（expert）和生手消费者（novice）（Mitchell 和 Dacin，1996）。比较一致的观点认为，熟手和生手消费者知识在内容和结构上存在差异，熟手消费者拥有更多的知识数量（如联想的数量）、更丰富的产品经验和知识内容，以及复合性的知识结构（Walker 等，1987）。Walker 等（1987）通过对熟手、生手消费者的营养知识实证发现，在知识的认知结构特征上，熟手消费者比生手消费者拥有更多的知识维度、更高的区别水平和更丰富的具体的知识内容。

（4）一般产品知识和个别产品知识。一般产品知识（generic knowledge）是指关于各类产品一般性的信息（如消费者知道豪华汽车与耗油量的对应关系）和与购买产品有关的属性重要程度的信息（如消费者知道在不同价格下有不同类型的产品）。个别产品知识（individual knowledge）是指关于某个产品的价格、味道、颜色、耐用性等方面的信息（Hastie，1982）。一般产品知识对于购买决策具有重要影响（Hastie，1982），而个别产品知识则是消费者购买决策推理的基础（Russo 和 Johnson，1980）。

Philippe 和 Ngobo（1999）对消费者知识的研究进行了回顾，认为产品熟悉程度和产品知识是两个主要被研究的维度，如图 1 - 1 所示。在知识内容上则根据说明性 - 程序性知识和主观 - 客观性质区分为四种类型，见表 1 - 2。

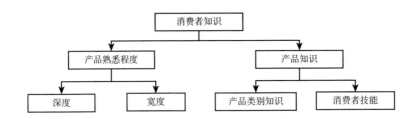

图 1 - 1　消费者知识的基本维度

资料来源：Philippe, Aurier, and Paul-Valentin Ngobo, "Assessment of Consumer Knowledge and its Consequences: A Multi-Component Approach," *Advances in Consumer Research* 26 (1999): 569 - 575。

表 1 - 2　消费者知识的基本类型

项目		知识的类型	
		说明性知识	程序性知识
知识的性质	客观	客观产品类别信息	客观技能
	主观	主观产品类别信息	主观技能

资料来源：Philippe, Aurier, and Paul-Valentin Ngobo, "Assessment of Consumer Knowledge and its Consequences: A Multi-Component Approach," *Advances in Consumer Research* 26 (1999): 569 - 575。

利用上述知识分析框架，采用认知心理学视角的学者们在产品层面上对不同产品类型的消费者知识内容进行了实证研究，如对苹果（Solverson，1969）、信用卡（Mandell，1973）、瓶装水（Morrison 等，2004）等产品的消费者知识的实证研究。近年来，一些学者在新的消费领域进行了研究。Page 和 Uncles（2004）对互联网的消费者知识内容特征进行了实证研究，揭示了消费者的互联网知识，包括一般性的说明知识、一般性的程序知识、具体的说明知识和具体的程序知识。Martenson（2005）将消费者知识研究的对象转到了证券产品。认知心理学视角研究的一个问题是，学者们没有关心和探索与品牌相关的知识内容。

2. 消费者知识的结构

消费者知识结构研究体现在"知识结构"这一主题的研究上，此外有关"认知结构"（cognitive structure）研究（Kanwar 等，1981）、"知识评估"（knowledge assessment）研究（Park 等，1994）也涉及这一问题。

认知心理学视角对知识结构的研究关注消费者知识组织的抽象结构。学者们将消费者的大脑比作存储的容器，研究时关心消费者知识是根据什么原则或规则组织的。Scott（1969）根据认知心理学的概念提出了知识结构特征的测量，包括：①联想的复合性（complexity），指个体对某个客体的联想的数量；②评价的趋中性（evaluating centrality），指评价相同的属性占所有评价的比例；③形象可比性（image comparability），指对各客体联想的属性相同的程度；④多维性（dimensionality），指独立维度或可归类的类型数量；⑤情感 - 评价一致性（affective-evaluative consistency），指对某个客体的联想和评价的一致程度。

认知心理学视角的研究对消费者知识具有多样性结构，并对信息搜寻、信息加工产生不同影响的观点具有一致的认同。对于消费者知识结构研究的一个重要问题是探索消费者经验、客观知识、主观知识等不同知识内容的关系是怎样的。Park 等（1992）从消费者的知识评估过程着手进行了实证研究。研究发现：①消费者进行知识评估时利用的内部记忆线索类型，其范围包括从具体的产品知识（属性、特征）到经验事件的记忆（如拥有、使用、搜寻）和产品类别的信息。②基于使用经验的线索在消费者的知识评估过程中起主导作用。③基于经验的反应对消费者的自我评估知识具有更大的影响效应。④对于经验的记忆比起具体的产品知识更容易被检索，因而更容易在知识评估过程中使用。Park 等的研究也发现，消费者对基于品牌的知识如品牌和品牌属性的线索在不同评估反应的消费者中没有表现出差异化，故 Park 等认为，消费者在知识评估过程中没有使用基于品牌的知识作为线索，但实际正确的含义应该是，基于品牌的知识在不同认知反应的消费者中具有普遍性的影响效应。

在以往研究基础上，Park 等（1994）对消费者知识结构做了进一步的探索，分析了消费者知识评估（knowledge assessment）即信息判断过程，对影响消费者主观知识、客观知识评估的变量及其效应进行了综合性的实证研究。研究发现，产品相关经验（product-related experiences）、贮存的产品类别信息（stored product-class information）和消费者一般自信心（general self-confidence）是影响消费者主观知识（subjective knowledge）亦即自我评估知识（self-assessed knowledge）的显著变量。在效应水平上，消费者的产品相关经验对消费者主观知识的影响效应比产品类别信息对主观知识的影响效应更高；消费者的产品相关经验对消费者主观知识的影响效应高于对客观知识的影响效应。产品相关经验、贮存的产品类别信息是影响消费者客观知识（objective knowledge）评估的显著变量。在效应水平上，消费者贮存的产品类别信息对客观知识的影响效应比产品相关经验对消费者的客观知识的影响效应更高，如图 1 - 2 所示。

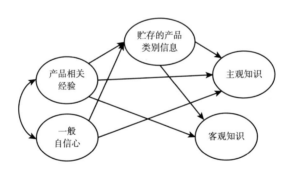

图 1 - 2　消费者知识评估分析

资料来源：Park, C. Whan, David L. Mothersbaugh, and Lawrence Feick, "Consumer Knowledge Assessment," *Journal of Consumer Research* 21（1994）：71 - 82。

Park 等的研究揭示了消费者的产品相关经验和贮存的产品类别信息对消费者主观知识和客观知识的影响效应差异。此外，还证实了消费者的一般自信心对消费者主观知识具有影响效应，对其客观知识评估没有影响（Park 等，1994）。这一结果澄清了消费者一般自信心作为心理因素而非信息来源线索，其高低程度会影响消费者的信息评估。Park 等的研究结果还发现了一个有趣的但学者们当时没有注意的含义，这就是其对产品类别信息的测量是以自由回忆（free recall）的方式操作的，测量结果是被试回忆品牌名、属性和特征的数量，实际上其概念内涵与目前关于品牌知识的测量是接近的。由此来观照研究结果，就会得到消费者的产品相关经验比品牌相关知识对于主观知识的评估具有更大的影响效应的结论。但是，Park 等在研究中没有检验客观知识对主观知识评估的效应。

（二）消费者行为视角的研究

消费者行为视角的研究应用认知心理学的理论和研究技术，但超越认知心理学关于消费者知识的概念定义和分析框架，从行为角度着手重新探索消费者知识的内容。此外，消费者行为视角的研究对消费者知识的结构也进行了进一步探索。这一视角的主要研究成就在于发现和提出了新的消费者知识内容及其分类观点，并且发现品牌知识是消费者知识的重要维度。

1. 知识内容的复合分类观点

Brucks（1986）不满足于以往认知心理学视角下的消费者知识内容的分析框架，认为消费者知识内容的研究需要不断探索，尤其需要发展复合性的消费者知识分类体系。Brucks（1986）认为，原有的分类体系包容性不够，不能体现消费者所有的认知知识。新的分类体系应该考虑分类的全面性，能够包容消费者所有的认知反应内容。Brucks 以 31 个大学生为被试，以运动鞋为受测物，通过自由回忆方式（free recall）获得被试对运动鞋的 1230 个知识陈述。依照新的分类进行编码和统计分析，Brucks 将消费者知识分为八种类型，见表 1-3。与认知心理学视角的消费者知识分类比较，第一至第七类是说明性信息，其中第一至第六类是一般性知识，第七类是专门知识，第八类是程序性知识。

表1-3 消费者知识的类型——复合性观点

项目		序号	知识类型	定义和描述
说明性信息	一般性知识	1	术语知识	指在产品域(domain)中关于术语(terms)的知识。例如知道"手掌向下"表示在跑动时向后折返
		2	产品属性	指消费者为评价(包括决定购买)一个品牌可用的属性知识。例如"某人考虑跑鞋重量要轻"，表明在做购买决策时会考虑跑鞋重量因素
		3	一般属性	指消费者对一个属性或属性水平的总体评价。例如"我不喜欢重的鞋子"
		4	专门属性	指消费者评价属性的具体标准的知识。亦即判断属性是否满意的界值(cut-off point)。例如"我购买花费不会超过30元""一双轻的鞋可能并不耐用"
		5	一般产品使用	指消费者知道产品(在各种情境)怎样使用的知识。例如"不应该穿跑鞋打网球""有很多种跑鞋，如训练鞋、竞赛鞋、钉鞋"
		6	个人产品使用	指消费者对个人使用产品经验的记忆。例如"一双鞋在三个星期内就磨破了"
	专门知识	7	品牌因素	指消费者对一个品牌的属性或总体评价。例如"阿迪达斯有抗菌的鞋底"
程序性信息	程序性知识	8	购买及决策程序	指消费者在购买过程中的购买经验或购买模式的知识。例如"我在这家商店买鞋""你应该货比三家才买"

说明：笔者整理。

资料来源：Brucks, Merrie, "A Typology of Consumer Knowledge Content," *Advances in Consumer Research* 13 (1986): 58-63。

Brucks 在编码基础上，对八类知识内容进行因子分析，证实消费者对运动鞋的知识含有三个公共因子结构。因子1体现了产品属性知识，因子2体现了产品使用知识，因子3体现了与个人产品使用经验和购买及决策程序有关的知识，见表1-4。

表 1-4　消费者知识内容的因子分析结果

序号	项目	因子 1	因子 2	因子 3
1	术语知识		✓	
2	产品属性	✓		
3	一般属性	✓		
4	专门属性	✓	✓	
5	一般产品使用		✓	
6	个人产品使用			✓
7	品牌因素			
8	购买及决策程序			✓

说明：笔者整理。

资料来源：Brucks, Merrie, "A Typology of Consumer Knowledge Content," *Advances in Consumer Research* (13) 1986：58-63。

与以往的研究相比，Brucks 拓宽了消费者知识内容的分析范围，将品牌相关知识作为消费者知识的一个类型。但 Brucks 的因子分析仍存在潜在的问题，品牌相关知识没有进入三个因子中的任何一个因子，其析取三个因子的做法可能并不妥当。这也表明消费者知识还存在品牌这一潜在的因子结构。

2. 品牌-属性-技术的三类型观点

Park 等（1992）虽然是在认知心理学的理论下研究消费者知识评估过程，但他们探索消费者主观知识的内容却更接近消费者行为视角。

Park 等以 CD 播放机为研究物，通过自我报告和关键词探索的方法，对消费者产品判断中涉及的知识内容进行刺探。Park 等的研究发现，消费者的知识评估过程涉及多种内部记忆线索，从具体的产品知识到体验性的事件、品牌属性等。但从更高层次分析看，消费者自我评估知识主要有两种类型：一种是基于经验的反应，体现在拥有、使用和搜寻等方面。另一种是基于知识的反应，包括品牌、属性和技术（technology）成分。在知识的内容上，Park 等研究的独特之处是对知识结构采用品牌、属性和技术三维度描述，证实了消费者知识中品牌知识内容的存在，其研究结果为理解消费者的知识内容提供了更宽的视野，见表 1-5。

表 1－5　消费者知识类型——三类型观点

单位：%

消费者的反应类型	描述	占比
基于经验		
拥有	对有关拥有或不拥有的陈述	28
使用	对有关使用或未使用的陈述	17
搜寻	对有关搜寻或未搜寻的陈述	23
基于知识		
品牌	对品牌名及其有关品牌的陈述	2
属性	关于产品的具体属性及其差异的陈述	16
技术	关于作为一项产品使用者的基础技术和怎样使用产品的技术的理解陈述	10
其他		4

资料来源：Park, C. Whan, Lawrence Feick, and David L. Mothersbaugh, "Consumer Knowledge Assessment: How Product Experience and knowledge of Brands, Attributes, and Features Affects What We Think We Know," *Advances in Consumer Research* 19 (1992): 193－198。

3. 产品－品牌－次级知识的多类型观点

Mitchell 和 Dacin（1996）直接指出，以往对消费者知识内容和结构的研究，除了 Brucks（1986）等少数研究外，几乎依赖认知心理学理论和研究程序，很少有从消费者行为方面去理解消费者知识的研究。因此，Mitchell 和 Dacin 明确表示，要将消费者行为结合到消费者知识的内容和结构研究中来。

在考虑消费者行为的同时，Mitchell 和 Dacin（1996）在研究方法上进行了创新。Mitchell 和 Dacin 不再采用以往学者们单一地借鉴认知心理学的自由反应技术，而是在多阶段测试的基础上，应用自我报告、任务完成和三级水平联想刺探等多种方法相结合来进行研究。Mitchell 和 Dacin 以摩托车为研究物，通过多阶段和多方法的探索，发现消费者知识在内容上包括具体的产品知识（specific product knowledge）、联想的产品知识（associated product knowledge）、产品使用知识（product usage knowledge）和个人知识（personal knowledge）。各种知识的定义及其内容是：①具体的产品知识，包括物理属性

（physical attributes）、功效属性（performance attributes）、一般性属性（general attributes）、品牌（brands）、型号（models）、产品类型（product types）和质量（quality）。②联想的产品知识，包括事件（events）、其他人的使用经历（other's experiences）、使用者/人（riders/people）、地区/客体（places/objects）、广告（advertising）、公司（company）、国家（country）和服饰（clothing）。③产品使用知识，包括驾驶的类型（types of riding）、程序（procedures）、维修（maintenance）和安全（safety）。④个人知识，包括个人情感（feelings/emotions）、具体的评价（specific evaluations）、个人体验（personal experiences）、个人思想（personal thoughts）、间知识（interdomain knowledge）和内知识（intradomain knowledge）。

Mitchell 和 Dacin（1996）的研究还发现，随着消费者技能（expertise）的提升，消费者对产品属性的联想、对物理属性和功效属性关系的推断、对替代选择产品的知识、品牌使用的合理情境判断、个人知识等会相应显得更高、更多或更好。但是，关于地区、客体、事件、人物、广告联想的产品属性知识会相应下降。这再次验证了其他学者已发现的不同知识水平的消费者的认知差异，生手消费者认知品牌更多地依赖人、事件等二级刺激联想，产品评价依赖外部来源信息（如朋友）。而熟手消费者则有较多的具体产品知识，并容易在各种属性之间获得认知联系。

Mitchell 和 Dacin 的研究意义在于跳出认知心理学的框架，倾向于从消费者行为的角度研究消费者知识的内容。Mitchell 和 Dacin 的研究结果进一步拓宽了消费者知识内容的范围，例如其品牌知识除涉及属性外，还包括了产品、国家、事件、情感、思想等成分。只是知识内容中的各成分之间的关系未能在其研究中加以注意和分析。

4. 消费者知识结构的进一步探索

消费者行为视角对消费者知识结构的探索从两个方向深入，一是对关于知识结构的图式理论在消费者行为领域中的验证性研究，二是对在消费者行为意义上的知识结构基本问题的研究。

在消费者行为领域中的验证性研究的基本问题是，消费者的记忆中是否存在知识图式（schema）这种一般性的结构，即消费者关于产品或品牌的知识是否也存在一种如图式的稳定结构。

Barsalou 和 Hutchinson（1987）通过对消费者事件计划（to plan event）的研究发现，在消费者的记忆中存在良好建立的一般化图式知识，以及依赖于具体情境、具有变化性的具体图式知识。一般性的图式知识是消费者在事件计划（如出外度假）时目标导向知识归类（goal-derived category）的结果，而具体的图式知识是消费者根据特定情境进行具体类别化（ad hoc category）的结果。就信息处理过程来说，目标导向知识归类不但对具体类别化知识归类起到了初始概念化（initial conceptualization）作用，而且可用于建构具体的类别。Barsalou 和 Hutchinson 的研究试图说明，图式知识既不是完全静止的，也不是完全变化不定的，它既有相对稳定的知识，也有依赖情境而发生的知识，一般化的目标导向归类是图式知识的基础。以此来看，研究目标导向的相对稳定的知识类别对于建构品牌知识理论更具有一般性意义。

对消费者行为意义上的知识结构研究的重要问题是消费者的品牌知识的结构是以什么形式组织的。认知心理学视角下的消费者知识结构的研究分析了产品经验、客观知识、主观知识等认知心理学意义上的知识维度之间的关系，当转向消费者行为视角后，此时研究需要澄清消费行为领域关于消费者知识的基本问题：品牌和品牌属性在消费者知识组织中的作用。

消费者的知识结构（knowledge structure）体现了品牌知识内容中不同命题的联结问题（associative links）（Anderson，1983），其结构可以通过品牌（by brand）联结，也可以通过属性（by attribute）联结（Russo 和 Johnson，1980）。研究品牌知识结构的目的就是分析不同知识在消费者记忆中是如何在内部组织的（Kanwar 等，1981）。

Russo 和 Johnson（1980）认为，消费者的知识是多样化的，对于这一问题，以往消费者知识的研究并没有建立理论框架进行分析，以致在对依靠自由反应所发现的这种多样化知识进行分析时难以得出一般性的研究结论。因此，对于消费者知识的研究必须基于理论建立新的分析方式。Russo 和 Johnson（1980）采用了问题解决的信息加工理论来实现这一目的。他们认为消费者的购买决策是一个问题解决的过程，在这一从初始到结果的问题解决过程中，消费者的推理水平呈现从低到高的推理水平的连续统（continuum）。在不同的推理水平阶段，消费者在信息加工时提取的品牌知识内容是不一样的。在购买决策的初始阶段，消费者的信息加工所需的是不必推理的知识，它是从外部来源如广告、产品、经验可直接得到的属性知识，而在做出购买决定的最终目标达成状态时，消费者完全依靠推理完成决策问题的解决。Russo 和 Johnson 认为，推理过程是购买决策问题解决的核心，建议消费者知识内容的类型划分要以推理水平作为分类的分析框架。

从推理水平分析，消费者知识内容存在"品牌基准"（brand-based）的知识和"属性基准"（attribute-based）的知识。"品牌基准"的知识是指通过品牌组织的知识，或者消费者在购买决策时以品牌对品牌进行比较的知识。例如，"我最喜欢的感冒药是 A 品牌"，"菲亚特比凯迪拉克便宜"。所谓"属性基准"的知识是在购买决策时对品牌在属性水平进行比较的知识。例如，"就价格而言，B 品牌是最便宜的""我买轿车看重它的威望，不是它的价格"。

Russo 和 Johnson（1980）通过对消费者购买过程的研究发现，就品牌知识的内容而言，"属性基准"知识占主导地位，无论是与营销活动的联系，还是本身的稳定性，属性是分析品牌知识的基本成分。但就品牌知识的结构而言，它是通过品牌组织的。其研究的具体发现是：①在知识内容上，处于主导地位的是属性基准的知识。消费者在购买决策过程中期望的信息主要是"属性基准"知识。Russo 和 Johnson 因此将"属性基准"知识也称为品牌属性价值（brand-attribute values）。②在知识结构上，消费者的品牌知识是根据品牌基准组织起来的。原因在于消费者基本生活在"品牌基准"的世界里，例如消费者一般使用单个品牌，在消费过程中很少同时购买、使用、比较两个品牌；在购买现场，产品陈列是通过品牌组织（brand-organized）的，有关产品的信息、价格是按品牌呈现的。外部世界以品牌为基准的知识输入结构主导了消费者对品牌知识内容的组织。③根据推理水平分析，"属性基准"的知识是推理的基础。研究发现，在最低推理水平上，品牌知识主要是"属性基准"的知识，在最高推理水平上，品牌知识绝对是"品牌基准"的知识。消费者对"品牌基准"的知识可通过从低水平的"属性基准"知识推理而获得，因而它的产生与购买决策的任务及其情境有关；"属性基准"知识与其不同，消费者可由自身的外部信息来源（如产品、广告）获得，相对独立于个人价值，最客观、最容易沟通。

Russo 和 Johnson（1980）关于消费者知识的结构是"通过品牌"组织的结论表明了品牌在消费者知识组织中的中心作用。因此，从一般性的产品知识域转向品牌知识域，使消费者知识研究发现了新的焦点。实际上，这一结果也为广泛使用的以品牌为中心节点的品牌联想图提供了存在的真实性和合理性的理论解释。当然，Russo 和 Johnson 对消费者知识结构的研究只是在总结被试的自由回忆结果基础上提出了分析结论，并没有建构消费者知识的结构模型，这样，关于知识结构的关键问题——不同维度知识的组织及其相互关系，仍然未能加以研究。

（三）品牌特征视角的研究

品牌特征视角的研究主要关注消费者品牌属性认知与其行为效应问题。就品牌属性认知而言，主要关注品牌属性、品牌无形属性以及品牌形象。此外，品牌个性、品牌关系的研究也可看作这一视角的延伸。品牌特征视角的品牌知识研究对品牌化理论发展产生了普遍性的影响，其中的品牌个性和品牌关系的研究，还极大地发展了品牌知识的理论和研究方法。

1. 品牌属性

品牌特征视角的品牌知识研究，可追溯到 20 世纪 50 年代开始的对消费者将价格作为质量指示器现象的研究（Rao 和 Monroe，1989）。在价格 – 质量感知关系的现象研究中，关注的一个重要问题是消费者依靠什么信息线索对产品进行判断和做出购买选择。学者们将影响消费者判断、评价和选择产品的信息线索分为内部线索和外部线索两种类型。内部线索指可感知的产品物理属性（如颜色、大小）和具体的功效特性（如 1200 瓦），外部线索是指由营销决定的非产品物理属性。Rao 和 Monroe（1989）在对过去 36 项研究进行回顾后发现，品牌名、价格等外部线索与产品质量评价在广泛意义上具有相关关系，而且发现消费者的知识水平对内部、外部线索的使用产生影响。熟手比生手搜寻更多样化的信息进行推理性的信息处理，但生手比熟手在检索信息时更多地关注外部线索而不是内部线索（Park 和 Lessig，1981），也更多地依赖价格和品牌等外部线索判断质量（Rao 和 Sieben，1992）。

对于分析消费者评价产品时依靠的内部、外部线索，在品牌特征视角下的研究中相应被称之为品牌的内部、外部属性。内部属性也称为有形属性或产品相关属性，有形属性的变化会改变产品本身。外部属性也称为无形属性（如品牌名、零售店、来源地等），但外部属性的变化并不改变产品本身。Keller（1993）使用产品相关属性和非产品相关属性来指称这两个概念。产品相关属性是指产品构成的物理组成或完成服务的要件，包括成分和特征，它满足了顾客对产品或服务的功能性需要。非产品相关属性是指影响购买或消费过程但不直接影响产品或服务功能的外部属性，包括价格、使用者形象、情感体验、品牌个性等。

Lefkoff-Hagius 和 Mason（1993）曾对品牌属性的构成研究进行过回顾，分析过往研究对品牌属性的有关表述，发现尽管在概念上表述不一，但其含义基本涉及三类属性：特征（characteristic）/物理属性（physical attributes）、利益属性（beneficial attributes）和形象属性（image

attributes）。物理属性是指可客观测量的产品特征，它是产品的表征物。利益属性是产品能为使用者提供什么，它是结果或任务的表征物。形象属性是产品怎样表征使用者、自我或他人，它是使用者的表征物。对于消费者而言，在购买产品时其实是购买产品的利益而非物理属性，即"消费者不是买 1/4 英寸的钻头，而是买 1/4 英寸的洞"（Levitt，1969）。而且，消费者购买产品不仅为了满足其功能性的需要，可能还要满足其社会表达的需要，即消费者在拥有或使用产品时让自己与社会上的某个群体、角色或自我形象联系在一起。其分析见表 1 - 6。Lefkoff-Hagius 和 Mason（1993）通过实证研究证实，在消费者对产品的相似性和偏好性判断中，利益属性在偏好性判断中的作用比在相似性判断中的作用更大，物理属性在相似性判断中的作用比在偏好性判断中的作用更大。但 Lefkoff-Hagius 和 Mason（1993）研究显示，关于形象属性在偏好性判断中的作用弱于在相似性判断中的作用。这一结果与人们关于形象属性主要发挥差异化功能的判断不一致，而且该研究未能提供较好的解释。

表 1 - 6　品牌属性的类型

项目	物理属性	利益属性	形象属性
描述	产品的表征物	任务或结果的表征物	使用者的表征物
其他表述	外延的 定义的 作为产品提供物 有形的 特征 物理性的 工程特征的	内涵的 工具性的 核心产品 无形的 利益 功效利益 客户属性	延伸产品 无形的 形象的 心理定位的

资料来源：Lefkoff-Hagius, Roxanne, and Charlotte H. Mason, "Characteristic, Beneficial, and Image Attributes in Consumer Judgments of Similarity and Preference," *Journal of Consumer Research* 20（1993）：100 - 110。

　　值得一提的是，Lefkoff-Hagius 和 Mason（1993）在对不同属性效应的实证之外，还分析了消费者在三类属性上可建立的关系。消费者在物理属性和利益属性之间能建立因果性的联系，在物理属性和形象属性、利益属性和形象属性之间也容易建立这种联系。例如，"金卡"可能暗示独一无二的身份和高贵形象。但也特别指出，在有些情形下，消费者获得的利益属性和形象属性并不依赖于任何特定的产品物理属性，如利益属性中的体验属性，它与产品的物理属性无关，形象属性可能由广告投射但与产品属性无关。Lefkoff-Hagius 和 Mason 并没有对三种属性关系的分析进行实证，但其分析强调了品牌知识的多种来源和多重关系问题。

2. 品牌无形属性

品牌特征视角对品牌知识研究的一个重要贡献是从有形的、具体属性的关注转向无形的、抽象方面的知识的研究（Keller，2003）。发生这一转变的直接原因是，从产品导向向市场导向的营销观念的转变，要求营销者从关注产品本身到关注消费者的多样化需求，为了满足消费者的多样化需求，除了关注品牌的产品属性外，更要探索品牌意义，发现品牌意义新的维度（Levy，1959）。

在对品牌无形属性的研究中，首先是对品牌无形属性内容或类型的探索，例如，从 20 世纪 50 年代初期开始对品牌形象的研究，探索品牌形象的概念定义和构成、品牌形象的形成及其效应，将品牌的利益从功能性利益扩展到象征利益、体验利益等（Dobni 和 Zinkhan，1990）。

对品牌无形属性研究的一个重大变化，是对品牌研究引进"人"的隐喻（Aaker 和 Fournier，1995），将品牌作为消费者的伙伴（brand-as-partner）或品牌特征类比于人格（human personality）展开研究，探索消费者关于品牌的心灵奥秘。在这一意义上，Keller（1993）将品牌个性的研究（Aaker，1997）、消费者与品牌关系的研究（Fournier，1998）均纳入无形抽象的品牌知识范畴中。

品牌特征视角研究的基本特点是，学者们只关注某种或某个方面的属性，而不是系统性地在品牌知识的框架中展开研究。Hoeffler 和 Keller（2003）曾对营销活动中的品牌知识与消费者反应关系的研究进行回顾，总结了以往各项研究中使用的品牌知识变量。这些变量包括：品牌名、品牌声誉、品牌熟悉性、品牌体验、独特性、公司形象、先前的广告接触等，见表1-7。

表1-7　营销活动中的品牌知识与消费者反应变量

品牌知识	消费者反应	主要结果
公司形象	新产品评价	消费者的知识结构影响公司新产品的信念
国家品牌	品牌购买评价	消费者更倾向购买全国品牌
品牌形象和地位	市场份额	高地位的品牌具有更高的市场份额
品牌名、品牌声誉	品牌质量感知	在各种条件下品牌名对消费者的质量感知具有正向效应
		回顾了34项研究发现品牌名和质量的关系显著
	产品评价	强势的正面品牌形象可以抵消来源国的负面效应
品牌读音	产品评价	品牌采用法国腔的读音时消费者会感知到更好的质量
品牌体验	品牌质量感知	消费者对新体验品牌的质量评价受到高知名品牌的质量体验的影响
独特性	品牌偏好和市场份额	随着独特性增加，消费者对品牌偏好以及品牌的市场份额也增加
品牌熟悉性	消费者信心和购买意愿	消费者品牌熟悉性影响其品牌态度、信心及其购买意愿
先前的广告接触	产品评价	广告能够减轻消费者的负面试用体验

资料来源：Hoeffler, Steve, and Kevin Lane Keller, "The Marketing Advantages of Strong Brands," *Journal of Brand Management* 10 (2003)：421-445。

Hoeffler和Keller对品牌特征视角的研究回顾表明，品牌知识存在不同的类型，学者们根据自己的研究目的测量品牌知识变量与消费者反应的关系，总体上品牌知识的概念是被分离式地加以研究的。由于关心测量品牌知识变量对消费者反应的效应，很少有学者关注品牌知识内容本身的研究，也很少见到以综合性的视角对品牌的无形属性和有形属性进行系统性的分析，直到Keller提出基于顾客的品牌资产理论，这些概念被整合到了品牌知识概念体系中，并且对概念定义和关系进行了系统性阐释。

3. 品牌形象

在品牌特征水平的品牌知识研究中，品牌形象（brand image）是最早、最普遍被研究的主题，甚至 Keller（1993）在首次提出基于顾客的品牌资产理论时，也将品牌形象作为品牌知识的核心构成内容。在此有必要专门回顾品牌形象研究的状况。

（1）品牌形象的定义。

品牌形象研究具有悠久的历史。Gardner 和 Levy 在 1955 年最早提出"品牌形象"的概念（Gardner 和 Levy，1955）。一些学者从信息处理的角度，将"品牌形象"定义为人们对品牌的总体感知，是消费者信息处理过程的重要组成部分（Blawatt，1995）。目前一般认为，品牌形象是消费者长期与品牌接触而产生的"消费者对品牌的总体感知和看法"，它影响消费者对品牌购买和消费行为（范秀成和陈洁，2002）。研究品牌形象的基本目的就是从长期衡量上，检视品牌形象在多大程度上能够解释消费者的购买和消费行为差异（Bird 等，1970）。虽然当初对品牌形象的研究并不是在品牌知识的框架内开展的，但 20 世纪 90 年代从事品牌资产研究的学者们将品牌形象引起的消费者购买和使用行为反应差异也作为解释品牌资产来源的重要依据或驱动器（Biel，1993；Farquhar，1989）。在这些研究的基础上，Keller（1993，2003）将品牌形象纳入品牌知识主要成分。

文献回顾发现，品牌形象研究主要涉及品牌形象的结构及其研究方法（Keller，1993，2003；Biel，1993；John 等，2006；Aaker，1996）、品牌延伸、广告、促销等营销组合对品牌形象的影响（Reid 和 Buchanan，1979；Kenneth 和 Keaveney，1994）、品牌形象对消费者的购买行为或消费行为的影响（Bird 等，1970；Bloemer 和 Ruyter，1998；Roth，1995）、品牌形象与自我形象（Ataman 和 Ülengin，2003），以及品牌形象与品牌资产的关系（Biel，1993；Aaker，1996；Keller，1993，2003）等方面。这里主要回顾关于品牌形象构成的研究。

（2）品牌形象构成的研究。

对品牌形象构成的研究大多是从概念上而非实证上进行的（Roth，1995），而且学者们对品牌形象的定义和测量一直没有得到一致的观点（Dobni 和 Zinkhan，1990；江明华和曹鸿星，2003）。Dobni 和 Zinkhan（1990）回顾了三十多年里品牌形象的研究文献发现，品牌形象的定义可分为四种角度：强调象征意义的角度、强调品牌个性的角度、强调心理认知的角度和综合定义的角度。

在品牌形象研究中，多数学者更倾向采用综合定义角度，但对品牌形象概念的维度，不论是不同角度还是同一角度下的研究，都对其提出和描述了不同的结构。Biel（1993）将品牌形象定义为消费者对品牌的联想，认为品牌形象通过公司形象、产品和服务形象、使用者形象的联想来体现，但每个品牌不一定完全具有三个子形象，或每个子形象对品牌形象的贡献在不同品牌中也不一样。同时他将构成三个子形象的属性分为硬属性和软属性。硬属性是有形的和功能性的属性，软属性是情感方面的属性。Aaker（1996）定义品牌联想包括价值联想、品牌个性联想和组织联想三种基本类型，并强调品牌认知，认为包括品牌知识和品牌观点的品牌联想能够使消费者对品牌产生正面态度与差异化感觉，从而引起消费者的购买偏好。Keller（1993，2013）将品牌形象定义为消费者的联想网络记忆模式，品牌形象作为品牌知识是品牌资产的重要来源。Keller 对品牌形象结构的分析进一步细化，认为属性（产品相关属性和非产品相关属性）、态度以及利益（功能、情感和象征利益）构成了品牌联想的类型。

近年来对品牌形象的探讨不断深化，Low 和 Lamb 在产品类别的基础上提出品牌形象测量模型，认为品牌联想涉及三个多维概念：品牌形象、感知质量和品牌态度（Low 和 Lamb，2000）；还有学者指出品牌形象的测量可从产品物理特性、功能性利益、情感利益和自我表达四个方面分析（Davis，2002）。

品牌形象研究虽然历史悠久，研究文献众多，但存在的问题是，没有形成一致性的理论观点，也一直没有得到一致性的研究结论

（Dobni 和 Zinkhan，1990；江明华和曹鸿星，2003）。原因可能在于，学者们过于关注品牌的表象而不是它的内在本质，同时品牌形象本身是个极不稳定的概念（卡菲勒，2000）。

（四）整体视角的研究

品牌知识的整体视角的研究包括品牌概念和综合分析框架的研究。品牌概念的研究将品牌作为一个整体表征来看待。在 20 世纪 50 年代，Gardner 和 Levy（1955）明确地提出了品牌与产品属于不同的概念。Park 等（1986）从公司和消费者角度定义品牌概念（brand concept），认为品牌概念是公司选择的源自消费者基本需要的品牌意义。Park 等尤其将品牌概念与产品概念（product concept）进行了区分，认为品牌概念反映了与品牌联系的一般性意义，而产品概念相当于产品构想（product idea），往往见于新产品发展的文献中。综合分析框架的研究探索品牌知识的复合内容和结构，代表性研究成果是 Keller 于 20 世纪 90 年代初在发展基于顾客的品牌资产理论时建立的品牌知识分析框架。但目前基本上是从事概念性的分析，实证模型的建构和研究刚刚开始。

1. 品牌三类型概念

品牌概念研究试图描述作为整体的品牌意义是什么，但研究者实际从品牌概念的类型展开。Park 等认为，消费者的需要是影响公司进行品牌概念选择的重要因素，因此品牌概念应界定为基于需要的概念（needs-based concept），包括功能性概念（functional concepts）、象征性概念（symbolic concepts）和体验性概念（experiential concepts），它们对应满足消费者对品牌的功能性需要（functional needs）、象征性需要（symbolic needs）和体验性需要（experiential needs）。其分析见表 1 - 8。Park 等将品牌概念的管理具体化为品牌形象的管理，品牌形象的管理就是选择不同品牌概念，并且在品牌生命周期的不同阶段建立相应的引入（instruction）、精构（elaboration）和强化（fortification）策略的过程。

表 1-8　功能性、象征性和体验性品牌概念的界定

项目	功能性概念	象征性概念	体验性概念
定义	满足消费者解决消费相关问题的动机的需要,相关消费问题涉及解决当前问题、防止潜在问题和重建受挫的消费情境等	满足消费者将个人与其期望的群体、角色或自我形象建立联系的需要	满足消费者实现消费多样化、愉快感觉或认知刺激的需要
性质	消费者需要是外在的	消费者需要是内在的	消费者需要是内在的

说明：笔者整理。

资料来源：Park, C. Whan, Bemard J. Jaworski, and Deborah J. MacInnes, "Strategic Brand Concept-Image Management," *Journal of Marketing* 50 (1986)：621 - 635。

　　Park 等的品牌概念管理的理论基础是联想网络理论,认为通过实施引入、精构和强化策略可达到以下战略目的：让消费者理解品牌、形成感知并提升品牌意义以及消费者对企业不同品牌和产品形成品牌形象。在上述品牌概念基础上,提出品牌概念管理分析框架"BCM"（brand concept management）,并建议以此作为品牌管理尤其是品牌形象动态管理的常规指引。Park 等认为,品牌形象并不单是受公司沟通活动影响的感知现象,而且还是消费者对源自公司所有的与品牌相关的活动的理解。

　　2. 品牌二类型概念

　　Park 等（1991）对品牌概念进行了简化归纳,认为品牌概念可以分为两大类别,一类是功能导向（function-oriented）的品牌概念,另一类是声望导向（prestige-oriented）的品牌概念。功能导向的品牌概念是指消费者在理解品牌时,主要通过品牌特有的与产品性能相关的方面来进行定义。而声望导向的品牌概念,则是消费者在理解品牌时,通过自我概念和自我形象的表达来进行定义。品牌的二分类概念在品牌延伸等实证研究中得到较多采用（Jap, 1993；Park 等, 1991）。学者们还发现,声望性品牌较功能性品牌能进行更远距离的延伸（Monga 等, 2010）。

　　学者们就品牌二分类概念发展了相应的测量方法。一是联想方

法。针对给定品牌，要求被试写出三个关于品牌名含义的想法。然后根据这些想法，为品牌确定品牌概念。若提到产品的性能或功能较多（如耐用、可靠等），则确定为功能性品牌；若提到产品的自我形象和价值表达较多（如身份、象征、财富、奢华、时尚等），则确定为声望性品牌（Park 等，1991）。二是使用主观评价方式进行测量。通过询问被试，"当你在考虑购买该品牌的产品时，该产品的'耐用度'和'可靠度'有多重要?""'奢华'和'高身份'有多重要?"根据品牌在这两个问题评价上的得分，来判定品牌概念的类型（Monga 等，2010；Park 等，1991）。

3. 品牌图式

图式（schema）是关于某个实体或概念的知识结构单位，用来表征抽象的或一般性的知识。人们假定它典型地表征了特定概念的典型性信息（Smith 和 Queller，2004）。图式用来说明存储在人的记忆系统中的有组织的知识，涉及人对某一类别事物的典型特征及其关系的抽象。在一个图式中，往往既有概念或命题网络结构，也包含客观事物的表象。图式反映了围绕着某个主题组织起来的认知结构（菲斯克和泰勒，1994）。对于消费者，其记忆中也存在良好建立的一般化图式知识以及依赖于具体情境、具有变化性的具体图式知识（Barsalou 和 Hutchinson，1987）。

根据图式理论，学者们发展了品牌图式概念（brand schema）。它是消费者记忆中关于品牌信息的组织结构（Puligadda 等，2012）。品牌图式体现了消费者关于品牌信息的组织机制。消费者在日常生活中面对大量的与消费相关的信息，为了做出购买决定，消费者利用品牌图式来组织信息，并根据它的相关性来类别化品牌信息，即比较品牌信息是否与品牌图式匹配。品牌图式使消费者处于搜寻、同化新信息的准备状态，体现为消费者存在利用品牌图式加工品牌信息的一般性倾向，这种倾向可称为品牌图式化认知（brand schematicity）（Puligadda 等，2012）。

虽然关于图式的研究有较丰富的成果，但营销学者们对品牌图式的关注不多，仅运用联想网络理论来解释品牌图式（Keller，1993，2003），这实际上与应用该理论研究品牌知识内容并无别样。但图式理论与联想网络理论在基本假定上有着本质区别。真正理解和将图式理论用于品牌知识的发现，还有待新的尝试。

4. 品牌六要素分析框架

Kapferer 从品牌化战略的角度，在分析品牌概念时提出了品牌识别（brand identity）的六要素分析框架——棱镜模型（brand identity prism）（Kapferer，2013）。Kapferer 认为其提出的品牌六要素反映了品牌的内在本质。尽管使用了品牌识别的概念，但 Kapferer 本人将品牌识别视作与 Keller 的品牌知识相等同的概念（Azoulay 和 Kapferer，2003）。

Kapferer 的品牌六要素分析框架基于发送者和接收者互动的视角而建构，认为品牌存在于交流之中，符号是品牌交流和分析的基本工具。模型的六个特征分别是品牌品性、品牌个性、文化、关系、消费者特征、自我形象。其中，模型左侧的品牌品性、关系和消费者特征属于品牌的社会品性特征，右侧的品牌个性、文化和自我形象是品牌所滋生的特征（Kapferer，2013），如图 1-3 所示。

（1）品牌品性（physique）。这是指品牌的物理特征和品质，即品牌可见的或可预想的客观特征总和，包括技术、产品本身和品牌的外在特征。

（2）品牌个性（personality）。这是指品牌的人格化特征。

（3）文化（culture）。这是指任何品牌都出自特定的文化氛围，赋予每个产品以文化特征，尤其是品牌所吸收的价值体系。文化特征决定了品牌外在特征如产品和传播的基本原则。例如苹果计算机的革命性创新文化是该品牌的原动力。Kapferer 还指出，国家也是文化的根源，例如可口可乐、IBM、耐克代表了美国当今文化，奔驰体现了德国人的"秩序高于一切"的价值观念。

（4）关系（relationship）。这是指品牌代表一种关系，是人际交往的交叉点。

（5）消费者特征（reflection）。品牌投射反映了消费者形象特征。

例如对于轿车品牌，人们会想到青年型、风光型和老年型等品牌种类。

（6）自我形象（self-image）。消费者通过品牌进行自我设计，消费者通过品牌反映自身的价值观。

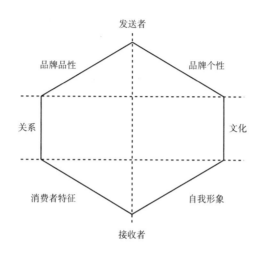

图 1 - 3　品牌六要素分析框架

资料来源：Kapferer, Jean-Noël, *The New Strategic Brand Management-Advanced Insights and Strategic Think*, PA：Kogan Page, 2013。

与 Keller（1993，2013）一样，Kapferer 对品牌概念的分析也是在品牌化战略的管理体系下进行的，但与 Keller 专注于消费者层次的分析不同，Kapferer 的品牌化战略分析立足于企业和消费者两个层次。尽管如此，Kapferer 对品牌概念的表述与 Keller 的思想是相通的，认为品牌存在于消费者心中，一个品牌凝聚着消费者的综合印象。品牌是企业价值和消费者价值的源泉。品牌对于企业经营者的意义在于其可产生品牌效应（brand effects）（卡菲勒，2000）。

5. Keller 的品牌知识分析框架

（1）背景。

Keller 的品牌知识概念是在其建构基于顾客的品牌资产理论（customer-based brand equity，CBBE）中提出的，并成为其品牌化理论分析的基础。

品牌资产的研究存在市场、财务和消费者不同角度的观点（卢泰宏，2002），但就对品牌管理的作用而言，消费者水平的研究更有意义。Keller（1993）提出的基于顾客的品牌资产理论成为消费者行为视角的品牌资产理论代表。在这一理论中，Keller 提出了品牌资产来源——品牌知识概念及其分析框架。Keller（2013）认为，基于顾客的品牌资产是顾客因品牌知识而引起的对品牌营销的差异化反应，它是顾客在随时间不断体验的过程中对品牌学习、感觉、所见所闻的结果。品牌知识作为品牌资产的来源，可以产生以下效应：更高的消费者忠诚、较低的竞争脆弱性、较低的危机脆弱性、高的毛利率、消费者对提价的不敏感性、对降价反应的更高弹性、更多的商业合作和支持、提升营销沟通效应、可能的品牌授权机会、品牌延伸的成功等。

Keller 在 20 世纪 90 年代提出基于顾客的品牌资产理论，其后专注于此理论的研究。Keller 提出了建立品牌资产的积木模型（brand building blocks），后来称为品牌资产金字塔模型（customer-based brand equity pyramid）（Keller，2013）。对于品牌知识的概念及其体系，Keller 在发展其品牌资产理论过程中不断进行探索和完善（Keller，1993，2003，2013）。

（2）Keller 的品牌知识概念及框架。

Keller 最初从联想网络理论出发，将品牌知识定义为消费者记忆中的品牌节点，这些节点通过联想联结。Keller（1993）在联想网络理论基础上，整合了以往品牌知识研究尤其是消费者行为视角和品牌特征视角研究的成果，提出了品牌知识分析框架。在这一分析框架内，品牌知识由品牌认知（brand awareness）和品牌形象（brand image）两个基本维度构成，在这两个基本维度之下，还存在多级子维度及其相应概念，如图 1-4 所示。

品牌认知。Keller（1993）认为品牌认知相关于消费者品牌记忆节点的强度，反映了消费者在不同条件下识别品牌的能力。品牌认知包括品牌识别（brand recognition）和品牌回忆（brand recall）。品牌识别是指消费者在一定线索下对先前展露过的品牌的确认或判别能

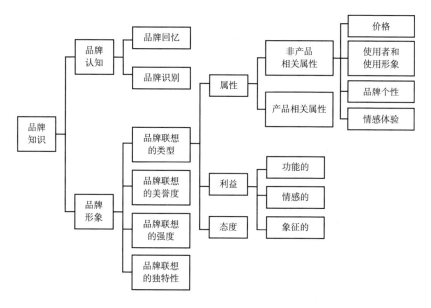

图 1 – 4　Keller 的品牌知识分析框架

资料来源：Keller, Kevin Lane, "Conceptualizing, Measuring and Managing Customer-Based Brand Equity," *Journal of Marketing* 57（1993）：1 – 22。

力。品牌回忆指消费者从记忆中在给定的产品类别上检索品牌的能力。Keller 还曾提出过品牌认知的宽度和深度的定义。品牌认知的宽度是脑海中出现品牌元素时联想到的该品牌购买和使用情境的范围。品牌认知的深度是指品牌元素被回忆的可能性和容易性。

品牌形象。Keller（1993，2003）将品牌形象定义为消费者通过联想对品牌的感知，并从品牌联想的美誉度（favorability of brand association）、品牌联想的强度（strength of brand association）和品牌联想的独特性（uniqueness of brand association）进行分析。Keller（1993）还认为品牌形象含有品牌联想的各种类型（types of brand association），包括属性（分为产品相关属性和非产品相关属性）、态度以及利益（功能、情感和象征利益）。Keller 对品牌形象的概念发展吸收了前人的研究成果，如对品牌知识的利益分类继承了 Park 等（1986）的功能、情感和象征利益的三分法；对品牌属性的分类是在总结以往内部线索和外部线索以及软、硬属性的概念基础上，提出和定义了产品相关属性（product-related attributes）和非产品相关属性（non-product-related attributes）概念。其中，产品相关属性是指产品构成的物理组成或完成服务的要件，包括成分和特征，它满足了顾客对产品或服务的功能性需要；非产品相关属性是指影响购买或消费过程但不直接影响产品或服务功能的外在属性，包括价格、使用者和使用形象、品牌个性、情感体验等（Keller，1993，2013）。产品相关属性和非产品相关属性构成了 Keller 品牌知识概念中有关品牌属性联想的主要类型。

Keller（2003）发展了品牌知识的概念。他将品牌知识更具体地定义为贮存在消费者记忆中的个人意义，即消费者所有有关品牌的描述性和评价性信息，不同类型的信息构成了品牌知识的不同维度。Keller（2003）根据其新的定义，将品牌知识划分为八个基本维度，见表1-9。在近年的《战略品牌管理》一书中，Keller（2013）仍然以品牌知识作为分析的基础，但不再强调20世纪90年代初提出的品牌知识分析框架。

表 1 - 9 Keller 的品牌知识

基本维度	品牌知识
认知（awareness）	品牌在品类中的识别及其对消费者需要的满足
属性（attributes）	品牌的描述性特征，包括关于产品绩效的内向特征和关于品牌个性、品牌遗产的外向特征
利益（benefits）	消费者赋予品牌的产品属性（功能性的、象征性的、情感性的体验结果）、个人价值和意义
形象（images）	形象性信息（visual information），包括抽象的或具体的
思想（thoughts）	个人对品牌相关信息的认知性反应
情感（feelings）	个人对品牌相关形象的情感性反应
态度（attitudes）	对品牌相关信息的总体判断（summary judgement）和总体评价（overall evaluation）
体验（experiences）	购买和消费行为，以及其他任何与品牌有关的事件（episode）

说明：笔者整理。

资料来源：Keller，Kevin Lane，"Brand Synthesis：The Multidimensionality of Brand Knowledge，" *Journal of Consumer Research* 29（2003）：595 - 600。

（3）Keller 关于品牌知识概念的变化。

Keller 自 1993 年提出品牌知识分析框架以来，关于品牌知识的概念定义及其构成一直在发展变化。

概念定义的变化。Keller（1993）最早将品牌知识定义为"消费者记忆中与各种联想相连的品牌节点"，后来将品牌知识定义为"贮存在消费者记忆中的个人意义"。从"记忆节点"到"个人意义"的变化，表明 Keller 对品牌知识定义的理论视角和基本观点发生了根本性的变化，尽管 Keller 自己并没有说明这种变化的过程。

维度的变化。在品牌综合而不是联想的观点下，Kelller 以品牌知识八维度的简明表述替代了原来复杂的品牌知识分析框架。与 Keller 先前的品牌知识的内容相比，新的概念中增加了"思想"维度。属性和利益原来归于品牌形象下的基本维度，"情感""体验"维度原来归于非产品相关属性下，在新的品牌知识概念中将它们作为品牌知识的基本维度。可以发现，Keller 早先的品牌知识维度归属于"认知"的单一主线下，而新的定义，则归于认知、情感、体验等多维框架中。

理论基础的变化。Keller 在 2003 年提出品牌综合的观点后，不再以品牌联想作为品牌知识分析的理论基础，而是易之以更宽广的观点，提出综合性的品牌知识的研究是发展品牌化理论的关键，并指出它是未来的研究方向。当然 Keller 并没有像早年那样明确提出品牌知识研究的理论基础。

（4）品牌知识分析框架的实证研究。

迄今为止，Keller（1993）关于品牌知识的分析框架传播最广、引用最多，但很少有研究检验该分析框架是否合理。中国香港的 Chen 和 He（2003）是较早将 Keller 的品牌知识框架引入网上购买行为模型的学者。Chen 和 He 虽然考虑了 Keller 关于品牌知识是品牌认知和品牌形象的两维概念的定义，但在测量时却当作一个单维概念处理，没有真实考虑其维度的差异。目前见到的最详尽的研究文献是美国奥本大学（Auburn University）的华裔学生 Li 的博士论文。Li

（2004）以美国大学生为样本，以牛仔裤和运动鞋两类产品为测试物，对 Keller 的品牌知识分析框架建立模型进行检验。Li 的基本研究结果是，Keller 的品牌知识分析框架虽然在理论上提供了详尽的品牌知识要素的总结，但从统计学上看，并不能良好拟合。原因在于，Keller 的分析框架在多个概念的定义上存在交互性，使得在概念的统计分析上出现严重的共线性。

Li（2004）的实证研究结果虽然来自学生样本和牛仔裤、运动鞋两类产品，研究的外在效度值得进一步检验，但其研究结果对将 Keller 品牌知识分析框架直接模型化的可能性和合理性提出了疑问。Li 的实证结果表明，对品牌知识的模型建构还需要进一步探索。

五　研究述评

（一）研究理论和方法评价

1. 联想网络理论作为品牌知识的主流理论与问题

联想网络理论一直作为品牌知识的主流理论，但其本身存在某些局限。同时随着认知科学的发展，应用联想网络理论对品牌知识进行研究面临新的挑战。

首先，联想网络理论存在方法上的局限性。Lawson（1998）对广泛使用的联想网络理论及其方法提出质疑，认为联想方法存在多个问题。①结构特征的可靠性或信度问题。联想网络理论的自由联想研究方法存在很大的随机性，联想结果很难随时间推移保持一致，即一个受测者昨天的联想结果与今天的联想结果可能不一致。②对联想内容缺乏限制。③无意识检索过程。联想网络理论强调消费者信息处理过程中的无意识检索，但这一过程不能解释消费者在信息处理过程中怎样联通知识。④联想具有随意性。

不少学者也关注到了联想网络理论的局限。Sherry（1997）甚至认为，不能过分夸大它的作用，批评商业院成为生产联想方法杀手的

"MBAs"（murderers of brand associations）的专家，建议学者们更多地关注消费者与品牌的关系。Krishnan（1996）的研究也发现，消费者的品牌联想中只有联想的数量、联想的效价、联想的独特性在预测强弱品牌的差异上具有区别力，但在使用体验和口碑上没有提供解释力。国内学者使用 Krishnan（1996）的方法对中国市场的耐用品（彩电）和快速消费品（牙膏）两类产品的强弱品牌进行研究，发现高、低资产品牌之间的品牌联想数量和净有利联想数量的差异不具有普遍性，因此认为要利用品牌联想来诊断品牌，尚需更加深入广泛的研究（黄合水和彭聃龄，2002；范秀成和陈洁，2002）。

其次，随着认知科学的发展，知识表征新理论的出现不但显示了联想网络模型的方法性局限，而且对其某些理论假定提出了挑战。例如，社会认知的图式理论认为，认知心理学的联想网络记忆模型假定知识是一对对节点或刺激之间的联结或联想，通过复述即重复可以加强这种联结，但联想网络记忆模型不包含给定信息之外的任何机制，知识表征中的概括、推理和预期等都很难用简单的联想网络理论术语来解释（菲斯克和泰勒，1994）。

2. 测量方法的不足

品牌知识的测量方式是直接从认知心理学借鉴的。这种从认知心理学实验室中"拿来"的方法，在对于品牌知识的研究中产生了两个问题。首先是测量方法的适用性。由于认知心理学的测量对象往往是无生命的自然概念或人造概念，而品牌属于社会真实世界的概念（real-world concept），这两类概念具有不同的知识组织原则，例如，对于自然概念或人造概念，内部的或功能的特征（feature）对于概念的表征更为重要，但对于社会概念，则显然不能应用人造概念或自然概念的原则来观照（Lawson，2002）。其次是方法的效度问题。品牌知识的主要测量方法来源于认知心理学视角研究发展的直接和间接测量技术，但不同的测量方式是否有效地测量了消费者的品牌知识，引起了学者们的质疑（Kanwar 等，1990；Mitchell，1982）。

（二）认知心理学视角的研究

1. 贡献与特点

认知心理学视角的消费者知识研究旨在理解消费者信息加工过程，这一研究为消费者知识研究建立了认知取向的理论假定、分析框架及研究方法。

（1）采用认知机制的计算机隐喻。认知心理学视角的研究直接采用认知心理学关于人的认知机制类比于计算机的基本假定，并引入认知心理学关于知识内容和结构的基本框架及概念在消费者领域进行了应用性的研究。

（2）发展基础概念。对消费者知识内容的研究，应用认知心理学的框架进行了验证性的工作，证实了消费者知识是具有多维性质的概念体系，发展了"技能""熟悉性""客观知识""主观知识"等概念，并分析了消费者主观知识与客观知识之间的不对等现象、不同概念在消费者的知识评估过程中具有不同的效应等问题。

（3）描述知识结构。对消费者知识结构的研究，着重探索消费者知识结构，如客观知识、主观知识、一般产品类别知识的组织原则，证实了消费者知识结构特征对消费者知识评估过程和结果具有不同影响效应（Maheswaran 等，1996；Park 等，1992，1994；Scott，1969）。相关研究发现成为消费者认知加工分析的基本依据。

（4）发展研究方法。认知心理学视角的研究在联想网络理论的基础上发展了关于知识研究的多种直接和间接测量技术（Alba 和 Hutchinson，1987；Kanwar 等，1990；Mitchell 和 Dacin，1996），尤其是自由联想、自由启发方法后来成为品牌知识研究的主要方法。

2. 局限

（1）忽略了消费者关于产品或品牌的情感、象征等知识内容。认知心理学视角的消费者知识研究受制于认知心理学关于大脑的计算机隐喻，将人脑看作容器，在研究中只关注到认知成分，情感、象征等被排除在研究框架之外。尽管某些著名的学者，如 Olson 等很早就关注到情感甚至形象表征是消费者知识的构成内容之一（Kanwar 等，1981），但多数学者在研究时并没有将其放入消费者知识的概念和框架中。

（2）联想方法的有效性问题。从认知心理学视角研究的学者将联想方法引入品牌知识研究中，并将其发展为主流方法。但如上面所述，学者们关注到了联想研究方法在测量消费者知识时的效度问题（Kanwar 等，1990；Mitchell，1982）。Mitchell（1982）指出，尚无法证实不同的知识测量方法所测到的是同一个概念。联想方法在结构特征的可靠性（信度）、联想内容的无限制性、无意识检索过程和联想的随意性等方面也存在问题（Lawson，1998）。

（三）消费者行为视角研究

1. 贡献与特点

消费者行为视角研究对消费者知识的分类框架进行了突破，发现和定义了消费者知识的品牌知识维度（Brucks，1986），并成为消费者知识内容的重要研究域（Mitchell 和 Dacin，1996）。之后，学者们将消费者品牌知识（consumer brand knowledge）或品牌知识（brand knowledge）从消费者知识概念中发展为独立的概念。

（1）重新探索消费者知识内容。这一视角将研究对象从认知心理学视角所假定的抽象的认知"容器"大脑转换为实际的消费者，从消费者行为入手发现消费者知识内容。学者们不但在建立消费者知识内容的分析框架上进行了各自的探索，而且在知识内容上发现了消费者知识存在品牌知识（Brucks，1986）、技术知识（Park 等，1992）成分，随后直接发展了品牌知识的概念（Park 等，1992），使品牌知识从作为消费者知识的内容构成发展为独立的研究域（domain）。在后续研究中，个别学者对消费者知识内容的探索还突破了传统认知的边界，证实消费者知识内容包括情感和体验等内容（Mitchell 和 Dacin，1996）。

（2）发现了消费者知识的多层次性。消费者行为视角的研究证实了消费者知识不但内容上具有多维性，而且结构上具有多层次性，跨越了品牌、属性等不同水平（Russo 和 Johnson，1980），尽管这一发现在后来的品牌知识研究中被轻视了。从知识来源角度考察，品牌知识还涉及产品、国家、事件（Mitchell 和 Dacin，1996），这一结果实际上可看作 Keller 提出的品牌知识存在直接来源知识和次级来源知识的实证基础。

（3）明确了消费者知识的组织原则问题。消费者行为视角的研究对于消费者的知识结构进行了进一步探索，回答了消费者的知识结构是以什么形式组织的关键问题，研究证实，尽管属性基准的知识在知识的内容上占有主导地位，但在知识的结构上却是以品牌而不是以属性组织的（Russo 和 Johnson，1980）。

（4）对认知取向的研究方法的发展。在研究方法上不再拘泥于以联想网络理论为原理的自由反应技术，更多地以角色扮演、任务完成技术或者多方法多水平的联想刺探（Russo 和 Johnson，1980；Mitchell 和 Dacin，1996）等多样化的方法开展研究。

2. 局限

（1）对消费者知识内容的研究并未取得一致的结论。由于抛弃了认知心理学视角的消费者知识分析框架，但新的知识分析框架又没有建立起来，以至于消费者知识内容研究结果的差异化或不一致性超过了其一致性（Russo 和 Johson，1980）。这一状况说明，基于消费者行为考察消费者知识这一问题存在研究难度和复杂性。但从研究本身来看，除了作为研究对象的知识来源的差异外，更多的是缺乏指导分析消费者知识内容的一般化理论（Russo 和 Johnson，1980）。

（2）多数研究仍然是认知取向的。除 Mitchell 和 Dacin（1996）的研究外，消费者行为视角的研究仍然采用传统信息加工理论作为理论基础，虽然在发现消费者知识的内容方面取得了新的进展，但多数研究仍然没有关注情感、体验等知识成分。

（3）研究过于具体化。首先，消费者行为视角的研究由于存在理论框架的缺失，在概念定义和分析上显得过于特异化（Kanwar 等，1981），这样影响了研究结果的理论概化。其次，在知识内容和结构的分析中，因特异性导致过于具体化，使其分析难以上升到抽象性层次。例如，Mitchell 和 Dacin（1996）关于消费者知识的研究发现了 Keller 品牌知识分析框架的主要内容，但因其在概念定义和分析上过于具体化，难以将其整合在一个综合性分析框架里。

（四）品牌特征视角研究

1. 贡献与特点

品牌特征视角对品牌知识研究的重要贡献是，将其从有形的、具体属性的关注转向无形的、抽象方面知识的研究（Keller，2003）。发生这一转变的直接原因是，从产品导向向市场导向的营销观念的转变，要求营销者从关注产品本身到关注消费者的多样化需求；为了满足消费者的多样化需求，除了关注品牌的产品属性外，更要探索品牌意义，发现品牌意义的新维度（Levy，1959）。

（1）对整体视角研究的概念建构的贡献。品牌特征视角的研究将研究域从消费者知识切换到品牌知识，这样品牌特征视角的研究成为营销领域关于品牌本身的最直接的研究。也正因如此，这一视角研究为 Keller（1993）的品牌知识分析框架提供了直接的概念来源。

（2）建立新的品牌隐喻。品牌的多重隐喻受到了学者们的关注（Davies 和 Chun，2003）。品牌特征视角在理论假定上，采用认知心理学之外的理论观点，建立了"品牌类比于人"的新隐喻，品牌知识的探索进入了新领域，品牌个性（Aaker，1997）、品牌关系（Fournier，1998）概念出现并引发了大量的研究。新的品牌隐喻的建立还使品牌资产的研究出现了认知观点和关系观点的研究分野（Gurhan-Canli 和 Abluwalia，1999；Aaker 和 Fournier，1995；何佳讯，2006）。

（3）发展新的研究理论和研究方法。相关的学者不但建立了新的品牌隐喻，而且引入了新的理论及其研究方法，如借鉴现象学研究方法在心理－社会－文化背景下探索消费者与品牌的关系类型及其结构（Fournier，1998），借鉴社会心理学人格理论和模型开展品牌个性测量来描述品牌个性的结构（Aaker，1997），采用图像投射技术对品牌的潜在意义展开研究（Zaltman 和 Coulter，1995）。

（4）对品牌知识变量与消费者反应效应关系的探索。品牌特征视角的研究重点探索了不同品牌知识变量对于消费者行为的效应，包括品牌知识变量对消费者产品评价、品牌购买评价、信心和购买意愿等的影响（Hoeffler 和 Keller，2003）。

2.局限

（1）各种基本的品牌知识概念缺乏一致性的操作定义。虽然品牌特征视角的研究提出和分析了诸如物理属性、利益属性、形象属性等概念，但对于基本概念如属性、利益缺乏操作性定义，使得不同研究结果的比较产生困难。在这一方面，品牌特征视角的品牌知识研究没有像认知心理学视角研究那样对其基本概念，包括品牌形象这一重要概念建立一致的定义和测量，这样难以获得一般化的研究结果。这也表明，品牌化理论的发展尚需进行基础性研究的努力。

（2）对品牌知识概念之间的关系缺乏研究。品牌特征视角的研究并没有将重点放在发现和澄清构成品牌知识的概念之间的关系上，只有个别学者关注到了品牌的各种特征如属性与利益之间的关系（Lefkoff-Hagius 和 Mason，1993）。这种对概念体系研究的轻视，不但让关于品牌知识的内容和结构的基本问题悬而未决，而且更重要的是产生隔离式研究（Keller，2003）。这种隔离式的研究，忽视了品牌知识的内容多维性以及它们之间存在的交互影响效应，难以完整理解品牌知识对消费者决策的影响。

（五）整体视角研究

1.贡献与特点

整体视角的品牌知识研究整合了以往研究中处于分离状况的概

念，并提出了概念体系及分析框架。Park 等关于品牌概念的三类型观点成为品牌特征分析的基本维度，Lefkoff-Hagius 和 Mason、Keller以及 Kapferer 关于品牌识别的分析也采用了这一基本观点。此外，品牌概念的二类型观点也在实证研究和品牌管理上得到较多应用。整体视角研究的更重要之处在于，各项研究强调以品牌作为品牌知识分析的中心，并在品牌化战略这一理论背景中提出和发展品牌知识概念，确定了品牌知识研究在建构品牌化战略中的重要位置。

（1）明确提出品牌知识是品牌资产来源的命题，使品牌知识成为品牌资产理论和品牌战略管理分析的基础概念和依据。

（2）建构综合分析框架。Keller 对于品牌知识分析的重要工作是建构综合性分析框架，并囊括目前所知的品牌各种属性概念。Keller 的综合分析框架具有多方面的理论贡献：一是在品牌化战略研究的背景下提出了品牌知识的理论体系，从消费者层面对基于顾客的品牌资产的基本问题，如品牌知识的来源、内容和结构、效应等问题进行了分析和探索；二是扩充了品牌知识理论体系下的品牌知识内容的范围，例如，将品牌情感、品牌个性、品牌关系纳入品牌知识中；三是在综合性框架下建构了某些属性概念的逻辑关系，包括产品属性对产品利益的作用等。

（3）将品牌作为分析对象。学者们提出了品牌概念，并对其加以研究。这样明确将研究对象从产品转换为品牌。分析内容从认知心理学的知识概念转向了营销学中的品牌知识概念。尤其是 Keller 从概念分析上建构了品牌知识的体系，使品牌知识的研究从认知心理学范式向营销管理范式转变。

2. 局限

（1）理论基础与分析框架的不对应。影响力最大的 Keller 品牌知识分析框架，概念非常宽泛，涉及知觉、推理、情感等不同的认知加工机制，使得以联想网络记忆模型构成的理论基础难以支撑其综合性的框架，且与其宣称的理论基础也不一致。其分析框架及其概念除了来自建立在计算机隐喻上的认知心理学的联想网络理论外，还纳入了建立在"人"的隐喻上的社会心理学理论中的相关概念，如品牌个性、品牌体验、品牌象征等。

（2）忽视属性之外水平的分析。主要关注品牌属性水平的知识（Lawson，1998）。而且，对消费者水平的品牌资产构成的研究，也基本采用属性水平的概念定义和测量。但相关研究发现，消费者的品牌知识具有品牌、产品、属性等多水平的结构（Brucks，1986；Park等，1992；蒋廉雄等，2010；蒋廉雄和朱辉煌，2010；蒋廉雄和吴水龙，2014；蒋廉雄等，2016），仅仅关注属性水平的知识可能存在分析框架不完整的风险，难以充分解释品牌资产的构成及其来源。

（3）不同属性知识的关系有待进一步建立或澄清。相关学者们的品牌知识分析框架，涉及多个维度，但并没有分析不同维度的交互关系。

（4）概念定义问题。首先，对品牌作为整体概念，现有研究仅从类型上加以测量，未能界定品牌的基本含义，即品牌作为消费者知识表征的基本概念，品牌到底是什么这一基本问题。其次，在品牌知识模型方面，Keller 对品牌知识的定义与品牌资产的定义存在交叉性，而他一贯且强有力的理论观点是品牌知识是品牌资产的来源而不是品牌资产本身（Keller，1993，2003，2013），例如，他在品牌知识的定义中包括了品牌认知、品牌形象（Keller，2003），但在品牌资产的积木模型、金字塔模型中也包括了这些因素（Keller，2013）。再次，品牌知识成分概念的定义交叉和重复问题。例如，品牌态度与品牌情感、品牌形象与品牌属性和品牌利益、品牌利益与非产品相关属性存在交叉含义。最后，在整体视角研究中，概念的操作化尚未解决。Keller 自己只进行概念性分析，在仅有的几项实证研究中（Chen 和 He，2003；Li，2004；蒋廉雄和吴水龙，2014），均采用了非 Keller 模型。Keller 的概念模型未能通过验证（Li，2004）。

六　未来研究展望

（一）发展理论基础

对于品牌知识研究，除了品牌特征视角中的品牌关系、品牌个性等研究外，现有四种视角的主体研究，基本是以认知心理学的联想网络理论作为其理论基础，以联想方法作为其主要研究方法。这样产生的问题是，对品牌知识的概念定义、内容和结构的探索偏向于纯粹的认知性，忽视了情感、体验、思想等非认知性内容；而品牌关系和品牌个性的研究不关注品牌的认知性成分，强调品牌的社会性方面。Keller（1993，2003，2013）的品牌知识分析框架试图整合不同研究概念，但其关于品牌知识的概念定义建立在联想网络理论基础上，这样使其分析框架包含的概念与其宣称的理论基础并不一致。近年来，Keller实际放弃了联想网络理论转而提出品牌综合观点，将品牌关系、品牌社区也吸收到品牌知识的概念体系中，但未提出新的理论基础。

品牌知识理论的重要使命是探索品牌效应形成的消费者心理机制，解释品牌资产的来源、构成和作用。对作为品牌知识发生结果的品牌资产的研究，一些学者认为，形成了认知理论和关系理论的两种理论观点（何佳讯，2006），但认知理论处于主导地位。近年来，随着品牌化理论研究的发展，多样性的理论观点开始出现。同时，一些学者关注如何整合不同观点的研究，以对品牌资产的来源、构成及其作用进行更有效的解释（Gurhan-Canli和Abluwalia，1999；Aaker和Fournier，1995）。但总体上，品牌化理论包括品牌知识理论仍然有待发展，尤其在基础理论方面。例如，目前的一些研究，将不同观点的概念堆积在一个综合模型（comprehensive model）中（Esch等，2006）。这种尝试尽管在探索品牌知识方面提供了评价各知识变量效应的结果，但并没有真正地发展品牌知识理论。

对品牌知识的研究需要发展新的理论基础。其中一个重要任务是，在新的理论基础上对品牌意义进行拓展，为建构品牌知识模型提供一般化的理论框架（Russo和Johnson，1980），包括确定研究的取向及模型建构的原则和形式，而不是将原有概念简单地聚集在所谓的综合模型中。其中，发展具有聚合性的概念可能是思考的方向。例如，在消费者关于品牌的丰富但又具体的属性知识之上，是否存在一个整体性的品牌概念，且消费者用它表征真实生活世界中的所有品牌。如果有，这个品牌概念的基本意义是什么，它如何影响消费者的品牌感知、评价和选择行为。另外，基于联想网络记忆模型的品牌化理论认为，差异化是品牌的本质，也是基本的营销战略。但是，如果存在一般性的品牌概念作为消费者表达其对品牌一般性亦即共同性认知的基本模型，学者们需要在差异化之外，寻求和发现新的品牌本质。如果是这样，品牌化战略的模式也存在重构的可能性。因此，思考品牌知识研究的根本性问题，可为解决品牌化理论发展的基础问题提供新的依据。

（二）建立新的研究假定

具有认知心理学倾向的学者们将品牌隐喻为"物"，品牌作为研究对象是无生命的自然概念或人造概念，将消费者的认知机制隐喻为"计算机"（Mitchell，1982）。研究品牌关系和品牌个性的学者们将品牌隐喻为"人"，对消费者也不再将其看成是单纯的产品使用者，而是社会文化背景下的人（Aaker 和 Fournier，1995）。这两种取向处于将品牌作为"自然概念 - 人"、消费者作为"计算机 - 社会人"的两个端点上，各自洞察了消费者品牌知识的一隅，其他学者处于这两端之间的某个点上。因此，继续发展品牌知识，需要解决如何纵览这两个端点所组成的连续统（continuum）的问题，前提是对品牌和消费者设定适当的假定，即研究隐喻。

（三）探索新的研究方法

1. 对消费者的多水平考察

以认知心理学作为理论基础的品牌知识的研究，实际上是在个体水平上研究消费者关于品牌信息的来源、记忆和心理联系，关注消费者作为个人对外部信息线索和内部信息线索的搜寻和检索。虽然整体视角的品牌知识研究除此之外还强调次级来源（如国家形象、地区形象、事件营销、名人等）如何影响消费者的品牌联想以及杠杆效应的产生问题（Keller，2003），但它以联想网络理论进行品牌知识研究时，总体上仍是在个人水平上进行的。因此，对消费者的多水平的考察意味着对品牌知识内容和结构的研究，并不仅限于消费者个体水平的品牌记忆和联想，还必须关注在个体水平之上形成的品牌知识及其内部结构的相互关系。

2. 寻求恰当的探索品牌知识的方法

联想网络理论认为品牌知识是消费者个人的记忆结构，主要依赖刺激记忆的自由反应技术获得品牌知识，但这不能反映消费者品牌知识的全部（Markman 和 Brendl，2005）。仅仅依靠这种方法，实际上只看到了消费者关于品牌的肤浅的价值（Gardner 和 Levy，1955）。同时，由于对消费者的洞察局限于个人水平，自由反应这一来自认知心理学实验室的认知研究方法作为探索品牌知识的技术存在方法论上的局限性，尤其在网络化时代，消费者的品牌知识在形成方式上可能与以往相比发生了重要改变（卢泰宏，2017），需要运用新的方法发现品牌知识内容的类型、体系及其潜在结构。

（四）考虑认知与行为相关的特定因素

消费者的品牌知识形成于市场和生活现实中，且其所处的市场和生活现实是有时空边界的，因而具有特定性。这是分析和解释不同市场和生活现实中的消费者是否存在品牌知识独特性的前提，也是进一步理解品牌化战略是否具有市场特定性的前提。

1. 市场的特定性

在存在成熟市场和新兴市场两种主要类型市场的现实下，研究不同市场现实中的消费者的品牌知识差异是值得重视的问题。中国作为新兴市场，经历了从温饱消费到发展性消费的历程。随着需求性质的演变，消费者的购买动机、购买决策标准都可能发生改变，例如，从重视功能性利益到关注情感利益、象征利益，从重视价格到重视品质、档次等。同时，随着网络技术和信息的普遍使用，消费者从主要依赖个人内部知识到同时使用个人内部知识和个人之外的外部知识，这种市场的一般性和特定性同时存在的状况，可能使消费者在品牌知识的形成和组织方面更加具有复杂性。对此方面的问题，需要得到进一步的重视和研究。

2. 消费者自身的特定性

消费者的特定性涉及不同地区消费者的心理特质、思维方式以及自身所处环境，如消费者创新性思维、整体性思维与分析性思维方式、文化价值等。现有研究已经证实，在消费者创新性这一影响购买决策的基本心理特质上，东方和西方消费者存在差异（Steenkamp等，1999；Steenkamp 和 Burgess，2002）。在思维方式上，东方消费者倾向采用整体性思维方式，西方消费者倾向采用分析性思维方式（Ng 和 Houston，2001；Monga 和 John，2007）。在文化环境产生的特定性方面，学者们已经证实，东方消费者与西方消费者，在权力距离、不确定性回避、长期导向与短期导向、集体主义与个人主义、放纵与克制等方面具有明显差异（Hofstede，1984，2001），东方消费者行为表现出中庸/折中倾向，西方消费者行为更具有极端主义倾向（Briley 等，2000）。上述消费者的心理特质、思维方式、所处文化环境的特定性如何影响其品牌知识的内容和结构，也是有待深入探索的重要研究问题。

（五）探索数字化行为与品牌知识形成的关系

随着自 21 世纪开始的数字化进程，尤其是 2010 年前后移动互联网、大数据、云计算、人工智能等技术的快速发展和运用，营销和消费的数字化环境也开始形成。在营销方面，从"数字化媒体"（digital media）、"数字化传播"（digital communication），进入真正的"数字化营销"（digital marketing）、"数字化品牌建立"（branding in digital age）（卢泰宏，2017）。在品牌化方面，品牌化逻辑、品牌化战略、品牌形态（如平台品牌出现）等根本性问题都发生了本质性的变化（何佳讯，2016，2017；沈蕾和何佳婧，2018；朱良杰等，2017；许晖等，2017；Ramaswamy 和 Ozcan，2016）。在消费方面，消费者在意识唤起、注意、信息搜寻、品牌评估、价格比较、购买与支付、购后评价、推荐等全行程上实现了数字化，传统的消费者行为演变为数字化的消费者行为（digital consumer behavior）（Solomon, 2009；卢泰宏，2017）。其中，最受关注的是消费者决策模式的变化，经典的 AIDA 模型所描述的从引起注意（attention）、发生兴趣（interest）、产生欲望（desire）到采取行动（action）的连续性循序渐进的漏斗形态正在转变为各阶段之间非连续往复发生的多循环状态（何佳讯，2017；Edelman，2010）。

　　数字化时代的消费者行为受到了研究者的极大关注。一个重要原因是，数字化技术和环境实现了消费者网上搜寻、购买、支付的全记录，研究者可以获得消费大数据，对消费者特征、行为状态、消费者互动及其所投射的需求进行精准、实时、动态、完整的分析。但是，在探究消费者心理，尤其是解释消费者行为原因这个根本问题上，数字化技术并未带来有效的改变（卢泰宏，2017）。作为影响消费者购买决策和品牌化战略的基础变量的品牌知识，一方面，数字化营销和数字化的消费者行为，对其内容、结构可能产生之前未有的影响。另一方面，数字化时代品牌知识对消费者购买决策、品牌化战略的影响也是不可估量的。对此两方面的问题，都有待大力探索。

参考文献

［1］〔英〕M. W. 艾森克、M. T. 基恩，2004，《认知心理学》，高定国、肖晓云译，华东师范大学出版社。

［2］杜建刚、王琳，2012，《神经营销学研究现状——FMRI 成果评述》，《经济管理》第 3 期，第 189～199 页。

［3］范秀成、陈洁，2002，《品牌形象综合测评模型及其应用》，《南开学报》（哲学社会科学版）第 3 期，第 65～71 页。

［4］〔美〕S. T. 菲斯克、S. E. 泰勒，1994，《社会认知：人怎样认识自己和他人》，张庆林等译，贵州人民出版社。

［5］何佳讯，2006，《品牌资产测量的社会心理学视角研究评介》，《外国经济与管理》第 4 期，第 48～52 页。

［6］何佳讯，2016，《品牌与品牌化研究的取向、格局及趋势》，《品牌研究》第 2 期，第 4～25 页。

［7］何佳讯，2017，《颠覆的品牌逻辑》，《清华管理评论》第 3 期，第 78～84 页。

［8］黄合水、彭聃龄，2002，《强、弱品牌的品牌联想比较》，《心理科学》第 5 期，第 605～606 页。

［9］江明华、曹鸿星，2003，《品牌形象模型的比较研究》，《北京大学学报》（哲学社会科学版）第 2 期，第 107～114 页。

［10］〔法〕卡菲勒，2000，《战略性品牌管理》，王建平、曹华译，商务印书馆。

［11］梁建宁，2003，《当代认知心理学》，上海教育出版社。

［12］卢泰宏，2002，《品牌资产评估的模型与方法》，《中山大学学报》（社会科学版）第 3 期，第 7～20 页。

［13］卢泰宏、吴水龙、朱辉煌、何云，2009，《品牌理论里程碑探析》，《外国经济与管理》第 1 期，第 32～42 页。

［14］卢泰宏，2017，《消费者行为学 50 年：演化与颠覆》，《外国经济与管理》第 6 期，第 23～38 页。

［15］卢泰宏、周志民，2003，《基于品牌关系的品牌理论：研究模型及展望》，《商业经济与管理》第 2 期，第 4～9 页。

［16］蒋廉雄，2008，《从单向视角到整体视角：品牌知识研究回顾与展望》，《外国经济与管理》第 6 期，第 42～50 页。

［17］蒋廉雄、朱辉煌，2010，《品牌认知模式与品牌效应发生机制：超越"认知－属性"范式的理论建构》，《管理世界》第 9 期，第 95～115 页。

［18］蒋廉雄、吴水龙，2014，《整体视角下的复合－层级品牌知识模型研究》，《管理学报》第 5 期，第 720～732 页。

［19］蒋廉雄、吴水龙、冯睿，2016，《重新理解品牌功能评价过程：基于产品意义建构模型》，《品牌研究》第 5 期，第 7～20 页。

［20］蒋廉雄、朱辉煌、何云、卢泰宏，2010，《品牌原型的理论基础、研究回顾与展望》，《外国经济与管理》第 1 期，第 41～49 页。

［21］沈蕾、何佳婧，2018，《平台品牌价值共创：概念框架与研究展望》，《经济管理》第 3 期，第 193～208 页。

［22］许晖、邓伟升、冯永春、雷晓凌，2017，《品牌生态圈成长路径及其机理研究——云南白药 1999～2015 年纵向案例研究》，《管理世界》第 1 期，第 195～208 页。

［23］朱良杰、何佳讯、黄海洋，2017，《数字世界的价值共创、构念、主题与研究展望》，《经济管理》第 1 期，第 195～208 页。

［24］Aaker, David A.. 1996. "Measuring Brand Equity Across Products and

Markets. " *California Manage Review* 38: 102 - 120.

[25] Aaker, Jennifer L. . 1997. "Dimensions of Brand Personality. " *Journal of Marketing Research* 34: 347 - 357.

[26] Aaker, Jennifer L. , and Susan Fournier. 1995. "A Brand as a Character, A Partner and a Person: Three Perspectives on the Question of Brand Personality. " *Advances in Consumer Research* 22: 391 - 395.

[27] Alba, Joseph W. , and J. Wesley Hutchinson. 1987. "Dimensions of Consumer Expertise. " *Journal of Consumer Research* 13: 411 - 454.

[28] Anderson, John R. . 1983. "A Spreading Activation Theory for Memory. " *Journal of Verbal Learning and Verbal Behavior* 22: 261 - 295.

[29] Anderson, Joseph R. . 1976. *Language, Memory, and Thought.* N. J. : Lawrence Erlbaus Associations.

[30] Ataman, Berk, and Burç Ülengin. 2003. "A Note on the Effect of Brand Image on Sales. " *Journal of Product & Brand Management* 12: 237 - 250.

[31] Azoulay, Audrey, and Jean-Noël Kapferer. 2003. "Do Brand Personality Scales Really Measure Brand Personality?" *Journal of Brand Management* 11: 143 - 155.

[32] Barsalou, Lawrence W. , and J. Wesley Hutchinson. 1987. "Schema-Based Planning of Events in Consumer Contexts. " *Advances in Consumer Research* 14: 114 - 118.

[33] Bettman, James, and C. Whan Park. 1980. "Effects of Prior Knowledge and Experience and Phase of the Choice Process on Consumer Decision Processes: A Protocol Analysis. " *Journal of Consumer Research* 7: 234 - 248.

[34] Biel, Alexander L. . 1993. "How Brand Image Drives Brand Equity. " *Journal of Advertising Research* 32: RC6 - RC12.

[35] Bird, M. , C. Channon, and A. S. C. Ehrenberg. 1970. "Brand Image and Brand Usage. " *Journal of Marketing Research* 7: 307 - 315.

[36] Blawatt, Ken. 1995. "Imagery: An Alternative Approach to the Attribute Image Paradigm for Shopping Centers. " *Journal of Retailing and Consumer Services* 2: 83 - 96.

[37] Bloemer, Josee, and Ko de Ruyter. 1998. "Investigating Drivers of Bank Loyalty: The Complex Relationship Between Image, Service Quality. " *International Journal of Bank Marketing* 16: 276 - 287.

[38] Briley, Donnel A. , Michael Morris, and Itamar Simonson. 2000. "Reasons as Carriers of Culture: Dynamic Versus Dispositional Models of Cultural Influence on Decision Making. " *Journal of Consumer Research* 27: 157 - 178.

[39] Brucks, Merrie. 1986. "A Typology of Consumer Knowledge Content. "

第一章 消费者品牌知识研究的现状、问题与展望

Advances in Consumer Research 13: 58 – 63.

[40] Chen, Rong, and Feng He. 2003. "Using Brand Knowledge to Understand Consumers' Intention to Adopt an Online Retailer." *International Journal of Services Technology and Management* 4: 464 – 479.

[41] Collins, Allan M., and Elizabeth F. Loftus. 1975. "A Spreading-Activation Theory of Semantic Processing." *Psychological Review* 82: 407 – 428.

[42] Collins, Allan M., and M. Ross Quillian. 1969. "Retrieval Time from Semantic Memory." *Journal of Verbal Behavio* 8: 240 – 247.

[43] Dacin, Peter A., and Andrew E. Mitchell. 1986. "The Measurement of Declarative Knowledge." *Advances in Consumer Research* 13: 454 – 459.

[44] Davies, Gary, and Rosa Chun. 2003. "The Use of Metaphor in the Exploration of the Brand Concept." *Journal of Marketing Management* 19: 45 – 71.

[45] Davis, Scott. 2002. "Brand Asset Management: How Business Can Profit from the Power of Brand." *Journal of Consumer Marketing* 19: 351 – 359.

[46] Dobni, Dawn, and George M. Zinkhan. 1990. "In Search of Brand Image: A Foundation Analysis." *Advances in Consumer Research* 17: 110 – 119.

[47] Edelman, David C.. 2010. "Branding in the Digital Age." *Harvard Business Review* 88: 62 – 69.

[48] Esch, Franz-Rudolf, Tobias Langner, Bernd H. Schmitt, and Patrick Geus. 2006. "Are Brands Forever? How Brand Knowledge and Relationships Affect Current and Future Purchases." *The Journal of Product and Brand Management* 15: 98 – 105.

[49] Farquhar, Peter H.. 1989. "Managing Brand Equity." *Marketing Research* 1: 24 – 33.

[50] Fournier, Susan. 1998. "Consumers and Their Brands: Developing Relationship Theory in Consumer Research." *Journal of Consumer Research* 24: 343 – 373.

[51] Gardner, Burleigh B., and Sidney J. Levy. 1955. "The Product and the Brand." *Harvard Business Review* 33: 33 – 39.

[52] Gurhan-Canli, Zenep, and Rohini Abluwalia. 1999. "Cognitive and Relational Perspectives on Brand Equity." *Advances in Consumer Research* 26: 343.

[53] Hastie, Reid. 1982. "Comment: Consumer' Memory for Product Knowledge." *Advances in Consumer Research* 9: 72 – 73.

[54] Hoeffler, Steve, and Kevin Lane Keller. 2003. "The Marketing Advantages

of Strong Brands. " *Journal of Brand Management* 10: 421 – 445.

[55] Hofstede, Geert. 1984. " National Cultures in Four Dimensions. " *International Studies of Management & Organization* 13: 46 – 74.

[56] Hofstede, Geert. 2001. *Culture's Consequences: Comparing Values, Behaviors, Institutions and Organizations Across Nations* (Second Edition) . C. A. : Sage.

[57] Jap, Sandy D. . 1993. " An Examination of the Effects of Multiple Brand Extensions on the Brand Concept. " *Advances in Consumer Research* 20: 607 – 611.

[58] John, Deborah Roedder, Barbara Loken, Kyeongheui Kim, and Alokparna Basu Monga. 2006. "Brand Concept Maps: A Methodology for Identifying Brand Association Networks. " *Journal of Marketing Research* 43: 549 – 563.

[59] Kanwar, Rajesh, Jerry C. Olson, and Laura S. Sims. 1981. " Toward Conceptualizing and Measuring Cognitive Structures. " *Advances in Consumer Research* 8: 122 – 127.

[60] Kanwar, Rajesh, Lorna Grund, and Jerry C. Olson. 1990. " When Do the Measures of Knowledge Measure What We Think They Are Measuring?" *Advances in Consumer Research* 17: 603 – 608.

[61] Kapferer, Jean-Noël. 2013. *The New Strategic Brand Management-Advanced Insights and Strategic Think.* P. A. : Kogan Page.

[62] Keller, Kevin Lane. 1993. " Conceptualizing, Measuring and Managing Customer-Based Brand Equity. " *Journal of Marketing* 57: 1 – 22.

[63] Keller, Kevin Lane. 2001. " Brand Research Imperatives. " *Journal of Brand Management* 9: 4 – 6.

[64] Keller, Kevin Lane. 2003. " Brand Synthesis: The Multidimensionality of Brand Knowledge. " *Journal of Consumer Research* 29: 595 – 600.

[65] Keller, Kevin Lane. 2013. *Strategic Brand Management.* N. J. : Pearson Education.

[66] Kenneth, A. Hunt, and Susan M. Keaveney. 1994. " A Process Model of the Effects of Price Promotions on Brand Image. " *Psychology & Marketing* 11: 511 – 533.

[67] Kotler, Philip, and Kevin Lane Keller. 2016. *Marketing Management.* N. J. : Pearson Education.

[68] Krishnan, H. S. . 1996. " Characteristics of Memory Associations: A Consumer-Based Brand Equity Perspective. " *International Journal of Research in Marketing* 13: 389 – 405.

[69] Lawson, Robert. 1998. "Consumer Knowledge Structures: Networks and Frames. " *Advances in Consumer Research* 25: 334 – 340.

第一章 消费者品牌知识研究的现状、问题与展望

[70] Lawson, Robert. 2002. "Consumer Knowledge Structures: Background Issues and Introduction." *Psychology & Marketing* 19: 447 – 455.

[71] Lefkoff-Hagius, Roxanne, and Charlotte H. Mason. 1993. "Characteristic, Beneficial, and Image Attributes in Consumer Judgments of Similarity and Preference." *Journal of Consumer Research* 20: 100 – 110.

[72] Levitt, Theodore. 1969. *The Marketing Mode.* New York: McGraw-Hill.

[73] Levy, Sidney J.. 1959. "Symbols For Sale." *Harvard Business Review* 37: 117 – 124.

[74] Li, Xue. 2004. "How Brand Knowledge Influences Consumers' Purchase Intentions." Ph. D. diss. , Auburn University.

[75] Low, George S. , and Charles W. Lamb. 2000. "The Measurement and Dimensionality of Brand Associations." *Journal of Product and Brand Management* 9: 350 – 371.

[76] Maheswaran, Durairaj, Sternthal Brian, and Zeynap Gurhan. 1996. "Acquisition and Impact of Consumer Expertise." *Journal of Consumer Psychology* 5: 115 – 133.

[77] Mandell, Lewis. 1973. "Consumer Knowledge and Understanding of Consumer Credit." *Journal of Consumer Affairs* 7: 23 – 36.

[78] Markman, Arthur B. , and C. Miguel Brendl. 2005. "Goals, Policies, Preferences, and Actions." *In Applying Social Cognition to Consumer-Focused Strategy*, edited by Frank R. Kardes, Paul M. Herr, and Jacques Nantel, pp. 183 – 200. N. J. : Lawrence Erlbaum Association.

[79] Martenson, Rita. 2005. "Success in Complex Decision Contexts: The Impact of Consumer Knowledge, Involvement, and Risk Willingness on Return on Investments in Mutual Funds and Stocks." *International Review of Retail, Distribution & Consumer Research* 15: 449 – 469.

[80] Mitchell, Andrew A.. 1982. "Models of Memory: Implications for Measuring Knowledge Structures." *Advances in Consumer Research* 9: 45 – 51.

[81] Mitchell, Andrew A. , and Peter A. Dacin. 1996. "The Assessment of Alternative Measures of Consumer Expertise." *Journal of Consumer Research* 23: 219 – 239.

[82] Monga, Alokparna Basu, and Deborah Roedder John. 2010. "What Makes Brands Elastic? The Influence of Brand Concept and Styles of Thinking on Brand Extension Evaluation." *Journal of Marketing* 74: 80 – 92.

[83] Monga, Alokparna Basu, and Deborah Roedder John. 2007. "Cultural Differences in Brand Extension Evaluation: The Influence of Analytic Versus Holistic Thinking." *Journal of Consumer Research* 33: 529 – 536.

[84] Morrison, James, Hye-Shin Kim, Jong-Youn Rha, and Chris Herbein. 2004. "Consumer Knowledge of Bottled Water and Product Label Preferences." *Consumer Interests Annual* 50: 46 – 47.

[85] Muniz, Albert M. . 1997. "Consumers and Brand Meaning: Brands, the Self and Others." *Advances in Consumer Research* 24: 308 – 309.

[86] Ng, Sharon, and Michael Houston. 2001. "Exemplars or Beliefs? Implications of Representational Differences on Brand Evaluations Across Cultures." *Advances in Consumer Research* 31: 223.

[87] Olson, Jerry C. . 1978. "Inferential Belief Formation in the Cue Utilization Process." *Advances in Consumer Research* 5: 706 – 713.

[88] Page, Kelly, and Mark Uncles. 2004. "Consumer Knowledge of the World Wide Web: Conceptualization and Measurement." *Psychology & Marketing* 21: 573 – 591.

[89] Park, C. Whan, Bemard J. Jaworski, and Deborah J. MacInnes. 1986. "Strategic Brand Concept-Image Management." *Journal of Marketing* 50: 621 – 635.

[90] Park, C. Whan, Meryl P. Gardner, and Vinod K. Thukral. 1988. "Self-Perceived Knowledge: Some Effects on Information Processing for a Choice Task." *American Journal of Psychology* 101: 401 – 424.

[91] Park, C. Whan, Sandra Milberg, and Robert Lawson. 1991. "Evaluation of Brand Extensions: The Role of Product Feature Similarity and Brand Concept Consistency." *The Journal of Consumer Research* 18: 185 – 193.

[92] Park, C. Whan. , and V. Parker Lessig. 1981. "Familiarity and its Impact on Consumer Decision Biases and Heuristics." *Journal of Consumer Research* 8: 223 – 229.

[93] Park, C. Whan, David L. Mothersbaugh, and Lawrence Feick. 1994. "Consumer Knowledge Assessment." *Journal of Consumer Research* 21: 71 – 82.

[94] Park, C. Whan, Lawrence Feick, and David L. Mothersbaugh. 1992. "Consumer Knowledge Assessment: How Product Experience and Knowledge of Brands, Attributes, and Features Affects What We Think We Know." *Advances in Consumer Research* 19: 193 – 198.

[95] Peter, J. Paulm, and Jerry C. Olson. 2001. *Consumer Behavior.* Chicago: Irwin.

[96] Philippe, Aurier, and Paul-Valentin Ngobo. 1999. "Assessment of Consumer Knowledge and Its Consequences: A Multi-Component Approach." *Advances in Consumer Research* 26: 569 – 575.

[97] Puligadda, Sanjay, William T. Ross, and Rajdeep Grewal. 2012.

"Individual Differences in Brand Schematicity." *Journal of Marketing Research* 49: 115 – 130.

[98] Ramaswamy, Venkat, and Kerimcan Ozcan. 2016. "Brand Value Co-Creation in a Digitalized World: An Integrative Framework and Research Implications." *International Journal of Research in Marketing* 33: 93 – 106.

[99] Rao, Akshay, and Wanda A. Sieben. 1992. "The Effect of Prior Knowledge on Price Acceptability and the Type of Information Examined." *Journal of Consumer Research* 19: 256 – 270.

[100] Rao, Akshay R., and Kent B. Monroe. 1989. "The Effect of Price, Brand Name, and Store Name on Buyers' Perceptions of Product Quality: An Integrative Review." *Journal of Marketing Research* 26: 351 – 357.

[101] Reid, Leonard N., and Lauranne Buchanan. 1979. "A Shopping List Experiment of the Impact of Advertising on Brand Images." *Journal of Advertising* 8: 26 – 31.

[102] Roth, Martin S.. 1995. "The Effects of Culture and Socioeconomics on the Performance of Global Brand Image Strategies." *Journal of Marketing Research* 32: 163 – 175.

[103] Russo, J. Edward, and Eric J. Johnson. 1980. "What Do Consumers Know About Familiar Products?" *Advances in Consumer Research* 7: 417 – 4 23.

[104] Scott, William A.. 1969. "Structures of Natural Cognition." *Journal of Personality and Social Psychology* 12: 261 – 278.

[105] Sherry, Jr. John F.. 1997. "Synthesis of Session." In Albert M. Muniz. 1997. "Consumers and Brand Meaning: Brands, the Self and Others." *Advances in Consumer Research* 24 (1997): 308 – 309.

[106] Smith, Eliot R., and Sarah Queller. 2004. "Mental Representations." *In Social Cognition*, edited by Marilynn B. Brewer, and Miles Hewstone, pp. 5 – 27. M. A.: Blackwell Pub.

[107] Solverson, Lyle. 1969. "Consumer Knowledge for Sovereignty: Apples." *American Journal of Agricultural Economics* 51: 1247 – 1251.

[108] Steenkamp, Jan-Benedict E. M., Frenkel ter Hofstede, and Michel Wedel. 1999. "A Cross-National Investigation into the Individual and National Cultural Antecedents of Consumer Innovativeness." *Journal of Marketing* 63: 55 – 69.

[109] Steenkamp, Jan-Benedict E. M., and Steven M. Burgess. 2002. "Optimum Stimulation Level and Exploratory Consumer Behavior in an Emerging Consumer Market." *International Journal of Research in Marketing* 19: 131 – 150.

[110] Walker, Beth, Richard Celsi, and Jerry C. Olson. 1987. "Exploring the Structural Characteristics of Consumers' Knowledge. " *Advances in Consumer Research* 14: 17 – 21.

[111] Zaltman, Gerald, and Robin Higie Coulter. 1995. "Seeing the Voice of the Customer: Metaphor-Based Advertising Research. " *Journal of Advertising Research* 35: 35 – 51.

第一章　消费者品牌知识研究的现状、问题与展望

第二章

重新理解品牌认知模式与
品牌效应发生机制

一　引言

现代营销以顾客为导向，理解消费者的品牌认知既是开展品牌营销的出发点，也是揭示品牌效应发生机制的理论来源。正因如此，从20世纪50年代开始，学者们对其进行了大量研究，并形成了联想方法主导的"认知-属性"研究范式（Aaker，1996；Keller，1993，2003，2013；Yoo 和 Donthu，2001）。"认知-属性"研究范式在方法论上采取认知取向（Bagozzi，2000；Mitchell，1982），以构成性属性作为建构品牌认知理论的概念基础（Lawson，1998；Lefkoff-Hagius 和 Mason，1993；Ratneshwar 和 Shocker，1988），强调属性知识及其加工在品牌感知和评价中的关键作用（Aaker，1996；Keller，1993，2003，2013；Yoo 和 Donthu，2001；Fishbein 和 Ajzen，1975；Medin 和 Smith，1984）。在研究时，它以联想方法在产品类别水平上获得和分析消费者对某个或某几个品牌的属性知识，并以此解释和预测品牌效应的发生。例如，消费者对耐克的认知就是其对该品牌形成的相关联想，消费者对耐克的偏好和态度就是由这些联想所引起的。同样，消费者对阿迪达斯的认知，则是其形成的关于阿迪达斯的相关联想，消费者对阿迪达斯的偏好与态度，是由其关于阿迪达斯的相关联想所致。由此产生的理论含义是，品牌的本质在于差异化（differentiation），不同品牌引起的特定联想构成了消费者的品牌认知差异，正是这种联想性的认知差异引起了品牌效应的发生（Keller，1993，2013）。

"认知－属性"研究范式在消费者品牌知识的内容上不断取得新的发现，并对品牌效应的发生提供了一定程度的解释。但是，它对消费者品牌认知的理解和品牌效应发生机制的解释仍不充分。"认知－属性"研究范式只在产品类别水平上对选择性的几个品牌探测构成性的属性知识，其研究结果忽略了属性水平之外的知识，故其可能是不完整的。同时，它还存在特定性，即它因产品类别和品牌的不同而不同，呈现 1000 个品牌就有 1000 个品牌联想图的情形（John 等，2006；Mitchell 和 Dacin，1996）。从理论发展方面看，这种"非完整性"和"特定性"，使消费者品牌知识研究没有形成一致性的概念定义，也不能从研究结果上发展出一般化的理论结论（Dobni 和 Zinkhan，1990；Keller，2013）。到现在，学者们对品牌除了依靠消费者联想和类型划分进行界定和分析外（Broniarczyk 和 Alba，1994；Monga 和 John，2010；Park 等，1991），关于品牌概念尚没有建立一般性的定义和测量方法。这种状况引发了对一个基本问题的思考：消费者对品牌的认知，是否存在不因品牌，甚至产品类别而异的知识，它整体地描述了消费者关于品牌的基本意义？具体来说，消费者关于品牌的认知是否具有一般性的概念、稳定的意义结构、基本性的形成过程和作用机制？由这个一般性概念的形成和作用所构成的认知过程是否体现了消费者的品牌认知模式，并对品牌效应的发生机制提供了一般性的而非特定性的解释？

另外，对消费者品牌经验的观察也促使学者们重视这一问题。例如，每年一度的中央电视台广告招标活动成为中国营销领域乃至中国经济、社会上的热点事件。① 在中央电视台投放广告，甚至

---

① 中央电视台的年度黄金资源广告招标活动始于 1995 年，被视作中国经济的"晴雨表"和市场的"风向标"。在早期，参与者主要是民营或地方企业。随后国际公司和国有企业加大了在中央电视台的广告投放力度。宝洁公司从 2002 年（转下页注）

追逐"标王"，成为企业尤其是行业中的领先性企业重要的营销策略。甚至那些原来不倚重中央台投放广告的外资公司如宝洁公司，近年也非常重视参加央视的广告投标活动，并在2005～2007年蝉联了央视广告资源竞标的"标王"。国内外企业热衷在中央电视台大力投放广告甚至追逐成为所谓的"标王"，当然是追求销售快速增长乃至一举成名的品牌效应。那么，为何在中央电视台投放广告能让企业迅速获得巨大的市场反应？应用"认知－属性"研究范式发展的品牌知名度、品牌形象等概念可对其做出一定程度的解释，但未必透彻有力。消费者认为，在中央电视台播放广告的品牌是一个"大牌子"。那么消费者为何使用"大牌子"来表征这些品牌，它如何影响其对品牌的评价和选择？显然，在"大牌子"这一司空见惯的认知现象背后，存在消费者自己的关于品牌概念的定义方式和标准。但是，现有的品牌知名度、品牌形象，甚至品牌个性、品牌关系等概念也不能充分概括和解释这一现象。

对消费者品牌认知的一般性概念的研究具有挑战性。虽然知识表征的类别化、概念形成等社会知识（social knowledge）理论为这一研究提供了理论基础（Loken 等，2007；Medin 等，2000）。但是，关于品牌一般性概念的研究极为有限，尤其在超类别水平的研究上呈现缺口。此外，受"认知－属性"研究范式主导性的影响，学者们使用

（接上页注①）开始年投入成倍增加，并在2005～2007年招标中蝉联标王，其中标的金额分别为3.8515亿元、3.94亿元、4.2亿元。参见《央视07广告招标达67.96亿，宝洁四度蝉联"标王"》，http://finance. eastday. com/m/20061120/u1a2455286. html。现在，民营企业、外资企业、国有企业是央视广告三个主要的投标者，参见《1995～2010央视广告标王历年回顾》，http://finance. eastday. com/m/20061120/u1a2455286. html。2010年，中国28个省、市、自治区的企业参与了央视招标活动，总额109.6645亿元。在全球经济遭受金融风暴后，它仍创16年新高，比2009年增加17.1亿元，增长18.47%。来自国外的50家企业中标，中标金额比2009年增长28%，远高于总体的增长水平，参见 http://news. xinhuanet. com/fortune/2009 – 11/18/content_12484929. htm。近年中央电视台淡化了广告招标金额信息的发布，但从有关报道看，中央电视台广告招标额仍然不断创出历史新高，参见 http://www. cctv1ad. cn/h – nd – 224. html，http://www. sohu. com/a/281766877_100185474。

联想网络记忆模型（associative network memory model）作为品牌认知研究的常规性理论和方法，将品牌认知形成的现实基础及因素，例如消费者的经验、期望、思维方式、文化价值观等都排除在外（菲斯克和泰勒，1994）。同时，它只关注相关信息的贮存、激活和提取，对消费者如何赋予品牌及相关信息的意义并不关心。正如一些学者指出，它只能看到肤浅的消费者品牌知识（Gardner 和 Levy，1955）。

考虑到上述现实，本章的研究目的是，从探索消费者关于品牌的一般性认知入手，寻求品牌认知模式和品牌效应发生机制的理论建构，以扩展品牌化理论的分析框架，弥补当前消费者品牌认知研究上的缺口。为达到上述目的，研究的主要问题是：

（1）在消费者的品牌认知中，是否存在一般性的品牌概念，在认知过程中它是如何被运用的？

（2）这个一般性的品牌概念的意义结构是怎样的，即它在意义上整体地描述了消费者期望的品牌所应具有的哪些基本特征？

（3）这个一般性的品牌概念是怎样形成的，即它形成的基础、信息来源是什么，形成方式是怎样的？

（4）这个一般性的品牌概念引发品牌效应的关键机制是怎样的，即在消费者对品牌、品牌相关属性的感知、评价及对品牌态度的形成上，它的作用性质、方向和方式是怎样的？

为完成上述问题的研究，这里寻求超越"认知－属性"研究范式的理论建构，故放弃了它关于消费者和品牌的假定，也不追随其依赖的联想网络记忆模型，而是运用社会知识理论建立起新的研究假定和概念基础。在研究方法上，利用现象学方法（phenomenology）进行发现取向的研究。

二 概念基础

如上所述，这里应用社会知识中的类别化（categorization）、概念形成（concept formation）理论的概念和模型建立起研究的假定和分析基础。社会知识理论是社会认知（social cognition）研究的重要主题（Smith 和 Queller，2004）。作为研究人们如何理解自己和他人认知过程的新兴学科理论和方法（Sherman 等，1989），社会认知在 20 世纪 90 年代开始引入品牌研究领域。其中运用社会知识理论探索市场、产品、品牌概念的形成机制（Rosa 等，1999）以及重新定义和整合品牌化理论的核心概念成为当前研究的焦点（Tietje 和 Brunel，2005）。社会知识理论对品牌认知研究提供的益处是，它以社会认知的观点重建消费者、品牌的研究假定，将观察聚焦到品牌基本认知过程，包括品牌概念的形成、认知类别化中的运用策略和认知效应发生等方面，并从多层次的知识结构和水平上来进行分析。这样可通过对消费者品牌认知基本过程的研究，来发现和描述消费者的品牌认知模式，探索解释品牌效应发生的消费者机制。

（一）关于品牌和消费者的研究假定

相较于"认知－属性"研究范式，社会知识理论以社会认知观点建立的相应假定恰恰处于其对立面。首先，它假定消费者不是承受刺激的反应者，而是社会行动者（班杜拉，2001；Brown 等，2003）。消费者的情感、目标、动机乃至其所处的情境、文化影响其认知过程和结果。同时，消费者不是唯一的建构品牌概念的主体，而是与品牌、营销者和其他消费者等多元主体产生交互作用和影响。其次，品牌不是纯粹和单一地作为消费者个人内部水平的记忆加工的自然概念，而是属于真实世界的社会概念（Lawson，2002），概念本身涉及产品、沟通、文化等内容。消费者的品牌知识是消费者在与产品、品牌、营销者和相关消费者的互动中形成的社会性知识，即它是社会性建构的知识结构（socially constructed knowledge structures）（Rosa 等，1999）。较之"认知－属性"研究范式，以社会认知观点建立的品牌和消费者假定，拓宽了观察的范围，也更符合现实。尤其是其关于品牌认知的分析，应关注消费者动机、目标、消费经验、文化环境等多种因素作用的观点，为这里研究的观察水平的设定提供了参照。

（二）驱动品牌认知和选择的社会知识表征

知识表征是指人们通过形成概念组织和表征外部世界，以区别对待不同事物的过程。消费者在品牌认知过程中，通过建立品牌概念来表征品牌，以便对市场中的品牌做出分类和选择。在此方面，社会知识理论中的类别化、概念形成为研究提供了相应的概念来源。

1. 知识表征与品牌的类别化

人们究竟怎样在大脑中组织和表征外部世界，是哲学家、语言学家和心理学家长期以来不断探究的问题。学者们认为，类别化是人们在各种情境中进行知识表征时发生的基本认知活动。它使人们能够将各种对象区分为不同的类型，并形成关于它与其他对象具有的共同性的认知（Cohen 和 Basu，1987；Chin-Parker 和 Ross，2004；Loken 等，2007）。人们在自己的社会经验和与此相关的期望的基础上，通过类别化形成整合性知识结构，并通过运用这些类别化知识去关注、解释和推断认知对象的意义，解决问题，建立目标并做出行为选择（Basu，1993；Wyer 和 Srull，1981）。在消费者研究中，学者们对产品类别化从事了许多研究（Loken，2006）。其中，关于产品类别的典型性决定的研究构成了产品类别研究的基本内容。在这些研究中，产品可被看作上位水平、基本水平的类别，而品牌则被看作下位水平的类别。例如，对饮料产品的类别化，学者们通常考虑有饮料（上位水平的类别）、运动饮料/碳酸饮料/软饮料（基本水平的类别）、某个基本类别下的各个品牌（下位水平的类别）（Ward 和 Loken，1986；Nedungadi 和 Hutchinson，1985）。显然，产品在这些研究中被考虑为基本的认知域（domain）。

但在营销管理和消费者的购买现实中，品牌是基本的管理单位，也是消费者建立认知和从事选择的基准。在这一现实下，品牌成为不同于产品的认知域。在品牌域里，品牌类别化可能发生。在相关研究中，学者们将某个具体的品牌看作一个类别，研究该品牌（某个特定类别）的延伸产品（该类别的新成员）的评价以及类别新成员

（延伸产品）对类别评价的影响问题（Loken 等，2007）。此外，一些学者们关注作为具有单一产品的品牌类别（single product brands）和具有多产品的品牌类别（multiple product brands）的延伸产品评价问题（Mao 和 Krishnan，2006）。显然，在品牌类别化研究中，品牌被考虑为较高水平的类别，而产品则被置于较低水平的类别。这暗含一个令人思考的问题，品牌是否作为上位水平的类别存在于消费者的品牌类别化过程中，使得品牌类别化可能存在不同于产品类别化的原则和加工过程？如果它存在，则意味着消费者在品牌知识表征中存在着超越联想方法所假定的具体属性联系的一般性品牌概念。如果这样，则需要进一步探索表征品牌类别的方式是什么。

2. 概念与消费者品牌概念的形成

在类别化学习中，人们建立了关于事物的概念（concept）。它既是人们对世界事物进行简化性分类的手段（Medin 和 Smith，1984），又使其通过对事物的认定和赋予意义的途径发展了自己的知识。对于人们如何形成概念进行类别化，现有研究发展了原型、样例和解释三种认知模型（蒋廉雄等，2010）。

（1）原型模型。

原型模型（prototype model）认为，原型是一组特性的集合，它代表了类别成员一种平均的或中心的趋势（Loken 等，2007；Medin 和 Smith，1984；Komatsu，1992；Rosch，1975；Rosch 和 Mervis，1975）。原型由抽象性的属性构成，这些抽象性属性可看作一组具有类似性的成员/事物/客体所拥有的基本特征，可作为类别的表征标准（Nedungadi 和 Hutchinson，1985；Ward 和 Loken，1986）。在原型模型中，学者们发展了典型性（prototypicality）概念来体现类别成员对类别的代表程度，根据相似性原理建立的家族相似性和与价值相关的理想概念测量类别典型性的决定问题。前者针对的是自然、具体的类别，如花、鸟、汽车。在自然、具体的类别中，某个类别成员对其所在类别的代表程度由其拥有的与类别其他成员相同属性数量的多少决定（Rosch 和 Mervis，1975；Loken 和 Ward，1990）。后者针对的是源于目标的类别（goal-derived concepts），它指人们在从事目标性的行为时产生的某些类别，如减肥食品。对源于目标的类别，其典型性并非由家族相似性决定，而是由目标的理想维度（ideals）的价值（value）或数量（amount）决定。例如，对于减肥食品，卡路里的数量是一个与目标相关的理想维度（Barsalou，1985；Kim 和 Murphy，2011）。在原型概念被引入社会知识领域后，研究者将其研究从自然、具体的类别扩展到社会领域中的抽象或复杂类别，如爱、信念、自我、情感、情境、事件和环境（Medin 和 Smith，1984），并由此引发了对表征这些类别的概念的意义的研究（Brewer 和 Hewstone，2004）。应用到消费领域，消费者对品牌也可存在一般性的概念，它是消费者在生活中形成的整合性知识（Cohen 和 Basu，1987）。

（2）样例模型。

样例模型（exemplar model）认为，知识是通过具体的样例而不是抽象描述来表征的。与原型一样，样例通过相似性原则而彼此组合起来。但在知识表征中，它通过在特定线索条件下从记忆中提取实例的机制来进行类别化（Medin 和 Smith，1984）。从知识表征的原理上讲，原型模型与样例模型处于抽象－具体水平的两端，原型模型以实际不存在的抽象对象为中心，样例模型则以实际存在的某一具体对象为中心（Mitchell，1982）。就品牌的表征而言，品牌原型摄取了多个品牌的一般性特征，而品牌样例则突出了多个品牌的独特性特征（Loken 和 Ward，1990）。

（3）解释模型。

解释模型（explanation-based model）认为，概念不但包括形成概念的属性，而且也包括这个概念关于其他概念的信息以及这些概念之间的各种关系。这些关系可能是功能的、因果的或者解释性的关系，甚至还包括背景知识。如果不理解它与其他概念的关系，单一的这个概念也就不可理解（Komatsu，1992）。解释模型旨在说明，人们在知识表征时，概念可能是通过主观定义和其他背景知识，即通过理解其解释性关系动态地建构出来的。而人们之所以能够建构这个概念，是由人们的经验、背景、认知任务影响建立的某一理论或解释性框架在起作用。解释模型为知识表征提供了原型模型和样例模型之外的作用机制解释（Medin 等，1987；Murphy 和 Medin，1985）。在品牌认知中，解释模型所指的现象广泛存在。例如，消费者将大而包装豪华的手机定义为高档次产品，原型模型和样例模型对此难以阐明，而解释模型为此提供了恰当的解释机制。

就社会信息加工而言，上述模型均可用来形成概念以进行类别化。就品牌认知而言，品牌概念的形成体现了消费者关于品牌的一般知识和意义形成的基本过程，其结果影响其对品牌的类别化。学者们还没有对品牌概念的形成和品牌类别化展开研究，但在产品类别化、产品原型与消费者的认知、偏好和态度等关系方面开展了一定的研究，并获得了有意义的结论（Nedungadi 和 Hutchinson，1985；Peracchio 和 Tybout，1996；Ward 和 Loken，1986）。总体而言，上述认知模型的建立和相关研究发现为品牌原型的研究提供了相应的分析基础。

但针对品牌概念的形成，有几个基本问题有待探索。首先，如果存在品牌类别化过程，消费者对品牌类别的表征是否也存在一般性的概念。其次，消费者使用原型还是样例形成概念表征品牌类别。尽管学者们对消费者使用原型还是样例从事产品类别化进行了许多研究（Cohen 和 Basu，1987；Park 和 Smith，1989；Sujan，1985），但在品牌类别化中，这是一个没有澄清的问题。再次，品牌概念意义的研究。对此，现有研究主要根据采用联想方法获得消费者关于某个品牌的具体联想。根据原型模型，消费者在知识表征中如果存在品牌概念，则意味着消费者在记忆中对品牌可能会形成一般性的整合性知识（Cohen 和 Basu，1987）。它不是像联想网络理论宣称的关于某个品牌的具体联想，而是对生活中所有品牌抽象所形成的一般性意义。最后，品牌概念的意义如何形成。在自然类别中，概念的维度（如鸟的翅膀）是自然形成的，因此，学者们没有必要关注概念维度的形成问题。在源于目标的类别中，学者们提出了理想维度作为类别表征的概念，并认为其具有与价值相关的性质（Barsalou，1985；Kim 和 Murphy，2011），但学者们针对的是产品而非品牌。

（三）认知策略与品牌评价模式

对社会信息加工的研究发现，人们对目标发生认知时，存在认知策略的应用。当人们遇到一个新的认知目标时，会以类别化加工（category approach）即"自上而下"（top-down）或零碎加工（piecemeal approach）即"自下而上"（bottom-up）的方式对它加以感知和判断，而且类别化加工（而不是零碎加工）是人类优先采用的认知方式（Fiske 和 Neuberg，1990）。在消费者的产品认知研究中发现，消费者也运用相应的策略并影响其对产品的评价（Nedungadi 和 Hutchinson，1985；Mao 和 Krishnan，2006；Park 和 Smith，1989；Sujan，1985）。Sujan（1985）通过研究证实，以产品样例和产品原型进行的类别化表征是消费者主要的产品认知方式。尽管在产品认知策略研究中并没有厘清原型、样例在产品类别化中的作用性质和地位，但研究结果仍表明，消费者不单单存在构成性的属性知识，还存在类别化的原型、样例知识，并产生不同于基于构成性属性知识的产品评价方式。对理解消费者的品牌认知而言，产品认知策略的相关研究不但提供了分析参照，而且也暗示了进一步探索品牌原型、样例在品牌认知中的运用、作用及品牌评价模式等问题的必要性和可能性。

（四）品牌认知与品牌知识结构

人类的知识具有层次结构。研究发现，消费者的品牌知识存在于品牌水平和属性水平（Barsalou 和 Hutchinson，1987；Russo 和 Johnson，1980；Mitchell 和 Dacin，1996）。其中，在品牌水平方面，消费者通过品牌组织其品牌知识（Russo 和 Johnson，1980），原型或样例都可成为消费者的知识组织方式（Barsalou 和 Hutchinson，1987）。这些研究表明，对品牌认知与品牌效应机制的分析，不能仅仅局限于属性水平的知识，还需要关注不同层次的品牌知识内容，以及它的组织方式即品牌知识结构等问题。

三　研究方法

（一）访谈方法

这里应用现象学方法探索消费者品牌认知。现象学作为定性研究技术，关注和探索人类怎样理解自己的生活经验，并将这种经验转换为具备个人性和可分享性意义的知识（Patton，2002）。现象学的访谈方法在发现取向的品牌研究中得到了很好的应用，例如，Fournier（1998）关于品牌关系的研究就应用了这一方法。

在访谈对象的选择上，以理论抽样原则（Locke，2001）确定抽样标准：①被访者有完整的品牌购买和使用经历。②被访者在个体特征、生活经历、品牌经验和社会阶层上有较大的差异性，以增强理论建构的解释力。在确定被访者时，主要从性别、年龄、职业、消费角色（从事个人消费品购买和使用还是家庭消费品购买和使用）的控制上来满足上述要求。③被访者的品牌认知要典型地反映中国改革开放后的市场经济活动包括营销活动的影响，即被访者的消费社会化时期应处于中国市场经济年代，故没有抽取 40 岁以上的被访者。根据上述抽样要求，成功访问了六位 18～35 岁的被访者。具体见附表。

研究者本人担任访谈者。每位被访者的访谈包括预约和正式访问两个进程。访谈从被访者的品牌生活史的叙事开始。不同于联想方法，访谈中关于品牌的叙事没有限定在某个品类的品牌上，或者与某个角色相关的一套品牌上，而是观察消费者当前生活中所涉及的所有品牌。这样做的目的，是通过完整了解消费者的品牌经验，在超产品类别水平上发现消费者怎样理解品牌在其生活中的意义。

（二）分析方法

访谈完成后的一个星期内整理了访问录音，三名整理者参与了这一工作。对使用粤语讲述的被访者，安排了生活语言为粤语者整理访问录音。为了保证记录整理完整无误，在录音记录被整理出来后，研究者本人校对了访问录音和文字记录，补齐了个别漏记或误记之处。对编码按以下步骤进行了检查。第一，在完成开放式编码后，将它与文字记录进行对查，检验是否有遗漏的文本未被纳入编码表。第二，在完成轴线编码和选择性编码后，将编码结果与六位被访者的访问记录再次进行对读，评估轴线编码的正确性和准确性。第三，两位品牌研究人员对编码结果和原始材料进行了对读，并消除了存在的某些差异。

资料分析以个案分析（idiographic analysis）和跨个案分析（cross-case analysis）展开（Fournier，1998）。采用了理论编码方法（Strauss 和 Corbin，1998）。同时，对其中的重要内容，采用了故事叙事方法（story telling approach）、个案分析方法（case study approach）和分析框架方法（analytical framework approach），以发现和获得消费者关于品牌的洞察和理解（Locke，2001）。还采用了"深描"（thick description）技术（Patton，2002），希望借此呈现深邃宽广的消费者品牌生活世界。

为了检验理论饱和性，在分析期间，追加访问了来自中国北部、中部、南部地区的四位被访者。抽样时仍考虑了样本的年龄、生活经历和消费角色特征，并增大了其年龄和生活经历差异。追加访谈发现了个别新的类别化形式、广告作为信息线索获得的程度性差异和生动性的品牌叙事，但在品牌原型的类别化认知、意义结构与建构方式、作用机制等方面未有新的发现。原有样本已具理论饱和性。

四　研究发现

（一）品牌原型作为品牌整体认知的一般性概念

1. 品牌原型与品牌类别化

访谈发现，消费者在品牌认知和品牌选择过程中，存在品牌类别化现象。访谈中获得的品牌类别涉及"大牌子"与"小牌子"、"名牌"与

"杂牌"、"正牌"与"假牌"、"牌子"与"非牌子"、"好牌子"与"差牌子"、"高档牌子"与"低档牌子"、"外国品牌"与"本土品牌"等。

品牌类别化是在品牌而非产品领域发生的。在品牌类别化中，存在"品牌→品牌子类别→具体品牌"的类别化水平。一般性的品牌，或跨产品类别，即适合各个产品类别的品牌属于上位水平的类别概念，"大牌子"与"小牌子"、"名牌"与"杂牌"等成为基本水平的类别概念，而某个具体的品牌如诺基亚、摩托罗拉、中兴等成为下位水平的类别概念。上位水平和基本水平的品牌类别成为抽象性的整合概念，消费者对它的表征超越了具体的品牌，其意义是对所包括的下位水平的类别即具体品牌的抽象。在品牌类别的表征中，产品隶属于品牌，如图 2 - 1 所示。

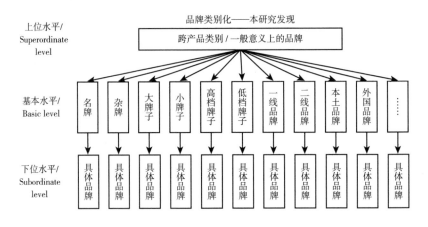

图 2 - 1　品牌类别化的表征结构

显然，从不同类别水平的表征结果看，品牌类别化迥然有别于产品类别化。按照产品类别化的定义，通信产品的类别表征应为"通信产品→手机（此外还有传呼机、对讲机等）→某个手机的品牌"。产品的类别（通信产品）与子类别（手机）成为整合概念，品牌作为下位水平的类别而存在，且品牌隶属于产品。产品类别化是学者们在营销领域从事类别化研究的主要领域，学者们发展了产品类别化的表征结构（Nedungadi 和 Hutchinson，1985），如图 2 - 2 所示。

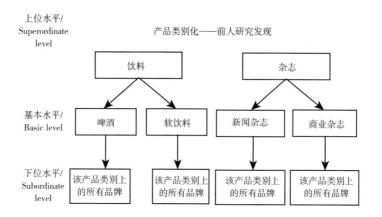

图 2 - 2 产品类别化的表征结构

资料来源：Nedungadi，Prakash J.，and Wesley Hutchinson，"The Prototypicality of Brands：Relationships with Brand Awareness，Preference and Usage，" *Advances in Consumer Research* 12（1985）：498 - 503。

　　研究表明，品牌类别化成为消费者购买决策中常见的知识表征方式。访谈发现，消费者从事购买时，使用品牌类别化而不是产品类别化的方式从事购买对象的评价。消费者根据品牌原型，在基本水平上对某个关注的品牌进行类别化（如"大牌子"还是"小牌子"），然后在基本水平上对其做出进一步的评价。消费者之所以使用品牌类别化的方式从事购买对象的评价，是由于市场上存在不同的产品类别，每一产品类别存在多个品牌。为了简化购买决策，消费者需要对接触到的各个品牌发展共同的评价标准，为此，品牌成为消费者生活中认知和选择的基准。更重要的是，在类别化的认知性质上，品牌类别化不同于产品类别化。根据以往研究的定义，产品属于自然类别，可与家具、鸟等类别同样看待（Barsalou，1985；Rosch，1975；Loken 等，2007）。人们建立自然类别的目的是分类（Barsalou，1985）。但品牌类别在市场中通常并不客观呈现，例如，商店里并没有把某个品牌标示为"大牌子"或"小牌子"。品牌类别化的建立不单是为了分类，同时也是满足消费者为达成相关消费目标从事品牌购买决策的需要。

　　品牌类别化的标准是品牌原型。在自然概念和人造概念的研究中，学者们发现原型或样例均可作为类别化的标准（Sujan，1985）。例如，消费者根据自己建立的原型或样例知识将其所看到的某个有羽毛的动物认知为鸟或鸡。在产品类别化中，学者们认为产品原型与产品样例作为产品类别表征标准的现象都存在，但它们中的哪一个起到主导作用并没有得到澄清。在品牌类别化中，研究发现，品牌原型而不是品牌样例成为品牌类别化的主要标准。关于这一问题，后面将进行详尽的分析。

品牌类别化是跨产品类别的。对于空调、手机、耳机、鞋子、洗发水、护肤品等不同产品类别，消费者都可使用相同的标准即品牌原型对其做出相同的品牌类别化。例如，消费者对手机产品的各种品牌，将其类别化为"大牌子"或"小牌子"。同样，对运动鞋等也可做出这一类别化。

对于某些品牌类别化，其表征的术语不是唯一的，而是可变的。例如，对于"外国品牌"和"本土品牌"，一些被访者称其为"一线品牌"和"二线品牌"。但是，消费者进行品牌类别化的标准是相同的，它是品牌原型。品牌类别化也不同于通常意义上的"品牌分类"，类别化是消费者为有效认知和选择品牌而发生的。例如，市场中所有品牌，根据其品牌来源地均可统计为"外国品牌"和"本土品牌"。但访谈发现，消费者只对那些根据品牌原型进行认知时产生差异的品牌产生品牌类别化，并影响其对品牌的评价。如无差别，就不会产生类别化。像对饮料等品牌，被访者就没有对它们做出"外国品牌"和"本土品牌"的类别化。

2. 品牌原型的意义结构

在自然概念中，概念的属性（如鸟的翅膀、羽毛）是自然存在的，学者们没有必要探讨自然概念的属性是如何形成的问题。学者们主要关注类别中各成员在属性上的相似性程度如何决定了其对类别的代表性，以及当遇到新的认知目标时如何将它归类。但在品牌类别化中，当消费者使用品牌原型作为类别化的标准时，品牌原型的属性构成并不是自然存在的，而是消费者在生活经验中建构的意义。研究发现，为了从事类别化，消费者通过运用原型而不是样例模型对生活中的各种品牌进行抽象，形成品牌原型。品牌原型具有三维意义结构：品牌的社会声名、品牌的营销地位和品牌的表现能力。它是消费者在品牌经验基础上形成的关于品牌的共同性知识。作为品牌认知的一般性概念，它反映了消费者定义的品牌基本特征和品牌评价标准。从知识表征上看，原型体现了人类对类别成员的期望（Sujan, 1985），品牌原型具有社会声名、营销地位、表现能力的三维意义结构，体现了消费者对品牌的基本期望。

（1）品牌的社会声名。它是消费者关于品牌的社会认同方面的知识。品牌的社会知名程度、社会声誉是其主要体现。高社会声名意味着品牌不但在生活中被相关成员、群体和自己认知，而且也是被自己、自己所在群体的成员认可和使用的。

（2）品牌的营销地位。它是消费者关于品牌在营销力量方面的知识。高营销地位意味着品牌更有力量向市场上提供、推广更好的产品，进行技术和产品创新。当消费者可能遇到消费风险，如假劣货或消费事故时，高营销地位的品牌也更有实力解决消费者遭遇的问题。

（3）品牌的表现能力。它是消费者关于品牌在能达到的性能、服务和质量等绩效/表现水平的知识。更高表现能力的品牌具有更好的性能、服务和质量。

由于消费者为满足自己的消费目标从事品牌评价和品牌选择，体现了消费者基本期望的品牌原型意义的维度在性质上类似于一组理想维度。当消费者从事购买决策时，它为消费者的品牌选择提供了与价值相关的评价标准。为了实现自己的消费目标，消费者在从事知识表征时，品牌原型成为品牌类别化的标准。分析发现，总体上，品牌原型的三个维度可同时使消费者形成品牌类别化认知。例如，这三个维度都使消费者对某个品牌做出是否"名牌"的类别化认知。但是，品牌原型的每个维度在品牌类别化的作用上有可能呈现程度上的差异。例如，营销地位的原型维度更可能使消费者对品牌产生"大牌子"与"小牌子"的类别化。"大牌子"在总体的市场影响力上优于

"小牌子"。社会声名的原型维度更可能使消费者对品牌进行"名牌"与"杂牌"的类别化。在消费者看来，"名牌"比"杂牌"意味着社会对其有更高的认同。而表现能力更可能使消费者对品牌做出"好牌子"与"差牌子"的区别。"好牌子"意味着品牌能达到消费者的使用期望使其满意，"差牌子"则相反。品牌原型意义维度对品牌类别化作用程度的差异性，表明了消费者对品牌原型意义维度的关注和运用呈现不同的倾向性。这种情形与构成原型的各个特征在不同情境下被激活程度存在差异的现象是一致的（Medin 和 Smith，1984）。只是被激活的原因不但包括情境差异，在这里表现为消费者购买和使用的产品类别不同，还涉及消费者生活经历、品牌经验和价值观的差异。后面的个案分析对此有清晰的呈现。

3. 品牌原型的形成

分析结果表明，品牌原型是社会性建构的。品牌原型并不是消费者对外界信息，包括营销信息的直接记忆或联想的结果，而是消费者在品牌经验的基础上，根据自己对品牌的期望，运用认知的解释模型，对其感知到的品牌的营销可见性、市场可见性和生活可见性，以及品牌的背景信息如公司的历史、规模、产地、市场进入时间等进行自我"解释"而建构起来的。消费者通过自我"解释"对信息线索直接赋予意义，或在信息线索和品牌之间建立意义关系。信息线索可单独或同时支持品牌原型维度的建构。至于每个消费者怎样使用信息线索，取决于消费者品牌经验的差异。另外，消费者在购买决策中的角色、生活环境的不同也会影响其信息线索的获得和使用。关于这一发现，接下来会详细分析。

（二）品牌原型的运用及形成过程

研究发现，品牌原型的运用及其形成问题是理解消费者品牌认知的核心，也是分析其作用机制的基础。考虑到它的重要性，为此下文进行深度的个案分析。

个案分析的重点包括：一是探讨和描述品牌原型作为体现消费者

品牌认知的一般性概念，在其品牌认知和选择过程中是怎样得到普遍性运用的。二是分析品牌原型形成的认知方式是什么，即消费者对于生活中的品牌，如何运用解释模型，通过对感知线索的"解释"，建构起由营销地位、社会声名、表现能力三个维度构成的意义结构。三是分析品牌原型形成的现实基础，且着重发现和描述上述品牌原型知识的建构来源。

本节分析了四个典型性的个案。其他两个个案（张建凯、吴丽达）关于品牌原型的叙事同样有效，但这四个案例已可提供足够的理论含义和信息。考虑到理论编码的饱和性原则（Strauss 和 Corbin，1998）和篇幅限制，对其不予赘述。

1. 个案一：被访者李惠贤

（1）背景。

李惠贤在广州出生长大，但其父亲不是广州原住民。她记得幼年时随母亲从外省到广州与父亲开始生活。尽管如此，李惠贤还是完全被本地化了。例如，在语言上像广州人一样，粤语更流利。像她自己讲的"母语是广东话，讲国语要想，有时南腔北调，词不达意"。在整个访问中，张惠贤以粤语叙述自己的品牌故事。

李惠贤高中毕业后就参加了工作，先后在美容院、银行、咨询公司等单位工作过。当时一边工作，一边读在职大学。现在，李惠贤的家庭是典型的广州居民家庭。一家三口，老公、自己加上一个五岁的儿子。夫妻工作忙，儿子白天交由母亲照顾。由于自家居住的小区离母亲住地不远，相距只有公交车两三站地，每天下班后可去母亲家吃晚饭，并顺路接小孩回家。每逢星期六，一家三口就与母亲、姐姐、哥哥等家人一起喝茶聚会。

为家庭购买消费品是李惠贤生活中的重要活动。通常，在居住小区的菜市和小超市买菜和购买零散的小日用品，但主要的日用品则去小区外的大超市购买，一般每星期会去一次。那里的购物环境好一些。

（2）关键发现。

在家庭消费品的购买和决策上，李惠贤承担了全能性的角色。为家庭及其成员选择生活所需的各种品牌是她重要的生活任务。在品牌经验中，李惠贤以品牌原型作为基本的认知标准，对其生活中经历的形形色色的品牌做出了"牌子"和"非牌子"，"假牌"、"正牌"和"杂牌"，"进口牌子"和"本土品牌"等类别化，以有效地认知和评价各个品牌。在以家庭生活为中心形成丰富且细致的品牌经验基础上，李惠贤获得关于品牌的市场可见性、生活可见性和营销可见性的线索，并通过对这些线索直接赋予意义，或者以不同概念之间关系的"解释"性方式建构品牌原型。

（3）叙事分析。

在访谈叙事中，李惠贤运用品牌原型的营销地位、社会声名、表现能力的三个维度进行品牌类别化。李惠贤提到了"牌子"，它是相对于"杂牌"的类别，是她以社会声名的品牌原型维度进行品牌类别化的结果。例如在童装中，李惠贤认为儿童用品没有什么牌子。她提到，在接受访谈前不久，为自己的儿子购买了一双名为"TK"的"波鞋"（运动鞋），她认为这只是一个名称，之前心中没有品牌认知，见到也不认识，过后也不会留下记忆，因此这不算牌子，而"米奇"这样的品牌才算牌子。实际上，李惠贤认为只有让人"知道"或"认识"的产品才算"牌子"。

> 访谈者：那买鞋子什么情况下叫有牌子，什么情况下叫没有牌子？
>
> 李惠贤：像我刚才讲的，我觉得"TK"不算什么牌子。我的概念是要买"米奇"那些，米奇是一个系列的品牌，还有一些，像铁臂阿童木那些，这些都是品牌……在个体户那里买的，可能它只是由一个简简单单的厂生产的，假如叫什么"天宝"什么什么的，但过两天我们就忘了它是什么品牌了。所以就认为这些都是杂牌货咯，所以我们就不用理会它是怎么一回事那样子咯。

她还应用营销地位和表现能力的原型维度，将伊利、蒙牛认知为

"大牌子"。但相对而言，"进口货""本土货"在她的品牌类别化认知上显得更强烈，在叙述化妆品的品牌故事时尤其频繁地提及它们。"进口货""本土货"是她对进口品牌和本土品牌的类别化，而且，她以产品的生产地来判断这个品牌是进口牌子还是本土牌子，尽管在产品的包装上它们是同一个牌子。李惠贤熟知，玉兰油这个牌子的产品有香港生产的，也有广州生产的。在她看来，前者是进口品牌的玉兰油，后者是本土品牌的玉兰油。之所以如此区分，是这两者隐含着表现能力和社会声名的差异。在她的品牌经验中，进口牌子比本土牌子具有更好的社会声名和表现能力。

> 李惠贤：（对进口和本土的区分）是，其实玉兰油也有的，在香港买的，是香港出的，在广州买的，是广州生产的……就算玉兰油在广州有生产，是本土货。但是很多人经常会去买香港进口的咯，不是在广州生产的，是进口货。因为人家说好的，靓的，说会香一点。就是同样一个牌子，但很多人去香港都会去买进口的，就会觉得它的产品好点咯……进口的就是口碑咯。很多人会说我有在香港买的，跟这里买的不同的，用过会感觉不一样啊，你试下咯……应该说它的质量会比广州产的会好咯，只能这么说。

李惠贤的叙事还清晰地呈现了，她使用品牌原型进行品牌类别化，同时丰富、具体的类别化的叙事是根据品牌原型来描述的，它在叙事中不可或缺。而样例只是为支持类别化而加以应用，在叙事中表现为它是作为"论据"而出现的。在关于"牌子"和"杂牌"的叙事中提到的"米奇"也是如此。以品牌原型进行品牌类别化的这一发现，与先前学者们关于类别主要是围绕原型组织的分析具有一致性（Maclaury，1991）。

访谈者：这就是你说的有牌子的。那杂牌的也不是假牌吧？

李惠贤：不是假牌。假牌是冒充它的，这才叫假牌，如冒充米奇啊，才叫假牌。然后它这个是不响的，反正你愿意就去买，我觉得就是杂牌，称不上一个什么牌子，没有人认识，没有人知道，应该说不是牌子货。

至于品牌原型意义的形成，在李惠贤的叙事中可以发现，它并不是其对相关信息直接记忆或记忆中两个不同信息联想的结果，而是如解释模型（Medin 等，1987）所阐释的，出于自己对品牌的期望，通过自我定义方式直接赋予线索以意义，或者通过建立不同概念之间的关系而建构。

例如，她在谈到自己开始使用第一部手机诺基亚时，通过对品牌的生活可见性赋予"响"的意义建构品牌原型的社会声名维度。

访谈者：……你知道摩托罗拉吗？记得 Nokia 吗？那你觉得它们有什么区别？

李惠贤：我觉得广州最先有手机时是先有摩托罗拉这个品牌，就是响一点。就是以前那些比较大部的都是摩托罗拉，最先的模拟机，就是摩托罗拉。到后来数码就有新近的诺基亚、三星、NEC、索尼爱立信等好多的牌子。就像当时那种"龟仔"都是摩托罗拉的。

而在一次空调产品的品牌叙事中，她使用"成行成市"这一感知的市场可见性与营销地位维度建立起解释性关系。李惠贤叙述过，自己为公司购买空调时，除了听销售人员介绍外，主要是感知到格力品牌已"成行成市"而最终选择了它。显然，它通过建立上述两个概念之间的解释性关系建构了营销地位和社会声名的品牌原型知识意义，并以此作为评价和选择品牌的依据。

访谈者：你怎么知道格力是专门做空调的？

李惠贤：销售小姐介绍嘛，而且都已经成行成市了，格力都算是一个大品牌了。

此外，品牌原型意义的形成过程，赋予信息线索意义和建立两个概念之间的意义联系也可同时发生。例如，在正牌和假牌的识别上，她根据营销可见性线索的解释性意义做出判断。她认为即使是非常有名的品牌，例如 SK-Ⅱ，当她不懂得分辨时，如果在街边由小贩兜售，那么她是不会相信这个产品是正牌的。她相信正牌应该在大商场销售。这表明，"大商场"之所以可以用来确认大牌子，是因为对"大商场"这一线索的层级赋予了高端、可信的价值意义，并与品牌建立解释性联系，以此建构其营销地位、社会声名的品牌原型维度。

李惠贤：如果我要买这么贵的、高档的化妆品，我就会去大商场买。因为起码大商场有质检，如果含那些有毒物质太厉害，会危害人体的话，不准卖，很多人就不会买了，而且你也买不到了……嗯。可以想象，如果买回去是假的话，你就可以拎着那个发票那个凭证去追讨，这样就比较放心。所以我要买贵的就去大商场买，要不就买街边便宜的。

作为家庭消费品的主要决策和购买者，李惠贤的品牌经验是其品牌原型形成的现实基础。从她的品牌叙事中，可强烈地感受到，其品牌原型的形成是在她与家人、同事，乃至营销者互动基础上发生的。就家庭范围的互动而言，涉及家庭中购买决策的互动，不同成员各自拥有知识的转移、使用经验的分享，甚至对家人如丈夫感受的体会。而家人之外的互动，涉及销售人员和企业营销者。例如，她在访问前经历了一次牛奶品牌的质量投诉事件。投诉事件曲折的过程和失望的结果，强化了其品牌表现能力的原型知识，并使她更加形成了本土品牌与外国品牌的类别化认知。这正如学者们指出的那样（Brewer 和

Hewstone，2004；菲斯克和泰勒，1994），消费者通过自己，并在人际关系、群体过程和群际行为中发生了品牌原型的建构。

> 李惠贤：（提到护发素的购买时）听姐姐说，她说好用我就去买。我和我姐姐住得较近，因为我不常逛街，有些东西她就告诉我，什么值得去买。有时购物都会跟她一起，而且在市场上我姐姐知道的东西比我多，和她一起我会省很多时间，她叫我买什么我就买什么，不用想的。因为她之前用过了，她觉得好用我也就买了。有些比较贵的，我不能承受的，我就要先想一下啦，但要是还可以承受的话，还买得起，她买什么我就买什么啦……
>
> 访谈者：哦。那你先生用什么（洗发水）？
>
> 李惠贤：我先生就是我买什么，他就用什么。由我话事。
>
> 访谈者：那他用的感觉怎么样？
>
> 李惠贤：他感觉就是，怎么讲呢，就是棕榄那个不怎么好用啦，比较多头皮。其他的他都没什么所谓。

2. 个案二：被访者王光辉

（1）背景。

王光辉一家可算是广州的原住民。爷爷和奶奶、父母、自己和妻子都是地道的广州人。在他的记忆里，虽然家庭住地搬了几个地方，但一直在传统的中心城区范围内。关于爷爷、奶奶在这个城市的生活片段，他至今还记忆犹新。

王光辉在职业高中毕业后就参加工作了，做过文具销售员，后进入一家电信公司工作，其间结婚。访谈时儿子出生才几个月。为带儿子方便，一家三口与母亲同住在一起。作为男性，王光辉的品牌经验主要涉及个人和家庭耐用品。个人耐用品的品牌经验主要来自手机。参加工作那年，他购买了第一部手机，到现在已使用过品牌为诺基亚、飞利浦、松下、索尼爱立信的四部手机。在家庭耐用品的品牌经验方面，无论婚前婚后，他一直是家庭里电器产品的主要购买和决策者，所以家用电器的购买和使用经验构成了其品牌原型知识的重要内容。

（2）关键发现。

在购买决策中，王光辉承担的是专门化的角色，日用消费品的购买由母亲和妻子负责，他为家庭购买那些涉及较复杂决策的耐用产品。在王光辉的品牌认知中，品牌类别化的结果相对更加集中，主要体现在"大牌子"与"小牌子"、"本土品牌"和"外国品牌"上。但是，他相对集中的品牌类别化结果却又呈现复合性，主要表现在类别化的多层次性和交叉性。分析发现，这种看起来显得复杂的类别化，实际上都是以品牌原型作为认知标准而发生的。而且，王光辉尤其重视营销地位、表现能力的品牌原型维度。对品牌原型，他同样以品牌经验为基础，通过认知的解释模型对相关信息线索进行意义建构。但与李惠贤不同的是，由于社会角色的区别，他在市场可见性的信息来源方面更加丰富。至于品牌原型的解释性建构，仍通过直接赋予意义或建立不同概念之间关系的方式进行。

（3）叙事分析。

在访谈中，王光辉根据自己的认知，将品牌类别化为不同级别的牌子。在叙述品牌故事时，他不假思索地描绘手机品牌的三种类型。第一类是索尼爱立信、摩托罗拉、三星等，第二类是飞利浦、松下、西门子，第三类是本土牌子。第一类是大牌子，后面两类与之相比都要"小"。这种情形体现了品牌类别的多层次性。

> ……索尼爱立信和摩托罗拉，都是大牌子。这两种在市场上应该是比较高档，我觉得主要就是这两个牌子。接下来就是飞利浦、松下、西门子之类。还有三星，但也是大牌子。还有本土的就算是第三类。

此外，王光辉的品牌类别化还具有交叉性。这种交叉性从叙事看，主要是类别化的结果交互缠绕。一个品牌在某个类别上可以是大牌子，但在另一个类别上，它可能并不是大牌子。例如关于海尔，这是一个高知名度的品牌，王光辉只将它列入本土品牌中的大牌子。而西门子，虽然在家电产品上是一个大牌子，但在手机产品中，王光辉却将其看成二类牌子。

> 访谈者：海尔呢？
>
> 王光辉：本土来说，它（海尔）算是大牌子，因为可能它的广告多，肯定算是大牌子……
>
> 访谈者：（西门子和摩托罗拉）一个是德国的牌子，一个美国的牌子，这两个牌子有什么差别？
>
> 王光辉：当然有，摩托罗拉主要是做手机的，西门子不是主要做手机的；摩托罗拉做得久，加上它的品类多。所以为什么说西门子是二类的牌子呢，主要就是这个意思。在中国市场一有手机的时候，就是摩托罗拉、爱立信这几个牌子，所以在人的心理上面，就有一定分量。

看起来，这种品牌类别化的复合性结果使其品牌认知显得较复杂。但实际上，其关于品牌类别的知识仍然是结构化的，品牌根据其所在的产品类别可归于不同的类别，但在某个品牌类别中仍具有明确的一个位置。从具体的类别来看，其品牌结构与学者们阐述的类别内部等级结构（graded internal structure）是相符的（Loken 等，2007；Maclaury，1991；Rosch 和 Mervis，1975；Ward 和 Loken，1986）。而且，有趣和重要的是，这种复合类别化的标准是相同的，即它们都是在品牌原型维度下，如上述复合性类别化主要是在营销地位和表现能力维度下产生的认知结果。因此，作为跨产品类别的知识，品牌原型作为品牌类别化的标准在此更好地得到了体现。从访谈来看，王光辉运用品牌原型的三个维度进行品牌类别化，只是他更加强调营销地位和表现能力。例如，王光辉叙述本土品牌和进口品牌在表现能力方面的差异。

王光辉：对于我自己来说，一般都不会买本土的。

访谈者：为什么？

王光辉：因为进口的，怎么说呢，从心理上来说就觉得好用一点，是不是？而且就买手机来说，你也不会在乎差那么一两百元钱。其实买电器也是啦，哇，都会觉得进口的好用很多……

王光辉使用品牌原型进行类别化。样例在品牌类别化叙事中可有可无。如上述叙事中并未出现样例。或者，样例出现时，只是作为"论据"支持类别化的结果描述。

大牌子就是历史长久的，一有手机就有的，以前好的就是那几种，现在也是那几种的，而本土手机牌子都比较新，算是小牌子。再看市场占有率，如摩托罗拉和爱立信，肯定占有率是最大的。

王光辉建构品牌原型意义的解释性线索，涉及品牌在生活、市场和营销中的可见性。例如，上面分析中提到过的他以"广告多"作为建构营销地位的线索。同时，他在叙事中屡次提到"占有率"这样一个描述市场结构的专业术语，但他赋予的意义与专业概念定义大相径庭。他使用的"占有率"是对品牌的营销地位和社会声名的主观定义，而这种解释性定义的线索就来自品牌在其生活和市场中的可见性。

访谈者：但是占有率这些我们是不知道的。

王光辉：肯定知道，当时手机只有那几种，当手机一发展，基本上当时都是用这几个牌子，当时本土是没有的。当时基本上手机就是摩托罗拉和爱立信，还有诺基亚，就是这三个，最厉害就是这三个牌子，后来飞利浦、松下才慢慢来的，西门子那些占有率都并不是很高。

除此之外，王光辉形成品牌原型的解释性线索，还包括公司所在地、公司规模类别的多样性等公司背景信息。例如，他以这些公司的背景信息，建构品牌的社会声名意义。

> 王光辉：……国外进来的肯定是大牌子，市场广一点。西门子肯定是大牌子，是大公司，它什么都有的，它的电器是最出名的，洗衣机什么的，它是德国的，电器很出名的。洗衣机，别人买洗衣机，很多都会买西门子的，还有冰箱那些。

作为家庭耐用品的购买决策者，与李惠贤相似，家庭生活中的品牌经验给王光辉提供了重要信息来源。但是，与李惠贤不同的是，作为男性，更多地喜欢到购买场地搜寻产品，这使他在市场方面的信息来源上显得相对丰富。例如，他对广州电脑城甚至出卖水货的场地都比较熟悉。显然，消费者所承担的社会角色及其行为环境影响着解释性线索的获得和使用。

3. 个案三：被访者向曼

（1）背景。

向曼是南方一所著名大学外国语学院的学生，学的是英语专业。她原来非常讨厌日本这个国家，但国际政治课老师一堂关于日本文化的课程使她彻底改变了对日本的态度。在修"二外"课程时也因此选择了日语。按照中国城乡二元户籍制度，向曼的家庭属于农村户籍。但两次高考落榜的父亲在婚后携家到县城打工谋生，她也从小住在县城，故对农村并不是很了解。

在城镇的生活相对于农村在环境和机遇方面具有优越性，但父亲带着一家在小城镇谋生的过程仍是艰辛的。这些经历，尤其从农村到城镇的家庭生活变迁和父亲的人生历程对向曼的社会化影响是深刻的。向曼以"奇怪"一词来描述自己对家庭的变迁过程极其丰富和深刻的影响的感知。"我（们）就是从农村到城里的，我觉得中国的发展轨迹在我（们）家都能找到，感觉到。"尽管向曼通过奋斗成为中国年轻人所渴望的名牌大学生，但先前的生活经历影响着她的价值观，而这又影响着她的生活，乃至品牌经验。

（2）关键发现。

虽然向曼的购买经历主要限于自己使用的有关品牌，但她的品牌经验却不止如此，家庭生活也是其品牌经验的重要来源。向曼应用品牌原型的三个维度进行"大牌子"和"小牌子"、"本土品牌"和"外国品牌"的类别化，尤其强调应用营销地位和社会声名进行"大牌子"和"小牌子"的类别化。这与其在现实生活，尤其是家庭生活基础上形成的价值观念有关。尽管发生了从小城镇"外来人"到大城市大学生的"时代骄子"的生活转换，但先前的经历使她对卑微、弱小和普通的事物寄予了格外的关注和同情。正因如此，向曼应用品牌原型对国货作为"小牌子"的叙事是以正面性评价的方式呈现的。作为年轻的女孩子，向曼的个人品牌购买经历有限，但作为对生活充满好奇、乐观且追求知识的年轻人，在走出了农村的闭塞后，无论是在小城镇还是在现在生活的都市，都对外界信息有着强烈的关注度。因此，其形成品牌原型的解释性线索仍显得非常丰富，涉及营销可见性、市场可见性和生活可见性的各种来源。同样，她也通过直接赋予意义或建立不同概念之间关系的方式进行品牌原型的建构。

（3）叙事分析。

向曼的品牌经验涉及日常生活中的洗衣粉、护肤品、饮料、手机等产品。在其品牌叙事中发现，她应用品牌原型的三个维度对这些品牌进行类别化，尤其是"大""小"牌子的类别化。

访谈中，向曼谈到了其上大学前使用的隆力奇品牌，她将其看作一个"小牌子"。做出这一类别化的主要标准是品牌原型的营销地位维度。

> 我不知道（隆力奇）。当时是我爸爸去买回来摆在那里。如果我不去用，我想我自己一辈子都不会想着要去超市买隆力奇。其

实觉得蛮好玩的，我爸爸买回来，用了觉得好用，就（会）去买了。隆力奇没有很强势的广告，也没有很大的明星效应，而且它的包装也不是特别漂亮。就是说它基本上还是可以的。（但）它是比较小的，没有很多附带的产品，基本上就那么一种，摆在那里好像被淹没了，基本上不会注意到它。我是感觉这样的。

与"小牌子"相反，向曼在叙事中提到了女孩子使用的化妆品的"大牌子"，例如宝洁公司与联合利华的产品，做出这一类别化的标准是表现能力、营销地位和社会声名。而且，向曼的叙述表明，这些大牌子在表现能力上是相似的，但有不同的营销地位和社会声名之分。宝洁公司的 SK-Ⅱ 与联合利华的产品，在产品性能上可能没有差别，只是在品牌相关方面存在差异，向曼以品牌"蕴含量"这个词语来概括它们。同时也不难发现，在品牌的认知上，向曼通过直接赋予意义的方式建构了营销地位和社会声名的品牌原型维度，并以此作为品牌类别化的标准。

> 向曼：我当时是觉得，SK-Ⅱ 面对的是高端市场，而中端市场就是玉兰油这类的。我是觉得宝洁公司是比较有实力的，但是我觉得 SK-Ⅱ 并不值那个价，因为化妆品市场的利润普遍是非常高的。就是说 100 块钱的和 80 块钱的，可能质量上根本就没有什么区别，用的基本都是那几种成分，没有一个说是突然有个全新的发现让你的皮肤年轻多少倍，白多少倍。我觉得化妆品发展到这个阶段可能都是比较成熟的阶段了，所以我觉得宝洁公司不会比联合利华高明多少，只是因为它的品牌的蕴含量以及这么多年发展的信誉和客户比较稳定等方面可能会提高它的身价而已……

与所有的被访者一样，向曼在品牌叙事时还存在"本土品牌"和"外国品牌"的类别化。不同于别人的是，受经历曲折坎坷的父亲和自己生活经历的影响，向曼将对弱小者的关注、同情更加强烈地以类别化方式投射到品牌上，因此她是"小牌子"——"本土品牌"的坚定支持者，对其显现强烈的正面态度和购买倾向。正如她自己所说的那样，在上大学之前，家里没有一件物品不是国产的。像洗衣机那时候用的是荣事达，空调用的是格力，电视机用的是TCL，父亲的手机用的是科健。但是，在高中阶段经历过使用父亲那台国产手机的质量挫折后，向曼对"小牌子"——"本土品牌"因同情而产生的品牌态度发生了改变。在上大学二年级时，她决定购买自己的第一部手机。当时考虑再三，最终选择了外国品牌诺基亚而非本土品牌。显然，对小牌子的同情是有条件的，即它在表现能力上应该满足自己的期望。在此可以发现，品牌原型对品牌认知和选择行为的驱动，显得更具基础性。

这一情形，在涉及品牌风险问题的判断时更加明显。在谈到品牌选择时，她毫不犹豫地更加看好大牌子。她认为假如品牌出现了质量问题，大牌子比小牌子更重视声誉，具有更大的能力解决问题。可以发现，除了上述提到的表现能力，品牌原型的营销地位和社会声名维度也一起决定了其对品牌如何进行认知和选择。

> 向曼：大牌子出了问题和小牌子出了问题，比如可口可乐出了问题，全世界都知道，舆论监督的压力都不一样，而且它有足够的力量对产品的质量进行控管。它有很优秀的销售人员，还有其他的售后服务之类的。我没有亲自见证过这些生产过程，但我觉得大品牌应该有这个实力的。

在向曼的上述叙事中可发现，与其他被访者一样，她以品牌原型来组织类别化叙事。样例也只是作为"论据"支持叙事而出现的。

作为好奇、好学并经历环境好转的年轻人，向曼对外界信息保持了较高的关注，这使其形成品牌原型的解释性线索涉及多个方面。

在营销可见性和市场可见性上，广告明星、包装可见性、产品多样化、市场陈列的位置等均构成其线索来源。从解释模型可看出，她将上述的各种可见性线索与品牌的营销地位和社会声名建立联系。例如，向曼这样描述 SK-Ⅱ 品牌：

> 向曼：第一，它的广告可以说是拍得比较好的。第二，明星效应比较大。我觉得中国人比较注重明星形象。它请过刘嘉玲做过代言，还有……刘嘉玲代言 SK-Ⅱ 的那个广告我是比较有印象的，好像林志玲也有代言过，都是一些华人娱乐圈的明星。然后是广告宣传，而且大家都知道，提到日常用品，都是宝洁公司。

向曼进一步这样描述宝洁公司品牌的市场可见性。

> 访谈者：提到日常用品，都是宝洁的吗？
>
> 向曼：对，是会有这种本能反应的，因为到超市去看，大多数日用品都是宝洁公司的。
>
> 访谈者：是这样的吗？
>
> 向曼：至少我上次去我们学校那个"多品美超市"，真的好多都是宝洁公司的。

此外，向曼体会深切的还有生活中的品牌可见性，并直接将生活可见性与品牌的社会声名建立联系。她描述诺基亚品牌在生活中的可见性，就是身边充满了诺基亚的电话铃声和短信铃声。而且，向曼对它们的旋律非常熟悉和深刻。她在叙述时还一边哼唱起诺基亚铃声的旋律。

> 向曼：是啊，现在很少听到摩托罗拉的声音，旁边声音响起的大多是诺基亚的声音。
>
> 访谈者：听声音怎么知道是诺基亚的声音呢？
>
> 向曼：它就是很经典的那个诺基亚默认的声音，而短信的也

是那个很经典的声音。

访谈者：所有的诺基亚手机都是这样子的吗？

向曼：我是觉得诺基亚一直在包围着这个市场，我是这样感觉的。没有人和我说，也没有提到，我是自己（在）接触层面上这样感觉到的。诺基亚应该发展得比摩托罗拉（的）好一点。是一种感性的认识吧。

4. 个案四：被访者刘坚强

（1）背景。

刘坚强是南方一所著名大学生命科学院的大三学生。他当时以优异成绩考上该大学的激励班。在这个班，可以选择直读六年获得硕士学位，也可选择修读四年获得本科文凭。这主要取决于个人意愿。刘坚强说他可能选择后者，主要考虑到家里经济状况难以支持。

刘坚强的家原在农村。父亲在 20 世纪 80 年代享受国家的"接班"（顶替）政策进入供销社工作。获得"职工"身份的父亲自此在外地城镇或城区工作。由于父亲工作地条件相对优越于家庭所在的农村，刘坚强从上幼儿园开始就离家在父亲工作地求学。由于供销社系统的衰落，其父亲换了好几个工作单位，最后通过熟人调到现在家庭所在的城区自来水厂。这样，他在读大学前随着父亲的职业变化在不同的地方上学。之所以如此，是因为其父亲的职业变化受到了中国社会变迁的影响。

刘坚强的品牌经验主要来自耐用品。他拥有的耐用品就是电脑和手机。电脑是一台组装电脑，其间，还利用同学废弃的电脑主机升级。刘坚强使用的手机是中兴（ZTE）品牌，是其考上大学时舅舅送的。

（2）关键发现。

在品牌认知上，刘坚强运用品牌原型从事品牌类别化，且更强调其表现能力和社会声名维度，对生活中的品牌做出"牌子"与"杂牌"、"本土牌子"与"进口牌子"的类别认知。虽然刘坚强的品牌经验有限，但他在校园生活中对外界信息保持了较高的关注度，故在形成品牌原型的解释性线索方面的信息仍较丰富，涉及品牌的各种可见性和背景信息，甚至它们的延伸性线索。在品牌原型意义的形成方式上，他主要通过建立不同概念之间关系的方式进行建构。

（3）叙事分析。

在品牌叙事中，刘坚强反复使用"品牌机""杂牌机""国产机"等表达品牌的类别化。其中"品牌机"和"杂牌机"是第一层次的品牌类别化，而"国产机"属于亚层次的类别化，在他看来，一些"国产机"属于"品牌机"，另一些则属于"杂牌机"的类别。

> 刘坚强：（我的手机）是本土的牌子，中兴手机是本土牌子，比较顶尖的牌子，比较好的。如果是国产手机，就是波导、中兴比较好，还有联想，近期它的广告比较多，也算是比较好的。
>
> ……我的那位广西同学，他非常想换手机，但他没有钱。他对手机行情非常了解，所以有时候与他谈起，他就会谈到这个，他主要想买诺基亚。为何呢？因为他之前有部黑白机，就是诺基亚。后来因为那个黑白机要淘汰了，这个功能也不太好了，他转用了一个杂牌机子，是国产的。据说会出现系统故障，会无端关机、死机之类的，所以他就想换回诺基亚。

刘坚强的上述品牌类别化与王光辉有相似之处，即呈现多层次性和交叉性，且从事品牌类别化的标准仍然是品牌原型。如上述复合性品牌类别化的主要标准是营销地位和表现能力。

与其他被访者一样，刘坚强的品牌原型知识涵盖了品牌的营销地位、社会声名和表现能力各个维度。但从其品牌经验的叙事发现，刘坚强更依赖表现能力和社会声名进行品牌的类别化。

例如，根据社会声名进行品牌类别化。他提到自己的一位同学，在原来的"牌子"手机摩托罗拉被偷后，购买了一部新的手机，他据此将其归为杂牌机：

刘坚强：我不清楚（是什么牌子）。那个牌子不是很出名的，不是波导，也不是中兴，就是很普通的一部。

同时，他运用社会声名和表现能力维度进行品牌类别化。

访谈者：好的耳机就是好的牌子？

刘坚强：这个跟牌子是有一定关系的，因为好的牌子就有口碑了，这个口碑是因质量传下来的。

而当他将外国品牌都归于品牌机的类别时，他更从表现能力方面进行了详细的叙述。

刘坚强：他们（同学）用得最多的就是索尼爱立信的，这个是音乐手机，还有飞利浦的，但这个比较少。

访谈者：索爱的，你了解吗？

刘坚强：我不是太了解索爱的，但我叔叔之前是用过的，之后就给了我爸爸一个，是商务机，功能挺强大的。我同学也有用这个的。也有人用三星Anycall的那种手机，也有同学用。能用上这个的同学，都是很惊喜，很喜欢用的。可能是代表一种时尚与潮流。比较喜欢音乐的同学，家庭状况比较好的同学，他们会选择索尼音乐手机。而且我听过，确实它的音质非常不错，而且它具有拍照功能。

同一些被访者一样，当刘坚强使用品牌原型进行类别化叙事时，样例在其叙事中可有可无，如上面关于耳机的品牌叙事中并未出现样例。或者，如上述的外国品牌叙事，样例出现时只是作为支持描述类别化的结果。

在品牌原型的建构方面，刘坚强使用多种线索。在品牌的生活可见性方面，他叙述：

我接触的事物当中，有索尼标签的非常多，无形当中，它在我们生活中占有非常大的比例。

除了使用生活可见性的线索之外，刘坚强更多地涉及营销可见性和市场可见性。与其他被访者一样，营销可见性的线索之一是广告。除此之外，他还通过对产品款式和包装等线索的自我解释建构品牌原型的表现能力和社会声名维度。

> 刘坚强：（提到自己现在使用的手机）情况是这样的，（拿到大学录取通知书后）我是随便地问叔叔一句。我当时去了他的家，与我爸一起去的。我就说大学了，想配一部手机，与家人也联系方便点，他就给了我这一部手机，他可能也是考虑到我大学需要用。拿出来，是很大一个盒子装着，我爸说："哇，那么大的盒子呀。"我爸判断手机好不好就看盒子大不大。一打开，是折叠式的，当时社会上比较少这个款式的，我就想好贵的，我爸说可能要一千多，我叔叔也笑了一下，没说多少钱买的。

而市场可见性的线索来自品牌的销售场所。例如，在涉及营销可见性的同时，对如何根据市场可见性进行社会声名的意义建构，他叙述得非常详尽而又清晰。

> 刘坚强：我所指的品牌机是指在国内外市场上做广告比较多的，被比较多人知道的。我打个比方，你走到手机柜台，你会看见好多手机陈列在里面。然后你会说，这个不是（知道的那个）什么吗？那这个机子就是品牌机了，这个品牌已经让你记住了。你下次看见它的时候，你会很惊喜地发现在这里，这个品牌已经在心里有认同了。我觉得好多品牌的机子，去到手机卖场才知道有这个机子叫什么名字，这样就不叫品牌机了。我是这样理解

的，品牌机就是公众对它的认知度是多少，一百个人里面有多少人会惊喜地发现它在里面，测量一下它的公众认知度是多少。我觉得它是与外界的东西有一种契合的，我觉得这种东西就是品牌，我是这样想的。

有点特别的是，刘坚强的品牌原型的形成，除了通过对直接的可见性线索解释外，还涉及许多延伸性的线索。例如，品牌在市场中呈现的场所性质，品牌产生的技术、社会环境以及品牌拥有者的动机等背景性信息也是其建构品牌表现能力和社会声名维度的解释线索。显然，从意义建构来源的途径看，社会环境对刘坚强品牌认知的影响显得更加多样化和深刻。

> 刘坚强：杂牌机？就是那种，怎么说，就是地摊货，不能摆上架子的。一般摆上架子的都是大家认知度高一点的，才会摆在架子上任人挑选。好像我们选购衣服的话，放在橱窗模特穿的都是很贵的，标价是几千上万的。但是那些机子就是到那些旧货市场里面的，去那里找一些，当然也有新货机子混杂在一起，让人来挑……我没听过那个（些）品牌，我不太记得那个（些）牌子，反正不是很有名的。这让我想起的就是中国手机业刚刚兴起的时候，很多人投资手机制造业，然后手机制造核心技术的话，就是比较落后。大家都知道的，很多人都用这个技术，赶紧制造各种各样的手机，就是来抢地盘，所以就导致很多手机的品牌一下子涌现出来。但是淘汰率是很厉害的，因为人们都会选择一种自己最喜欢而且又有点保证的，所以中国的手机消费者都是喜欢选择国外的品牌。首先，用这些品牌身份高贵，你用它的机子，譬如打开是诺基亚、索尼的。

（三）品牌原型的作用机制

在该部分，通过分析品牌原型在类别化中的作用性质、品牌原型与其他品牌知识的作用关系，探测品牌原型如何影响消费者对品牌的评价，且以此来发现品牌原型在品牌评价中的驱动作用这一机制。

1. 优先性的品牌类别化认知策略

在品牌认知上，上述个案分析表明，与产品评价的类别化策略一样（Sujan，1985），被访者在品牌评价时首先使用品牌类别化而不是构成性的属性知识产生关于品牌的整体感知，然后在整体感知的基础上对品牌构成性属性做出评价。例如，被访者在品牌叙事中首先提到某个品牌是否大牌子或正牌，然后叙述它的某个属性如功能、材料、质量、技术、配件是怎样的。

> 李惠贤：杂牌货和正牌货的区别就是杂牌货的价钱比较便宜，而正牌货的就是有一定品牌的，它无论质量啊，用材啊，做工啊，都会比较好，而且价钱很贵。
>
> 王光辉：进口的电视机跟本土的电视机颜色相比，看上去，进口的颜色要顺眼一点，本土电视会差一点，真的要差一点。
>
> 刘坚强：……我们学生接触的几个大品牌，第一个就是索尼，一听到索尼，我们就认定它是高档的，质量有保证的，持久的，马上下这个定义。
>
> 向曼：我觉得中国的手机（本土品牌）可能核心技术是没有掌握的，是需要向国外知名品牌购买核心技术使用权的。我是觉得他们做的是低层次的加工和包装，虽然还很好，但是核心技术不是他们的，所以他们还是属于低层次发展的。

在访谈中没有发现与其相反方式的叙事。即消费者先单独地评价每一方面信息，通过逐一评价每个属性（attribute-by-attribute），形成对品牌的整体评价。被访者几乎不会反过来讲，某个品牌的某些属性是先进的，接下来说它是大品牌。

上述发现反映了消费者对品牌的感知和评价首先采取类别化方式，而不是零碎方式的认知加工策略（Sujan，1985）。之所以如此，是因为消费者以综合性知识表征方式，将某个或多个品牌归于某一类别，即形成品牌的整体性印象，可以简化认知过程（Medin 和 Smith，1984），更有效地做出品牌属性评价和形成整体态度。

2. 品牌原型驱动的品牌类别化

在自然概念的类别化研究中发现，人们表征认知对象可使用原型或样例，甚至存在混合原型（mixed prototype）现象，即以抽象的特征和具体的样例为标准同时表征类别（Elio 和 Anderson，1981）。在产品类别化研究中，学者们虽然认为原型和样例作为类别化标准都可能存在，但对原型和样例在产品类别化中的作用地位仍未加以厘清（Sujan，1985）；在品牌类别化方面，尚未有研究触及此问题。这里的研究首次发现，尽管品牌原型的抽象特征和具体的品牌样例都存在，但品牌原型与样例的作用是不对等的。或更具体地说，品牌类别化的标准是品牌原型，而不是样例。这表现在：第一，品牌原型在类别化中具有一般性。如从上文个案的分析发现，每个被访者在品牌经验中涉及的品牌是不一样的，如李惠贤提到了米奇、诺基亚、玉兰油、SK-Ⅱ等，王光辉提到了爱立信、摩托罗拉、三星、飞利浦、松下、西门子、海尔等，向曼提到了 SK-Ⅱ、隆力奇、TCL、科健、荣事达等，刘坚强提到了诺基亚、三星、索尼、波导、中兴等，但他们均普遍性地运用品牌原型，对各自涉及的不同样例进行品牌类别化。第二，每位被访者在品牌类别化中运用的品牌原型在意义结构上具有一致性。因此，品牌原型具备了作为品牌类别化认知标准的前提。第三，没有发现被访者以某个典型的品牌即样例作为标准从事同一品牌类别化，更不用说使用一个样例作为各种类别化的一致性标准。第四，在从事品牌类别化时，品牌原型的作用是主导性的。个案分析也已发现，每位被访者的品牌类别化叙事是围绕品牌原型来组织的，样例只起到支持性作用。甚至消费者在进行品牌类别化叙事时，原型的维度是必需的，样例则是可有可无的。具体分析见表 2-1。

表 2-1　品牌类别化的标准分析

被访者	品牌原型			样例		
	是否普遍运用品牌原型进行类别化	所运用的品牌原型在意义结构上是否一致	品牌类别化叙事是否以品牌原型来组织	是否发现以某个样例作为类别化的标准	品牌类别化叙事是否以样例来组织	作为品牌类别化叙事的支持而出现
李惠贤	是	是	是	否	否	是
王光辉	是	是	是	否	否	是
向曼	是	是	是	否	否	是
刘坚强	是	是	是	否	否	是

3. 基于品牌原型的类别化对品牌评价的影响

在对品牌的认知中，消费者形成了多水平和多类型的品牌知识，除了品牌原型之外，它还涉及品牌产品属性知识、品牌沟通体验属性知识和品牌社会属性知识。前者类似于品牌的产品相关属性知识，后两者类似于品牌的非产品相关属性知识（Keller，1993）。同时，不同类型的品牌知识存在结构上的关系，例如，品牌产品属性知识影响品牌沟通体验属性知识、品牌社会属性知识和品牌态度。分析发现，消费者通过品牌原型将品牌类别化，以此对品牌形成整体性判断，并影响其对品牌相关属性的评价。品牌原型在此作为品牌认知的参照点而发生作用（reference points reasoning），这一点与产品类别化的发现是一致的（Peracchio 和 Tybout，1996；Ward 和 Loken，1986）。具体分析见表2-2。

表 2-2　品牌原型对品牌相关属性感知的影响

类别	发现	被访者的叙事
品牌原型与品牌产品属性知识关系	品牌原型对品牌功能、品牌先进性、品牌独特性感知产生影响	刘坚强:我戴的是索尼的,当时买的时候大概是七八十元吧,是索尼的,就是白色的那种,它的设计是有弧线的,就是跟一般的耳机不同; 李惠贤:关于"牌子"和"杂牌"的叙事

续表

类别	发现	被访者的叙事
品牌原型与品牌沟通体验属性知识关系	品牌原型对品牌情感、品牌关系感知的影响存在可能性	刘坚强:我过去看见一个女生买索尼 MP3,其他女孩都尖叫,对这个品牌是非常认可的,而且觉得用得上它的 MP3、它的产品是激动人心的,是这样的; 吴丽达:它们(欧莱雅)有时候会送一些试用品给你,会告诉你,你买了多少东西,有多少积分,可以兑换什么东西之类……感觉上它把你当一回事,它尊重你,让你有权利拥有、选择,让消费者感觉自己对这个产品都有一点责任(承诺)
品牌原型与品牌社会属性知识关系	品牌原型对品牌个性、品牌象征感知的影响是明显的	刘坚强:他(同学)有一部机子是摩托罗拉 V3,超薄的一款,他说是三四千元一部的。他给我说了一个故事,他拿着机子去新东方上课,他要出国,班上很多同学,快下课的时候,他手机响了,他妈妈的电话,他就拿起 V3,一边接听一边冲出教室。然后回来的时候,班上的同学对他的眼光都是异样的,都非常羡慕他用这款手机,后来这部手机被偷了,很郁闷; 刘坚强:通常越好的耳机,它的设计就越不同,鹤立鸡群,你戴上这个耳机,别人就会觉得很不一样,会问你带这样的耳机; 王光辉:反正都是大牌子,索尼爱立信和摩托罗拉,这两种在市场上应该是比较高档,我觉得主要就是这两个牌子
品牌原型与品牌态度关系	品牌原型对品牌态度形成的影响是明显的	张建凯:品牌是看不到的……因为它里面的东西你都不能拆,看不到里面的东西是真的还是假的。你就只能相信它啦,相信它是一个大品牌。是吧,里面东西是拆不了的。比如它的内存,同一个牌子,都是 HY(Hyundai)的,现代的,你自己买的也是现代,但是真的假的你分不出来,除非你自己很专业你才能区分出来。要不然如果你买一个品牌机,里面也写着"现代",但是你不知道是不是同样的货啦,是吧?你就没有办法区分开的,只能相信它,没办法,它就是一个大品牌。比如戴尔,它是一个大公司,相信它不会用质量差的、假的东西,就是这样的。里边的东西你拆不开的,看不到的,但买的时候写给你看,只能这样相信啦,你没有办法

要指出的是,在关于一个品牌的叙述中,被访者会时不时地指出这个品牌的类别,但这并不意味着基于品牌原型的类别化策略此时不

99 第二章 重新理解品牌认知模式与品牌效应发生机制

存在。被访者的品牌叙事，仍是一直建立在这个品牌归于某一类别的基础上的，它表现在基于品牌原型的类别化对品牌属性的感知和评价的影响仍是明显的。表2－2中被访者关于索尼、摩托罗拉等品牌相关属性的评价情形就是这样。

（1）品牌原型对品牌产品属性的感知和评价的影响。在所有被访者中，品牌原型明显地影响品牌产品属性知识的形成。它在品牌认知过程中的体现是，品牌原型影响消费者对品牌功能、品牌先进性、品牌独特性等产品属性的感知和评价。被访者认为，"大牌子"例如中国市场中的外国品牌通常具有更好的功能表现，更高的先进性和独特性。

（2）品牌原型对品牌沟通体验属性的感知和评价的影响。在被访者叙事中，品牌原型与品牌沟通体验属性知识的关系是存在的。被访者刘坚强描述的女生看见宿舍同学购买索尼 MP3 时惊喜地尖叫的反应就是体现。当然，这到底是品牌原型引发的效应还是感知到品牌某种属性，如先进性引发的效应，或者是两者兼有，在品牌叙事中尚难厘清。这种情形，在吴丽达关于欧莱雅（大牌子）的品牌关系叙事中也同样如此。它暗示的问题同样是，是否因为某个牌子是"大牌子"或者因为它是一个特定的但与其原型特征无关的品牌属性影响了消费者与品牌的关系，还有待通过定量研究识别。但从发现的意义上看，这一情形的存在，并不影响做出品牌原型影响品牌沟通体验属性的感知和评价的定性结论。

（3）品牌原型对品牌社会属性的感知和评价的影响。品牌原型对品牌社会属性知识形成的影响是直接而强烈的。在品牌认知过程中，它明显地影响着消费者对品牌社会属性的感知。例如，被访者王光辉认为，购买一个国外品牌手机，比购买国产手机更能体现自己的气派、面子和个性。同样，刘坚强关于同学使用摩托罗拉 V3 手机在人群中显示气派的叙事也强烈地呈现了这一关系。

（4）品牌原型与品牌态度。在被访者的叙事中，品牌原型对品牌态度的影响是明显的。几乎所有被访者表示，如果能承受价格的话，会首先考虑购买"大牌子"。例如，李惠贤在叙述关于化妆品、服装品牌的选择时提到，如果自己的收入许可，首先会考虑去大商场购买高层次的品牌。此外，张建凯的叙事也表明了品牌原型与品牌态度，尤其是态度中的信念成分之间的直接关系。

（四）总结

1. 基于品牌原型的品牌认知模式

研究发现，消费者对品牌存在一般性的认知——品牌原型。它体现了消费者关于品牌的一般性概念。消费者在品牌类别化时运用了原型、样例和解释模型。其中，原型模型为品牌类别化提供了标准，样例模型在品牌类别化中作为原型模型的支持而出现，解释模型在品牌原型的形成中作为意义建构的方式而使用。

消费者在品牌经验的基础上，获得品牌的市场可见性、营销可见性、生活可见性和企业背景信息，以"解释"性的方式建构品牌原型意义，对品牌类别化，并因此影响品牌评价。这一结果，不但初步发现了消费者在品牌认知过程中存在一般性的概念且以何种形式存在这一基本问题，而且表明，基于品牌原型的类别化认知过程体现了消费者关于品牌的一般性认知模式。消费者的品牌认知模式的概念模型如图 2 - 3 所示。

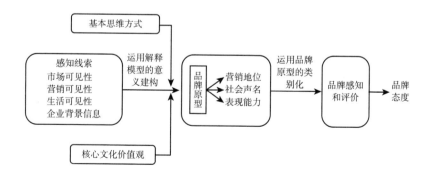

图 2 - 3   消费者品牌认知模式的概念模型

2. 品牌认知模式与品牌效应发生机制

通过分析品牌原型在类别化中的作用性质、品牌原型与其他品牌知识的作用关系，探测品牌原型如何影响消费者对品牌的评价，且以此来发现品牌原型在品牌评价中的驱动作用这一机制。

这里的研究发现，消费者通过基于品牌原型的类别化方式对品牌形成总体感知，这种总体性感知又影响其对品牌各种属性，包括产品属性、沟通体验属性、社会属性的评价，并最终影响其品牌态度的形成。品牌原型驱动的品牌类别化对品牌效应的产生提供了不同于联想网络记忆模型的解释。在作用性质上，体现消费者期望的品牌原型成为品牌评价的基础标准和品牌效应产生的驱动器，并明晰了是品牌原型而不是样例产生了品牌评价的"驱动效应"。在品牌效应的发生方式上，品牌原型作为品牌感知的参照点，通过基于品牌原型的"类别加工"而不是基于构成性属性的"零碎加工"策略形成对品牌的感知和评价。在作用方向上，品牌原型在消费者的品牌知识结构上处于先行性位置，呈现了品牌原型"自上而下"驱动品牌效应发生的基本路径。基于品牌原型驱动的品牌效应发生机制的概念模型如图 2-4 所示。

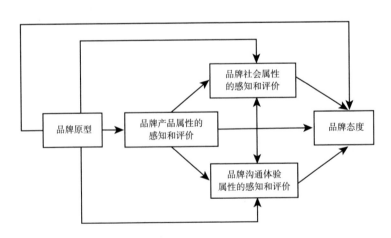

图 2-4　品牌效应发生机制的概念模型

五　讨论

（一）品牌知识理论的发展

品牌原型反映了消费者对其生活中所有品牌的基本期望，即在消费者看来，品牌应该是什么样的，包括品牌应该具备哪些共同性的特征，它们应该达到何种期望水平（Sujan，1985）。消费者在其品牌经验的基础上，通过形成具有整合性知识结构的品牌原型来建立这一关于品牌的基本期望，并以此作为品牌的基本概念对生活世界中的品牌进行类别化，形成品牌评价的一般模式。但是，为何消费者运用基于品牌原型的类别化来感知和评价品牌，为何消费者对各种信息线索进行"解释"建构品牌原型的意义，以往研究没有关注这些问题。这里研究的发现引发思考，对消费者品牌认知的理解，不能局限于个体水平的纯粹信息加工，需要考虑品牌作为社会概念的性质，从其形成的思维方式和文化方面进行扩展和深入性的分析。

1. 品牌类别化的形成与思维方式

消费者使用基于品牌原型的类别化对品牌进行评价，可能与消费者的思维方式有关。现有研究认为，整体性思维是消费者重要的思维方式之一。当采用整体性方式思维时，消费者更偏向以非属性的整体性知识感知和评价产品（Ng 和 Houston，2001；Monga 和 John，2007；Yoon 和 Gurhan-Canli，2004）。因此，这里研究发现的消费者以品牌原型建构整体性的品牌概念来进行品牌类别化，并影响其品牌评价的认知模式，具有人类认知的思维基础。

2. 品牌原型的意义建构与思维方式

思维方式不但影响消费者对品牌的感知方式，而且影响其对品牌意义的建构方式。在品牌感知时，消费者出于自己的期望，依靠经验、背景信息做出因果关系判断（Nisbett 等，2001；斯图尔特和贝内特，2000），即消费者倾向根据对各种品牌线索的解释，而不是逻辑上的推理和判断来建构品牌原型的意义。其中品牌原型的社会声名和表现能力维度的形成可从直观性思维方式上寻求解释。消费者依靠经验中的某些可见性线索，如品牌广告、促销活动、周围人的使用状况，以及公司的背景信息，如规模、历史、产地作为品牌感知的依据，这种直观的思维方式，体现了对品牌的一种"自我领会和解释"。

3. 品牌原型的意义建构与文化价值观

研究发现，品牌原型的意义建构呈现一致性的结构。这种一致性的意义结构是受什么因素作用而形成的？除了消费者的思维方式之外，文化价值观也可能产生了决定性作用（Monga 和 John，2007）。实际上，品牌原型是人们社会关系原型的一种具体化再现（Fiske，1991）。关于社会认知的研究发现，原型的形成与其解释的背景有关（Komatsu，1992）。这些研究表明，品牌原型的形成与文化存在固有的联系。

就营销地位和表现能力的品牌原型维度而言，它是等级观念在品牌认知中的体现。Fiske（1991）认为，权威等级（authority ranking）是人类重要的社会关系模式或社会关系原型之一。人们依据阶层、地位、年龄等形成权威与顺从关系，如长幼关系、上下级关系等。处于不同层级的人拥有不同的权力、能力和责任。这种关系模式的形成和影响来自文化价值观。延伸到品牌的认知方面，消费者倾向于以等级观建构品牌原型的营销地位和表现能力。

营销地位原型维度的建构，还可在伦理关系中寻找其最终的渊源。人类根据伦理建立等级观念和社会关系（梁漱溟，1987）。当根据伦理本位处理外面的世界时，消费者以自己为中心，按亲疏远近的关系将它划分为"层次"，而这种层次又常常变成一种"等级"的序列。同时，划分层次的过程本身就是一种类别化的过程（李宗桂，2002；孙隆基，2004）。延伸到消费活动，对品牌的营销地位的区分也离不开这一深厚的社会基础。

社会声名的品牌原型维度的建构，也与道德价值取向有关。在社会生活中，人类向来注重名分和声名，名分是声名的基础。有了名分才可以在家庭和社会立身，并决定其家庭和社会地位，获得相应的尊重和信任。而声名的期望和建立，例如声名远播，则可在其家庭和社会范围内获得更多的尊重和信任。对社会声名这一品牌意义的建构，是道德价值观在消费者品牌认知中的体现。就品牌而言，那些在消费者生活世界中有名的品牌，更容易获得信任和好感，并让消费者通过人际交往相互传播。

总体来看，品牌原型的形成具有人类认知的思维和文化基础。它的建立，可以更好地理解消费者为何形成品牌认知，并运用这些品牌知识去关注、解释和推断生活中各个品牌的意义，解决问题，建立目标并做出行为选择（Wyer 和 Srul，1981）。

（二）对品牌化理论发展的主要贡献

超越于"认知－属性"研究范式，这里以社会知识理论，对品牌化理论和管理实践中有待解决的品牌概念及品牌认知模式这一基本问题展开研究，获得了有意义的洞察和发现，并为品牌化理论的发展提供了新的含义。

1. 提出了"认知－属性"研究范式一直未能解决的品牌概念的发展问题

（1）在理论建构方面，它避免了"认知－属性"研究范式的特定性问题。"认知－属性"研究范式在特定的产品类别上依靠具有随意性的联想技术探测品牌知识（Kanwar 等，1990），不能从超类别的水平上观察消费者的真实品牌世界并建构一般性的品牌概念，实际上是忽视了对消费者关于所有品牌存在的、由一组共同期望所构成的品牌意义的理解。这也是导致品牌认知研究包括品牌形象研究不能获得一致性结论的症结所在。这里的研究对解决这一问题提供了初步的答案，也有助于解决以往关于品牌知识包括品牌形象研究一直没有取得一致性概念定义和结论的问题。

（2）扩展了对消费者品牌认知的理解和品牌效应发生机制的解释。以往的研究只关注消费者个人对品牌相关属性的大脑记忆，对品牌效应的发生，归之于品牌联想记忆的激活和扩散，忽视了品牌知识的形成具有完整的消费者经验的现实基础，以及由消费者主体期望、行为和社会环境互动建构的结构和作用（Rosa 等，1999）。这里的研究发现表明，品牌原型是消费者在品牌经验基础上，根据自己的期望社会性建构的意义而不是个人被动地对品牌相关信息记忆的结果，并驱动品牌效应的发生。这些发现有利于揭示消费者品牌认知和品牌效应发生的现实基础、真实过程和驱动力来源，弥补了联想网络记忆模型忽视品牌认知的现实基础和相关形成因素的缺陷。另外，也为从事创新性的品牌化理论研究提供了有意义的研究方向和研究命题，并激发学者们重视观察消费者的真实生活世界，进一步探索品牌效应发生的消费者社会心理机制。

（3）研究定义和描述了品牌原型的概念及其三个基本维度，对消费者品牌知识和品牌效应的整体分析与测量，提供了更具一般化的操作化定义。

2. 为弥补品牌化分析中的不完整性问题提供了理论来源

自 20 世纪 50 年代以来，品牌的构成性属性一直被作为品牌认知分析的内容（Lefkoff-Hagius 和 Mason，1993；Park 等，1986）。与此一脉相承，采用构成性加工观点（component processing）（Medin 和 Smith，1984）来解释和测量消费者对品牌的评价过程和结果。它假定消费者通过对品牌的多种属性的整合加工，形成对品牌的整体态度（Fishbein 和 Ajzen，1975；Medin 和 Smith，1984）。由此发端，80 年代的品牌形象研究，90 年代的品牌资产（Keller，1993，2013；Yoo 和 Donthu，2001）、品牌联盟（Park 等，1996；Simonin 和 Ruth，1998）、品牌延伸（Aaker 和 Keller，1990）等重要问题的研究，主要在消费者联想内容的基础上进行"品牌概念"的定义、测量和分析。这样，除了测量本身存在不完整性外，品牌作为"品牌"的整体性力量更加被忽视了。例如，在其核心领域——品牌资产理论的研究上，对于属性水平知识，主要是以品牌形象、品牌联想（Aaker，1996；Keller，1993，2013；Yoo 和 Donthu，2001）作为建立品牌资产模型和品牌知识结构的主要成分。显然，这只触及了品牌资产来源和构成的一部分而不是全部（Markman 和 Brendl，2005）。尽管学者们对品牌"认知－属性"研究范式的不完整性问题提出了质疑（Lawson，1998；Ratneshwar 和 Shocker，1988），但未能提出解决这一问题的理论方向和概念建构。这里的研究发现为弥补现行品牌化理论和品牌模型的不足、更好地解释品牌效应的发生机制提供了理论依据。

3. 为现有的消费者品牌认知的各种概念提供整合的基础

长期以来，"认知－属性"研究范式一直主导着消费者品牌认知研究，其应用的联想网络记忆模型被作为分析消费者品牌认知，包括品牌效应发生机制的理论基础（Keller，1993，2003，2013）。为突破它的局限，品牌个性、品牌关系等不同视角的研究陆续出现，但相互之间的隔离性问题也逐渐显现。一方面，建立新的理论基础整合多视角下出现的各种品牌概念，提出系统有效的品牌认知概念和品牌效应发生机制的解释已成为品牌化理论发展的一个重要问题。另一方面，处于主导地位的联想网络记忆模型则越来越不具有整合多种视角下建立的各种品牌概念的理论基础的性质和力量。这里的理论建构对解决消费者品牌研究中出现的各种概念的整合问题提供了可能。首先，研究采取的品牌作为社会概念的假定及以此进行的理论建构，提供了解决现有研究未能建立一致性的理论框架或基础和与此相关的隔离性等问题的可能性（Russo 和 Johnson，1980；Kanwar 等，1981；Keller，2003）。其次，品牌原型在品牌认知中的驱动作用的发现，以及基于品牌原型的品牌认知模式和品牌效应发生机制的概念模型的建立，从现实基础和理论逻辑上阐释了品牌原型与其他品牌知识成分的关系，包括品牌原型与品牌构成性属性的关系，这些发现为现有的各种品牌概念，包括"认知－属性"研究范式关于品牌评价的构成性加工观点，提供了整合的理论设想和具体方向。

4. 为超越产品类别水平的品牌研究提供了启发

超越具体的品牌和产品、发展强有力的具有一般性理论含义的概念已受到高度重视，国际营销机构（MSI）曾建议将其作为未来营销研究的重要主题（MSI，2009）。但长期以来，这一问题并未引起关注。"认知－属性"研究范式一直只能在产品类别水平上获得和分析消费者有限和特定的品牌属性知识。20世纪90年代，少数学者关注到了品牌原型的研究，但受困于联想网络记忆模型，狭隘地认为它是参与竞争的品牌所共有的一组产品类别联想（product category association）（Keller，1993），且认为它由某个类别的产品相关属性构成，并可能对品牌认知产生混淆而导致负面的品牌效应。学者们没有从跨产品类别水平上理解消费者建构的品牌原型，忽视了从消费者的期望上来理解品牌对消费者的一般性意义。就一些消费产品市场，学者们也进行过品牌原型研究，但囿于认知取向，只在产品类别、子类别水平上，借鉴自然概念的方法研究品牌的产品典型性（Nedungadi 和 Hutchinson，1985；Ward 和 Loken，1986），忽视了品牌作为社会概念的性质，并由此导致品牌原型意义研究的缺失。这里在超类别水平上进行的品牌一般性概念的分析，扩展了"认知－属性"研究范式关于消费者品牌认知研究设定的观察水平、范围和概念基础，为未来一般性的品牌研究提供了方法论上的启示和路径。

（三）管理启示

1. 重新理解品牌的本质，寻求新的品牌化战略模式

在"认知－属性"研究范式下，品牌的差异化，且主要是属性的差异化，被认为是品牌的本质，也是品牌效应发生的前提（Keller，1993，2013），基于竞争品牌的差异化成为基本的品牌化战略。这种"竞争－差异化"的品牌化战略模式设定的参照点是竞争品牌，其战略努力就是让自己的品牌与竞争对手如何不同。对于以成为或维持市场领导地位为目标的品牌，实施"竞争－差异化"战略实际上很难超越和摆脱竞争对手。

这里的研究发现，消费者对不同品牌存在一般的品牌概念，概念意义的维度体现了消费者对于品牌的基本期望。建立在消费者期望基础上的原型化也是品牌的本质之一，并意味着建构"期望－原型化"品牌营销战略的可能。所谓原型化战略，是以消费者对品牌的基本期

望为参照点，通过关注品牌对消费者而言应该是怎样的问题，即从满足消费者的需要来建立品牌概念和定位，并发展相应的产品概念和营销策略开展品牌营销，以有效地影响消费者对品牌的感知、评价和态度，建立市场领导地位。

从"品牌如何不同"到"品牌应该怎样"，"期望－原型化"战略模式可启示营销管理者，发现、满足消费者需要不仅仅是一种基本的营销观念，它更是具有内在成功机制的品牌化战略模式。而且，它可真正实现让营销从顾客出发，解决市场竞争激烈并因此导致过度化营销的现实问题，开拓塑造品牌和品牌资产的另一种道路。苹果公司从最初推出 Mac + MacOS 电脑产品，到近年推出 iPod + iTunes、iPhone、iPad 产品，其成功的原理就在于其营销思想和行动符合"品牌应该是怎样的"这一"期望－原型化"的战略模式。Google 公司的营销战略模式也具备了这一特征。在国内，回顾改革开放 40 多年来的中国品牌建立历程，很少看到采取基于竞争的差异化战略取得成功的案例。华为、小米、大疆、回力、老干妈等品牌的集体崛起，其品牌化战略的重心是关注品牌应该是怎样的而不是如何与竞争者不同，通过发现、识别市场需求，界定和建构原创市场，建立代表性品牌取得成功。在饮料市场，王老吉品牌从满足消费者需要出发建立"预防上火"的品牌定位并大获成功，也是基于"期望－原型化"，而非"竞争－差异化"的传统营销战略模式，并超越可口可乐，成为国内罐装饮料市场的第一品牌。

2. 思考营销要回到根本的问题

在当代，营销环境的变化越来越快，如何在快速变化的营销环境中识别相对稳定的长期价值组合（value proposition），是品牌化战略决策中的重要问题。品牌原型的建立，为品牌化战略的成功提供了启示。营销者可通过满足消费者对品牌的基本期望来塑造品牌和影响消费者的品牌选择行为。对于新兴市场地区的品牌，营销回到根本更具有现实意义。中国作为成长市场，中国品牌是成长市场中的成长品牌，或者说是不成熟市场中的不成熟品牌。自改革开放起，消费者对大多数中国品牌的知识几乎是从零开始的，对多数中国品牌的原型知识尚在形成中。另外，一些中国品牌在消费者的品牌原型知识上呈现一定的弱势，如品牌的表现能力过低。考虑到这一状况，对于欲取得领导地位的中国品牌，更需要回到营销的根本，通过重视产品创新、提升产品质量等基础建设，在追求实现消费者的期望中创建品牌并建立其领导地位。避免一味地在所谓"差异化"的营销战略模式中艰难地挑战，甚至模仿欧美国际品牌，失去了对原创产品开发、产品质量管理、产品性能提升等基本问题的关注。

3. 选择更优的品牌化战略方向

品牌原型的另一层战略含义是，在各产品市场，哪些品牌率先开展品牌原型营销，就先满足了消费者对品牌的一般性期望，并成为评价竞争品牌的参照点，这样也就在消费者的心中取得了先发者认知优势。在品牌化较早的产品市场，如家电、日化、IT等领域，外国品牌进入了当时几乎是品牌空白的中国市场，并率先借助强势广告、促销活动迅速建立了消费者的品牌原型知识。由于认知优势的存在，对于现有的中国品牌，需要极大的努力才能在成熟产品领域中建立消费者的品牌原型。但是作为成长市场，中国市场可进行品牌化的产品领域很多。因此，除了现有产品市场，对资源产品、新兴技术产品开展品牌化是中国品牌创立时值得优先考虑的战略方向。

4. 超越依赖广告这一传统的营销策略开展品牌营销创新，提升品牌效应

受"认知-属性"研究范式的影响，以差异化的广告诉求作为品牌认知建立和市场渗透的主要策略是由西方企业发展起来的基本营销模式。但这里的研究发现，影响消费者品牌认知的线索来自品牌的市场可见性、营销可见性、生活可见性和公司背景信息。虽然广告、促销等营销策略是品牌原型形成的线索之一，但许多品牌营销资金有限，在此情况下可考虑通过与消费者的社会互动、社区营销、渠道覆盖、政府和行业推广等创新策略方式建

立消费者的品牌原型知识，以此积累品牌资产，提升品牌营销的效应。

参考文献

[1] 〔美〕班杜拉，2001，《思想和行动的社会基础：社会认知论》，林颖等译，华东师范大学出版社。

[2] 〔美〕S. T. 菲斯克、S. E. 泰勒，1994，《社会认知：人怎样认识自己和他人》，张庆林等译，贵州人民出版社。

[3] 李宗桂，2002，《中国文化导论》，广东人民出版社。

[4] 蒋廉雄、朱辉煌、何云、卢泰宏，2010，《品牌原型的理论基础、研究回顾与展望》，《外国经济与管理》第 1 期，第 41 ~ 49 页。

[5] 梁漱溟，1987，《中国文化要义》，学林出版社。

[6] 〔美〕爱德华 C. 斯图尔特、密尔顿 J. 贝内特，2000，《美国文化模式：跨文化视野中的分析》，百花文艺出版社。

[7] 孙隆基，2004，《中国文化的深层结构》，广西师范大学出版社。

[8] Aaker, David A. , and Kevin Lane Keller. 1990. "Consumer Evaluations of Brand Extensions." *Journal of Marketing* 54: 27 – 41.

[9] Aaker, David A. . 1996. "Measuring Brand Equity Across Products and Markets." *California Manage Review* 38: 102 – 120.

[10] Bagozzi, Richard P. . 2000. "On the Concept of Intentional Social Action in Consumer Behavior." *Journal of Consumer Research* 27: 388 – 396.

[11] Barsalou, Lawrence W. . 1985. "Ideals, Central Tendency, and Frequency of Instantiation as Determinants of Graded Structure in Categories." *Journal of Experimental Psychology*: *Learning, Memory, and Cognition* 11: 629 – 654.

[12] Barsalou, Lawrence W. , and J. Wesley Hutchinson. 1987. "Schema-Based Planning of Events in Consumer Contexts." *Advances in Consumer Research* 14: 114 – 118.

[13] Basu, Kunal. 1993. "Consumers' Categorization Processes: An Examination with Two Alternatives Methodological Paradigms." *Journal of Consumer Psychology* 2: 97 – 111.

[14] Brewer, Marilynn B. , and Miles Hewstone. 2004. *Social Cognition*. M. A. : Blackwell Pub.

[15] Broniarczyk, Susan M. , and Joseph W. Alba. 1994. "The Importance of the Brand in Brand Extension." *Journal of Marketing Research* 31: 214 – 228.

[16] Brown, Stephen, Robert Kozinets, and John F. Sherry. 2003. "Teaching Old Brands New Tricks: Retro Branding and the Revival of Brand Meaning." *Journal of Marketing* 67: 19 – 33.

[17] Chin-Parker, Seth, and Brian H. Ross. 2004. "Diagnosticity and Prototypicality in Category Learning: A Comparison of Inference Learning and Classification Learning." *Journal of Experimental Psychology: Learning, Memory, and Cognition* 30: 216 – 226.

[18] Cohen, Joel B., and Kunal Basu. 1987. "Alternative Models of Categorization: Toward a Contingent Processing Framework." *Journal of Consumer Research* 13: 455 – 472.

[19] Dobni, Dawn, and George M. Zinkhan. 1990. "In Search of Brand Image: A Foundation Analysis." *Advances in Consumer Research* 17: 110 – 119.

[20] Elio, Rence, and John R. Anderson. 1981. "The Effects of Category Generalizations and Instance Similarity on Schema Abstraction." *Journal of Experimental Psychology: Human Learning and Memory* 7: 397 – 417.

[21] Fishbein, Martin, and Icek Ajzen. 1975. *Belief, Attitude, Intention and Behavior: An Introduction to Theory and Research.* M. A. : Addison-Wesly.

[22] Fiske, Alan Page. 1991. *Structures of Social Life: The Four Elementary Forms of Human Relations.* New York: Free Press.

[23] Fiske, Susan T., and Steven L. Neuberg. 1990. "A Continuum of Impression Formation, from Category-Based to Individuating Processes: Influences of Information and Motivation on Attention and Interpretation." *Advances in Experimental Psychology* 23: 1 – 74.

[24] Fournier, Susan. 1998. "Consumers and Their Brands: Developing Relationship Theory in Consumer Research." *Journal of Consumer Research* 24: 343 – 373.

[25] Gardner, Burleigh B., and Sidney J. Levy. 1955. "The Product and the Brand." *Harvard Business Review* 33: 33 – 39.

[26] John, Deborah Roedder, Barbara Loken, Kyeongheui Kim, and Alokparna Basu Monga. 2006. "Brand Concept Maps: A Methodology for Identifying Brand Association Networks." *Journal of Marketing Research* 43: 549 – 563.

[27] Kanwar, Rajesh, Jerry C. Olson, and Laura S. Sims. 1981. "Toward Conceptualizing and Measuring Cognitive Structures." *Advances in Consumer Research* 8: 122 – 127.

[28] Kanwar, Rajesh, Lorna Grund, and Jerry C. Olson. 1990. "When Do the Measures of Knowledge Measure What We Think They Are Measuring?" *Advances in Consumer Research* 17: 603 – 608.

[29] Keller, Kevin Lane. 1993. "Conceptualizing, Measuring and Managing Customer-Based Brand Equity." *Journal of Marketing* 57: 1 – 22.

[30] Keller, Kevin Lane. 2003. "Brand Synthesis: The Multidimensionality of Brand Knowledge." *Journal of Consumer Research* 29: 595 – 600.

[31] Keller, Kevin Lane. 2013. *Strategic Brand Management.* N. J.: Pearson Education.

[32] Kim, Shin Woo, and Gregory L. Murphy. 2011. "Ideals and Category Typicality." *Journal of Experimental Psychology: Learning, Memory, and Cognition* 37: 1092 – 1112.

[33] Komatsu, Lioyd K. . 1992. "Recent Views of Conceptual Structure." *Psychological Bulletin* 112: 500 – 526.

[34] Lawson, Robert. 1998. "Consumer Knowledge Structures: Networks and Frames." *Advances in Consumer Research* 25: 334 – 340.

[35] Lawson, Robert. 2002. "Consumer Knowledge Structures: Background Issues and Introduction." *Psychology & Marketing* 19: 447 – 455.

[36] Lefkoff-Hagius, Roxanne, and Charlotte H. Mason. 1993. "Characteristic, Beneficial, and Image Attributes in Consumer Judgments of Similarity and Preference." *Journal of Consumer Research* 20: 100 – 110.

[37] Locke, Karen. 2001. *Grounded Theory in Management Research.* California: Sage.

[38] Loken, Barbara. 2006. "Consumer Psychology: Categorization, Inferences, Affect, and Persuasion." *Annual Review of Psychology* 57: 453 – 485.

[39] Loken, Barbara, and James Ward. 1990. "Alternative Approaches to Understanding the Determinants of Typicality." *Journal of Consumer Research* 17: 111 – 126.

[40] Loken, Barbara, Larry Barsalou, and Christopher Joiner. 2007. "Categorization Theory and Research in Consumer Psychology: Category Representation and Category-Based Inference." *In The Handbook of Consumer Psychology*, edited by Curtis Haugvedt, Paul Herr, and Frank Kardes, pp. 133 – 163. N. Y.: Taylor & Francis.

[41] Maclaury, Robert E. 1991. "Prototypes Revisited." *Annual Review of Anthropology* 20: 55 – 74.

[42] Mao, Huifang, and H. Shanker Krishnan. 2006. "Effects of Prototype and Exemplar Fit on Brand Extension Evaluations: A Two-Process Contingency Model." *Journal of Consumer Research* 33: 41 – 49.

[43] Marketing Science Institute (MSI). 2009. *2010 – 2012 Research Priorities*, http://www. msi. org/research/index. cfm? id = 271.

[44] Markman, Arthur B. , and C. Miguel Brendl. 2005. "Goals, Policies,

第二章 重新理解品牌认知模式与品牌效应发生机制

Preferences, and Actions. " In *Applying Social Cognition to Consumer-Focused Strategy*, edited by Frank R. Kardes, Paul M. Herr, and Jacques Nantel, pp. 183 – 200. N. J. : Lawrence Erlbaum Association.

[45] Medin, Douglas L. , and Edward E. Smith. 1984. "Concept and Concept Formation. " *Annual Review Psychology* 35 : 113 – 138.

[46] Medin, Douglas L. , William D. Wattenmaker, and Sarah E. Hampson. 1987. " Family Resemblance, Conceptual Cohesiveness, and Category Constitution. " *Cognitive Psychology* 19 : 242 – 279.

[47] Medin, Douglas L. , Elizabeth B. Lynch, and Karen O. Solomon. 2000. "Are There Kinds of Concepts?" *Annual Review Psychology* 51 : 121 – 147.

[48] Mitchell, Andrew A. . 1982. " Models of Memory : Implications for Measuring Knowledge Structures. " *Advances in Consumer Research* 9 : 45 – 51.

[49] Mitchell, Andrew A. , and Peter A. Dacin. 1996. " The Assessment of Alternative Measures of Consumer Expertise. " *Journal of Consumer Research* 23 : 219 – 239.

[50] Monga, Alokparna Basu, and Deborah Roedder John. 2007. " Cultural Differences in Brand Extension Evaluation : The Influence of Analytic Versus Holistic Thinking. " *Journal of Consumer Research* 33 : 529 – 536.

[51] Monga, Alokparna Basu, and Deborah Roedder John. 2010. " What Makes Brands Elastic? The Influence of Brand Concept and Styles of Thinking on Brand Extension Evaluation. " *Journal of Marketing* 74 : 80 – 92.

[52] Murphy, Gregory L. , and Douglas L. Medin. 1985. " The Role of Theories in Conceptual Coherence. " *Psychological Review* 92 : 289 – 316.

[53] Nedungadi, Prakash J. , and Wesley Hutchinson. 1985. " The Prototypicality of Brands : Relationships with Brand Awareness, Preference and Usage. " *Advances in Consumer Research* 12 : 498 – 503.

[54] Ng, Sharon, and Michael Houston. 2001. " Exemplars or Beliefs? Implications of Representational Differences on Brand Evaluations Across Cultures. " *Advances in Consumer Research* 31 : 223.

[55] Nisbett, Richard E. , Kaipeng Peng, Incheol Choi, and Ara Norenzayan. 2001. " Culture and Systems of Thought : Holistic Versus Analytic Cognition. " *Psychological Review* 108 : 291 – 310.

[56] Park, C. Whan, Sandra Milberg, and Robert Lawson. 1991. "Evaluation of Brand Extensions : The Role of Product Feature Similarity and Brand Concept Consistency. " *Journal of Consumer Research* 18 : 185 – 93.

[57] Park, C. Whan, Sung Youl Jun, and Allan D. Shocker. 1996. " Composite Branding Alliances : An Investigation of Extension and

Feedback Effects. " *Journal of Marketing* 96: 453 – 466.

[58] Park, C. Whan, Bemard J. Jaworski, and Deborah J. MacInnes. 1986.
"Strategic Brand Concept-Image Management. " *Journal of Marketing* 50:
621 – 635.

[59] Park, C. Whan, and Daniel C. Smith. 1989. "Product-Level Choice: A
Top-Down or Bottom-Up Process?" *Journal of Consumer Research* 16: 289 –
299.

[60] Patton, Michael Quinn. 2002. *Qualitative Research & Evaluation Methods.*
C. A. : Sage.

[61] Peracchio, Laura A. , and Alice M. Tybout. 1996. "The Moderating Role
of Prior Knowledge in Schema-Based Product Evaluation. " *Journal of
Consumer Research* 23: 177 – 192.

[62] Ratneshwar S. , and Allan D. Shocker. 1988. "The Application of
Prototypes and Categorization Theory in Marketing: Some Problems and
Alternative Perspectives. " *Advances in Consumer Research* 15: 280 – 285.

[63] Rosa, José Antonio, Joseph F. Porac, Jelena Runser-Spanjol, and Michael
S. Saxon. 1999. "Sociocognitive Dynamics in a Product Market. " *Journal
of Marketing* 63: 64 – 77.

[64] Rosch, Eleanor. 1975. " Cognitive Representations of Semantic
Categories. " *Journal of Experimental Psychology*: *General* 104: 192 – 233.

[65] Rosch, Eleanor, and Carolyn B. Mervis. 1975. "Family Resemblances:
Studies in the Internal Structure of Categories. " *Cognitive Psychology* 7: 573 –
605.

[66] Russo, J. Edward, and Eric J. Johnson. 1980. "What Do Consumers
Know About Familiar Products?" *Advances in Consumer Research* 7: 417 –
423.

[67] Sherman, Steven J. , Judd Charles M. , and Bernadette Park. 1989.
"Social Cognition. " *Annual Review of Psychology* 40: 281 – 326.

[68] Simonin, Bernard L. , and Julie A. Ruth. 1998. "Is a Company Known by
the Company it Keeps? Assessing the Spillover Effects of Brand Alliances on
Consumer Brand Attitudes. " *Journal of Marketing Research* 35: 30 – 42.

[69] Smith, Eliot R. , and Sarah Queller. 2004. "Mental Representations. " *In
Social Cognition Brewer*, edited by Marilynn B. , and Miles Hewstone,
pp. 5 – 27. M. A. : Blackwell Pub.

[70] Strauss, Anselm, and Juliet Corbin. 1998. *Basics of Qualitative Research:
Techniques and Procedures for Developing Grounded Theory.* C. A. : Sage.

[71] Sujan, Mita. 1985. " Consumer Knowledge: Effects on Evaluation
Strategies Mediating Consumer Judgments. " *Journal of Consumer Research* 12:

31 – 46.

[72] Tietje, Brain C. , and Frederic F. Brunel. 2005. "Toward to United Implicit Brand Theory." *In Applying Social Cognition to Consumer-Focused Strategy*, edited by Frank R. Kardes, Paul M. Herr, and Jacques Nantel, pp. 135 – 153. N. J. : Lawrence Erlbaum Association.

[73] Ward, James, and Barbara Loken. 1986. "The Quintessential Snack Food: Measurement of Product Prototypes." *Advances in Consumer Research* 13: 126 – 131.

[74] Wyer, Robert S. , and Thomas K. Srull. 1981. "Category Accessibility: Some Theoretical and Empirical Issues Concerning the Processing of Social Stimulus Information." *In Social Cognition: The Ontario Symposium（I）*, edited by E. Tory Higgins, C. Peter Herman, and Mark P. Zanna, pp. 161 – 97. N. J. : Erlbaum.

[75] Yoo, Boonghee, and Naveen Donthu. 2001. "Developing and Validating a Multidimensional Consumer-Based Brand Equity Scale." *Journal of Business Review* 52: 1 – 14.

[76] Yoon, Yeosun, and Zeynep Gurhan-Canli. 2004. "Differences in Brand Extension Evaluations: The Effect of Holistic and Analytical Processing." *Advances in Consumer Research* 31: 224.

附表　被访者信息

编号	姓名[1]	性别	年龄段	婚姻状况	文化程度	职业	消费者角色[2]
1	王光辉	男	30～35岁	已婚	职业高中	国有公司职员	从事个人和家庭消费
2	李惠贤	女	30～35岁	已婚	高中＋在职大专	民营公司部门经理	从事个人和家庭消费
3	张建凯	男	25～30岁	未婚	大专	出口公司职员	从事个人消费,兼家庭消费
4	吴丽达	女	25～30岁	未婚	大专	跨国公司业务经理	从事个人消费,兼家庭消费
5	刘坚强	男	18～23岁	未婚	大学在读	在校理科大学生	从事个人消费
6	向曼	女	18～23岁	未婚	大学在读	在校文科大学生	从事个人消费

说明：①根据调查行业的伦理规则，被访者姓名采用了化名；②根据其在个人或家庭消费中的决策、购买和使用的投入情况来界定。

第三章
重新理解品牌的产品意义与战略价值

一　引言

产品是品牌的本体，是企业从事业务经营的根本所在。就营销而言，消费者对品牌产品形成的认知是其品牌知识的基本内容（Keller，1993，2013；王海忠，2006）。探索消费者的品牌产品知识，理解产品在品牌中的意义①是发展品牌化理论、开展品牌营销尤其是塑造品牌的重要基础（Keller，1993；蒋廉雄，2008）。但与其作用不相称的是，学者们和营销人一直存在轻视乃至偏离产品这一核心的"空心化"现象，对品牌化理论和品牌营销发展产生了战略性偏向等不利影响。

在品牌化理论发展方面，品牌研究的建立始于在产品之外理解品牌的意义并强调从非产品方面来塑造品牌（Gardner 和 Levy，1955；

---

① 产品具有属性和利益。但当公司的产品被品牌化（一个或多个产品被统领在某个品牌下，并在该品牌下从事营销）后，消费者对产品的属性、利益以及与之有关的所有之物，例如原料、工艺、制造、技术、来源地，乃至产品相关的营销策略等，会以品牌为基准赋予意义，即消费者建构产品相关的品牌知识（product-related brand knowledge）。通过探索产品相关的品牌知识，可理解产品的品牌化意义。这里为行文方便，将与消费者产品相关的品牌知识称为品牌的产品知识，将产品的品牌化意义称为品牌的产品意义。

Levy，1959）。从 20 世纪 50 年代建立品牌形象概念理解消费者的品牌知识开始，学者们就注重品牌的象征性、体验性更甚于其功能性方面（Dobni 和 Zinkhan，1990）。进入 20 世纪 90 年代，对品牌知识的研究从有形的、具体的属性认知全面地转向了无形的、抽象的非产品相关知识，并被认为是品牌研究的重要突破（Keller，2003）。自此，轻"实"（品牌的产品方面）重"虚"（品牌的非产品方面）的研究取向和行动成为品牌化理论发展的传统。从品牌化理论演进的路线看，学者们对品牌化发展的新理论，尤其是当代标志性的研究成就，如品牌个性、品牌关系、品牌社区等，主要是在与非产品相关的品牌方面，或者是采取非产品的观察视角取得的（何佳讯和胡颖林，2010；卢泰宏等，2009；Keller，2003）。轻"实"重"虚"的品牌研究倾向带来的问题是，品牌产品知识、产品相关的品牌知识变量及其在品牌建立中的作用被严重忽视了，甚至出现将品牌非产品方面知识的研究等同于品牌知识研究的现象。Hoeffler 和 Keller（2003）为了探讨强势品牌的营销优势来源，曾对品牌知识与品牌营销活动反应关系的研究进行过较全面的回顾，总结了现有研究中普遍使用的品牌知识变量。可以发现，它们在很大程度上是非产品性的品牌知识变量。

在轻"实"重"虚"的品牌研究倾向下，品牌产品知识研究显得不足和落后的问题就自然出现了。到现在，尚没有学者对此开展过专门的研究，仅有的发现只见之于消费者产品知识和品牌形象研究中，且有限的研究也显得落后。在概念定义上，现有研究局限于消费者对品牌的物理特征认知的理解。在研究方法上使用传统的联想研究技术，学者们只能描述消费者对某个产品类别的特定品牌的物理特征形成的具体联想结果，从中不能获得一致性的研究结论。正是这种落后状况，一方面使学者们对消费者品牌产品认知的理解极为有限，另一方面使品牌产品知识的研究本身对品牌化理论的发展鲜有贡献。

在品牌营销的实践上，品牌"空心化"现象照样存在。虽然不能断定，品牌化理论发展的"空心化"导致了品牌营销实践的"空心化"，但品牌产品知识研究的不足和落后，使现有理论没有为改变轻"实"重"虚"的品牌营销倾向提供解决之道的问题，是不可忽视的。首先，它没有为充分利用、发挥品牌产品的价值开展品牌营销提供足够的理论依据。由于营销环境变得越来越复杂，市场竞争越来越激烈，营销者在实践中多倾向于从非产品方面从事品牌营销。对品牌的塑造，从运用品牌名称、包装、广告等向与品牌间接相关的人物（如明星）、事物（如奥运会）、事业（如慈善）等方面延伸。尤其是一些企业在营销过程中忽视品牌产品质量及其功能表现，将追求品牌知名度，从事空洞的品牌定位和所谓的"概念"炒作作为品牌营销的重头戏，甚至导致了"品牌泡沫"① 的出现。

在当前复杂的营销环境下，进一步理解和运用产品这一作为品牌根本的价值客观上显得越来越重要，但学者们除了早期建立了感知质量概念外，至今尚未发展新的概念及理论（Keller，2013）。另外，现有研究不能为营销者应对品牌产品管理的新形势提供指导。现在，品牌产品管理涉及的内容日趋深入和复杂，并面临许多新的挑战。例如，随着品牌在市场上扩张，收购和兼并的增多，国际市场的进入，技术更新节奏的加快，价格战的出现，无论是外国品牌还是中国品牌，都遇到了多来源的原料采购管理、异地设厂、产品创新节奏加快、工艺改革、流程简化及生产成本削减等问题。在传

---

① 品牌泡沫（brand bubble）是指企业在品牌营销中存在忽视产品发展和管理，过度利用广告、包装、品牌名称等实现销售和扩大市场份额的现象。它对国内外企业业务经营和营销产生的问题和后果已开始受到关注。具有泡沫性的品牌，表面上具有高的知名度，但它并没有给消费者带来真正的价值，通俗的表达就是品牌"名"不副"实"。一项针对全球知名品牌的追踪研究发现，品牌给企业和投资者提供了不断增长的价值，但为消费者带来的利益却在下降。在过去的 9 年内，消费者对品牌信任的评价下降了 40%；在过去的 13 年内，对品牌质量的评价下降了 24%。品牌泡沫对企业隐含着不可持续发展的经营危机。消除品牌泡沫的根本途径之一就是让营销回归到重视产品等为消费者创造真正价值这一营销根本上。以此来看，品牌泡沫的产生在很大程度上是品牌营销"空心化"的后果。参见白明：《丰田品牌泡沫的破灭》，中国网，2010 年 3 月 1 日；Gerzema, John, and Edward Lebar, "The Danger of a 'Brand Bubble'," *Market Leader* Quarter 4 (2009), pp. 30－34；Davis, Phillip, "Has the Brand Bubble Finally Burst?" http://ezinearticles. com/? Has－the－Brand－Bubble－Finally－Burst? &id = 3862404。

第三章 重新理解品牌的产品意义与战略价值

统观点下，它们往往被认为是企业的内部管理问题。但实际上，它们可能影响消费者的品牌产品知识和品牌评价，进而影响品牌营销。由于现有的品牌化理论对品牌产品知识的理解局限于品牌物理特征的边界内，对在品牌营销中如何管理这些问题，也没有提供可参照的理论和管理框架。

应当肯定，发展品牌的非产品属性及理解消费者的非产品方面的品牌知识来建立强势品牌，这作为品牌化理论的主要观点和品牌管理的重要经验具有合理性和重要意义，关于它的研究也体现了当代品牌化理论和品牌管理发展的卓越成就。但是，在品牌研究和品牌管理实践中形成的品牌"空心化"现象，则令我们不得不警觉其掩盖的轻视甚至偏离"产品"这一品牌建立的核心问题。由于学者们所关注和发现的只是品牌的一面而不是全部，若以此有限的理论甚至片面的观点来指引品牌管理乃至成为管理经验上的共识，不但可能会导致失误，甚至会助长制造"品牌泡沫"的风险，也不能满足解决品牌营销新问题的需要。因此，无论是从品牌化理论的发展还是指导品牌营销的需要考虑，对品牌产品知识这一基本问题的研究，不但亟须补课，而且还需新的发展。也正是考虑到此，展开了本项研究。

本章的目的是对品牌产品知识从事专门性的理论发展，为改变品牌"空心化"现象、促进品牌化理论和品牌营销的平衡发展提供相关的理论依据。主要任务是：首先，通过建立符合消费者品牌经验的理论基础，发现和梳理品牌产品知识的内容。其次，对品牌产品知识的形成进行一般化的概念定义和过程分析。最后，分析品牌产品知识与其他知识成分的关系，进一步发现品牌产品知识的影响因素。在完成上述分析基础上最终提出品牌产品知识的理论框架。考虑到联想网络记忆模型这一传统品牌研究方法的局限，尤其它在分析消费者意义建构上的无能，这里引入社会认知的相关假定并应用现象学访谈对品牌产品意义从事发现取向的研究。

二　研究回顾

虽然产品在品牌建立中具有基础性地位，但对如何理解和定义消费者的品牌产品知识，学者们并没有进行专门的研究。与之相关的分析和发现，主要见诸品牌知识的概念性研究和实证性研究中。

（一）概念性研究

在概念性研究上，关于品牌产品知识的分析，是在品牌知识的总体阐述中进行的。品牌知识是解释消费者行为和决定品牌化战略的基础变量（Olson，1978；Dacin 和 Mitchell，1986；Keller，2003）。学者们对品牌知识的分析一直存在二分观、三分观和六分观等不同观点。但分析发现，学者们对品牌知识的理解差异，实际上体现在对品牌非产品相关知识的视角、界定、分类和含义等方面未达成一致观点。而对品牌产品知识，学者们在其构成、概念含义和作用的理解上呈现一致性。

1. 二分观

在二分观的视角下，学者们将品牌知识区分为与产品相关的品牌知识和与非产品相关的品牌知识（Keller，1993，2013）。这一区分源自学者们对消费者评价品牌时依靠内部线索、外部线索的发现（Rao 和 Monroe，1989）。品牌的内部、外部线索也称为品牌的内部、外部属性。其中内部属性又称为有形属性，有形属性的变化会改变产品本身。外部属性又称为无形属性，它的变化并不改变产品本身。Keller（1993）使用产品相关属性和非产品相关属性来指称这两个概念，并进一步阐述，产品相关属性是指消费者寻求实现产品或服务功能的必要成分，即它是消费者认为的构成产品的物理性成分或完成服务的要素，满足顾客对产品或服务的功能性需要。非产品相关属性是指影响购买或消费过程但不直接影响产品或服务功能的外在属性，包括价格、使用者形象、情感体验、品牌个性等。非产品相关属性主要提供象征性利益和情感性利益。与此类似，Biel（1993）将消费者联想的品牌属性分为硬属性和软属性。其中，提供使用功能的属性为硬属性，提供情感功能的属性为软属性。此外，二分观的另一形式是关于实用产品属性和享乐产品属性的区分。Hirschman 和 Holbrook（1982）建议产品可根据其提供的实用价值和享乐价值分为实用产品属性和享乐产品属性。实用产品属性是指具有有形或客观特征的产品属性，享乐产品属性是指具有无形或主观特征的产品属性。它们对消费者的品牌选择和忠诚具有不同的效应（Chaudhuri 和 Holbrook，2002）。

2. 三分观

三分观由 Park 等提出。Park 等（1986）认为，消费者的品牌概念由功能性概念、象征性概念和体验性概念构成，其中，功能性概念满足消费者对品牌的功能性需要，而象征性概念和体验性概念分别满足消费者的象征性需要和体验性需要。此外，Lefkoff-Hagius 和 Mason（1993）也对相关研究进行过回顾，发现学者们对品牌知识的分析基本涉及三类属性：特征/物理属性、利益属性和形象属性。其中，物理特征是指可客观测量的品牌产品特征，它是品牌产品的表征物。

3. 六分观

品牌知识的六分观由 Kapferer 提出。Kapferer 在品牌化战略的阐述中，提出了品牌的六要素分析框架。他认为消费者对品牌的认知具有六方面的内容，它们分别是品牌品性、品牌个性、文化、关系、消费者特征、自我形象。其中品牌品性即是品牌可见的或可预想的客观特征的总和，它们是品牌的支撑或物质基础。他将品牌的客观特征与非客观特征比作植物的茎与花，没有客观特征作为其茎，品牌之花就会死亡（Kapferer，2013）。

综上来看，对品牌产品知识，学者们的理解呈现一致性。它体现在三个方面：首先，在构成方面，品牌产品知识是消费者品牌知识的基本内容之一；其次，在概念含义方面，品牌产品知识是消费者对品牌有形特征的认知；最后，在作用方面，消费者通过对品牌物理或有形特征的认知形成品牌功能的评价。

（二）实证研究

在实证研究方面，学者们一直没有对品牌产品知识的内容进行专门的研究。关于品牌产品知识的发现，只是寓于消费者产品知识和品牌形象的研究中。

消费者的产品知识研究是关于消费者对产品的信息加工与其相关行为关系的研究。早期学者们应用认知心理学的既有概念，如客观知识（objective knowledge）、主观知识（subjective knowledge）、技能（expertise）、熟手消费者（expert）和生手消费者（novice）来分析消费者的产品认知加工过程。但对消费者形成什么样的产品知识尚未进行探讨。一些学者开始试图改变这种状况。他们放弃了认知心理学视角的分析框架，从消费者行为的角度着手重新探索、建构消费者知识内容的类型及结构（Mitchell 和 Dacin，1996）。这一研究对消费者的知识没有任何预设，采用自由联想等方法探讨消费者对某一产品如运动鞋、CD 播放机、摩托车形成的具体性知识的内容和结构（Brucks，1986；Park 等，1992；Mitchell 和 Dacin，1996）。这些研究的主要价值在于发现了消费者产品知识内容的丰富性和多层次性，其中某些产品知识成分具有品牌方面的特征。品牌形象研究是最早也是至今仍最普遍地用来理解消费者品牌知识的途径。尽管学者们就品牌形象的构成获得了不同的结果，但国内外学者们通过研究均发现，消费者对品牌的联想都存在产品属性维度。国外学者们通过对饮料、洗发水、手表、汽车等品牌的研究发现，在品牌形象中均存在诸如外观、味道、质量、耐用性等产品相关维度（Hsieh，2002；Low 和 Lamb，2000；Rio 等，2001）。国内学者通过对牙膏等品牌的自由联想分析发现，消费者存在固齿、防蛀功能、药用价值、清新口气、制作精良、品质等产品相关联想成分（范秀成和陈洁，2002；焦璇等，2004）。

就理解品牌产品知识而言，上述研究均证实了品牌产品知识成分在消费者品牌知识中的存在，尤其是品牌形象研究在探索品牌产品知识的构成上得到了具体性的结果。但上述研究尚未完成品牌产品知识的理论建构。消费者到底形成了哪些一般性的品牌产品知识，对这些品牌产品知识内容如何进行定义，以及关于品牌产品知识的形成与作用等问题有待探索。

第一，消费者产品知识的研究，是关于产品认知的研究，其研究水平是在产品类别（product category，product class）而非品牌水平（brand level）上，研究设计和分析不是围绕品牌组织的。其中认知心理学视角的研究未涉及品牌相关知识的分析，消费者行为视角的研究则将消费者关于品牌方面的认知作为产品认知的构成要素来考虑（蒋廉雄，2008）。品牌形象研究由于关注发现消费者对品牌的综合性认知，在研究发现上同样只看到消费者对产品属性的联想是品牌形象的一个构成维度。从它们的研究目的和分析单位上看，它们均不属于品牌产品知识的专门研究，对品牌产品知识未能进行专门的获取和分析。

第二，现有的研究都依赖使用自由联想技术作为研究方法，在研究时只能在限定的某个或几个产品或品牌上获得和分析消费者的具体性知识。这种研究的具体性使学者们一直未能就产品知识和品牌形象的构成发展出一般性的研究结论（Dobni 和 Zinkhan，1990；Keller，1993；蒋廉雄，2008）。关于品牌产品知识的发现自然也不能超越这一具体性的局限。

第三，现有研究以联想网络记忆模型作为其理论基础，它假定消费者的品牌知识是一对对节点之间的联结或联想（Keller，1993，2003；蒋廉雄，2008）。通过运用自由联想方法可了解消费者关于品牌各方面的记忆信息、结构和激活，但它不关注记忆信息之外的任何机制，其中一个关键问题是忽略了消费者关于品牌意义的建构以及消费者的期望、价值观对品牌知识形成的影响。因此，现有研究不能发现消费者对品牌，包括对品牌产品，赋予了什么意义。

第四，由于联想方法还存在不重视发现不同联想的关系问题（许晓勇等，2003），现有研究，尤其是品牌形象的研究，未能揭示各种品牌联想，包括品牌各种产品属性联想之间、产品属性联想与非产品属性联想之间的关系。

总体来看，对品牌产品知识的研究，尽管学者们对其概念达成了一致性的理解，但实证研究显得停滞不前。无论是从品牌化理论的发展还是指导品牌营销的需要看，品牌产品知识的研究亟须改变现状并进一步发展。但要完成这一任务，需要在研究的方法论上寻求突破。

三　理论与方法

（一）理论基础

社会认知（social cognition）中的意义建构理论为理解消费者的品牌产品知识提供了新的观点。根据意义建构理论（班杜拉，2001；Brown 等，2003；Levine 等，1993；Schneider，1991），消费者的品牌知识可理解为消费者在与消费者、营销者以及品牌等互动中形成的社会性知识，即它是社会性建构的知识结构。所谓的品牌各种属性并非自动存在，而是体现为消费者根据自己的动机、目标乃至所处的环境对其所赋予的专门性意义。消费者对品牌的认知，包括对品牌产品特征的认知，是消费者在其品牌经验基础上，通过建构产生的具有一致性意义的结果（Rosa 等，1999）。品牌的物理属性，以及消费者获得的关于品牌的其他产品方面的信息，只是意义建构的输入，作为建构结果的意义本身在内容和结构上不等同于作为输入对象的品牌物理属性等相关信息。品牌的产品意义来源于但超越了品牌物理属性及其相关因素。

根据上述假定，在品牌知识研究中，对于消费者怎样在生活中建构、描述和解释品牌的意义，并分析如何影响其对品牌做出评价和选择的问题需要确认和澄清。同样，在品牌产品知识研究上，发现消费者对品牌产品通过意义建构而形成的相关知识也是值得探索的问题。为此，应用现象学方法从事这一具有发现性质的研究。

作为理论，现象学可追溯至德国哲学家胡塞尔在 20 世纪初所创立的现象学哲学理论。对于现象学理论，虽然存在多种理解角度，但在研究方法的意义上，现象学作为定性研究技术，则吸取了胡塞尔建立的现象学的基本观点和概念，关注和探索人类怎样理解自己的生活经验，并将这种经验转换为兼具个人性和可分享性意义的意识（Patton，2002）。它要求研究者从一切理论性的先入之见中解脱出来，包括放弃传统的概念、理论、偏见和习惯的思维方式，仔细、全面地获取和描述人们怎样经历某种现象，即对于某种生活现象人们怎样感知、描述、感觉、判断、记忆并予以理解，探索和发现个人或群体在该种现象中隐含的潜在意义和本质。因此，现象学方法可对人们日常生活经验的意义或性质获得深度性的理解（Giorgi，1983；Patton，2002；徐辉富，2008）。就品牌产品知识研究而言，借由这种理解发现的意义超越了产品类别和具体品牌的物理特征的限制而具有一般性的理论解释力。作为定性研究方法，现象学的访谈方法在发现取向的消费者研究和品牌研究中得到了很好的应用。

（二）研究方法

1. 访谈对象

在访谈对象的选择上，从性别、年龄、职业、消费角色（从事个人消费品购买和使用还是家庭消费品购买和使用）的控制上满足了被访者在个体特征、生活经历、品牌经验和社会阶层上的差异性，以增强理论建构的解释力。同时被访者的消费社会化时期应处于中国市场经济年代，使其品牌认知典型地反映了营销活动的影响，故没有抽取 40 岁以上的被访者。为此，成功访问了六位 18～35 岁的被访者。

2. 访谈方法

现象学访谈方法强调观察方法和深度访谈技术的运用，学者们为了理解他人对经验的解释，其本人尽可能直接地去理解这一现象（Patton，2002）。因此，研究者本人担任访谈者。研究者在访谈地区生活了十余年，并有近十年从事消费者行为和营销研究的经验，对访谈对象生活的亚文化、区域生活习俗、生活方式拥有丰富的体验经历。因此研究者开展现象学的访谈具备基本的条件。访谈从被访者的品牌生活史的叙事开始。不同于自由联想方法，访谈中关于品牌的叙事没有限定在某个产品类别的品牌上，而是观察消费者当前生活中所涉及的所有品牌，以完整了解消费者的品牌经验，并在超产品类别水平上发现消费者怎样理解品牌产品的意义，怎样建构品牌产品知识。

悬置是现象学方法实施的关键（Kvale，1983；Moustakas，1994）。在研究过程中，进行悬置的方法是：①放弃自己和现有研究关于品牌认知，尤其是联想网络理论的观点，直接面对消费者的品牌生活经验。②在对被访者的生活经验进行访谈、阅读和分析时，将个人的观点、前认识等搁置起来，采用开放性的访谈方式，发现和接受被访者的生活经验。③访谈的推进基于对话过程，而非事先设定的路径。④对研究问题的分析和理论建构完全基于访谈资料，而非现有观念和概念的指引。

3. 分析方法

研究的主要工作是在悬置的前提下对文本意义进行描述、理解和解释，从中发现消费者叙事中与产品相关的品牌现象、现象的意义、性质、存在的情境与概念之间的关系。这一工作也实现了现象学方法的另一个重要步骤"还原"。综合不同学者发展的方法，这里确定的主要研究步骤如下。

（1）文本描述。解释研究者在访谈过程中观察和体验到了什么。

（2）主题提炼。将与研究主题相关的意义文本列出来后对其进行概括和命名。通过这一步骤，发现和提出品牌产品意义的内容。

（3）意义归并。将相同或相似的意义单元进行归类。在分析中，阅读各位被访者的品牌生活经验叙事后，将具有相似意义的陈述找出来并合并在一起。经过上述三个阶段，提出了品牌产品意义的概念及其维度。

（4）发现意义结构。在发现消费者品牌生活经验中的各种意义基础上，寻找意义的结构和本质。这里描述了品牌产品意义的核心含义、结构、内部关系、前后向变量及其影响、发生情境与隐含价值。当然对这些问题的分析不是事先设定的，而是通过对文本的阅读和理解后识别、得到了相应的框架。在分析过程中，还采用了理论编码方法（Strauss 和 Corbin，1998），以尽可能保证意义分析和概念建构的效度。其中，通过开放式编码，进行品牌产品意义的归类分析。通过轴线编码，发现品牌产品意义的内部结构，澄清其概念的前后向变量的关系，而选择性编码则用于建立研究的核心概念，即该研究的总体性主题。

（三）质量控制

对研究的效度进行了多方面的控制。首先，在资料分析结束后，为了检验理论分析的饱和度，追加了四位被访者的访问。在品牌产品知识成分、意义结构与作用关系等问题的理论建构上未有新的发现。这表明现有的分析已具理论饱和性。其次，对访谈资料的分析，按以下步骤进行了检查。在完成开放式编码后，将它与文字记录进行对查，检验是否有遗漏的文本未纳入编码表。在完成轴线编码和选择性编码后，将编码结果与六位被访者的访问记录再次进行对读，评估轴线编码的正确性和准确性。最后，两位品牌研究人员对编码结果和原始材料进行了对读，对存在不一致意见的地方，通过评估编码和改进分析，直至达成一致为止。

四　分析过程与发现

（一）作为知识体系的品牌产品意义

在现有相关研究中，受联想方法的局限，以特定产品类别和品牌为对象的分析没有得到一般性的结果（Dobni 和 Zinkhan，1990；Keller，1993，2013）。它意味着现有研究并没有观察到消费者的品牌产品知识是否存在共有的内容和一致性的结构。因此，解答消费者的品牌产品知识是否存在一般性的知识体系成为品牌产品知识理论发展中的一个基本问题。对访谈资料的分析发现，消费者通过品牌产品意义的建构形成了品牌产品知识体系。通过阅读文本，提炼和归纳了这一结果，表3-1是关于它的概述。它从知识内容、建构线索、知识水平和知识结构、隐含价值等多方面对品牌产品意义提供了新的发现。

表3-1　作为知识体系的品牌产品意义

项目	现有研究状况	新的发现
知识内容	对品牌物理特征联想的归类没有得到一致性结论 没有建立构成知识体系的概念定义	存在一致性的意义建构并作为品牌产品知识的体系 产生了新的知识成分和概念定义
建构线索	线索本身构成了联想的内容 联想的内容局限于品牌物理特征	存在建构的线索 建构线索的范围明显地扩展
知识水平和知识结构	多数不关注 少数研究虽关注，但没有揭示一致性的知识结构	消费者在多水平上进行意义建构 意义是结构化组织的 存在稳定的一致性结构
隐含价值	在研究经验上认为品牌产品提供了品牌功能性利益	在意义建构中隐含复杂的价值定义

1. 知识内容

现有研究由于采取联想方法对品牌物理特征的联想进行分类，其内容只涉及品牌物理特征本身，且结果都是特定的，即选择的产品类别和品牌不同，其研究的结果是不同的（Ataman 和 Ülengin，2003；Brucks，1986；Low 和 Lamb，2000；Hsieh，2002；Mitchell 和 Dacin，1996；范秀成和陈洁，2002；焦璇等，2004）。这里的研究发现，消费者关于品牌产品建构了多水平和多维度的一般性意义。它们分别是品牌独特性、品牌先进性、品牌正宗性、品牌优异性和品牌功能。作为知识体系建构的品牌产品意义，它具有以下几方面的特征。首先，就内容本身来看，它具有超越特定品牌物理特征认知的一般性，即它是跨产品类别和品牌的共有性知识。例如，消费者可以使用品牌先进性来描述生活中所有品牌的技术、制造发展水平。其次，从知识形成的方式来看，建构的意义不再是消费者对品牌物理特征本身的记忆。例如，消费者建构品牌正宗性的意义表征品牌产品特征是否符合其原始或本真状况，这一意义建构的结果不但在意义本身上已不等同于使用联想方法得到的诸如"地道的可乐味道"这种消费者对品牌物理特征本身的记忆式编码或者复述（Ataman 和 Ülengin，2003），而且它在意义的抽象性上超越了结果的具体描述。因此，意义建构是消费者在品牌经验的基础上主动从事意义制造的结果，而不是如联想方法假定的那样，消费者被动地对品牌产品刺激（味道）做出的知觉反应（菲斯克和泰勒，1994）。最后，在上述消费者建构的品牌产品意义中，消费者通过建构品牌独特性、先进性、正宗性、优异性意义形成对品牌功能的评价。这一发现，与学者们关于品牌产品属性性质的定义是一致的，也是这里将发现的这些品牌知识内容归于品牌产品知识体系的理论前提。

2. 建构线索

在使用联想方法研究品牌产品认知时，学者们只关注由消费者联想的品牌产品相关信息构成的节点及其联结，但并不关心记忆节点的信息本身是如何产生的。研究发现，消费者在品牌产品意义的建构中，依靠相关的线索建构意义（意义本身不等同于线索本身，见上文分析）。而且，消费者在品牌产品知识建构的线索方面具有多方面的信息来源。基本的发现是，消费者对品牌的物理特征的感知只是建构品牌产品意义的来源之一。除此之外，品牌的原料、生产工艺、制造、做工、技术、来源地、营销策略等也是品牌产品知识建构的线索。这一发现反映了消费者建构的品牌产品知识的来源，远远超过现有研究关注的品牌物理特征认知的范围。

3. 知识水平和知识结构

在现有品牌产品知识研究中，多数学者不重视内容归属的水平层级和知识结构的关系问题。只有少数学者关注到消费者的品牌产品知识存在不同水平，而且他们通过绘制联想图来描述特定品牌产品的联想内容即节点之间的关系（Mitchell 和 Dacin，1996）。但是，这种对特定品牌产品的研究结果因品牌产品不同而不同，故并没有揭示消费者的品牌产品知识是否具有稳定的一致性结构。对品牌产品意义建构的分析发现，消费者的品牌产品知识具有属性和品牌两个水平，两个水平的品牌产品意义建构呈现一致性的结构关系。

在知识水平方面，品牌产品知识涉及属性水平和品牌水平的知识。其中，品牌独特性、先进性、正宗性、优异性属于属性水平的知识。它采用诸如"它（品牌）的原材料（属性）会怎样（如很独特）"等形式来表达。品牌功能属于品牌水平方面的知识，它体现了品牌的各种产品属性在整体上满足消费者需要的能力。它采用诸如"我感觉它（品牌）怎么样（如比较好用）"等形式来表达。

在知识结构方面，品牌产品知识之间存在复杂性的关系。首先，品牌独特性、先进性、正宗性、优异性等各种属性知识之间存在相关关系，其中品牌先进性、独特性、正宗性可能影响优异性的评价，先进性、正宗性影响独特性的评价。其次，如在知识性质分析上所发现的，属性水平的品牌独特性、先进性、正宗性、优异性的变化均会影响消费者对品牌功能的评价。最后，品牌产品知识的改变会影响品牌非产品相关知识的建构。

被访者对手机品牌的叙事可以很好地说明消费者对品牌产品知识的建构。其平实的语言蕴含了鲜活的多类型的品牌产品知识。在品牌叙事中，一个句子可以表征多个方面意义。如被访者王光辉对自己早年使用过的爱立信 T28 手机的描述。

王光辉：用起来，怎么说呢，爱立信挺好的，我喜欢它够薄，外形挺特别的，天线扁扁的，又大。当时也没有彩屏的，全都是这样的。

在上述品牌产品知识叙事中，外形"够薄"，首先，具有独特性的意义。爱立信 T28 手机比当时的所有手机要薄，成为与其他品牌产品的差异点（Keller，2013）。其次，具有优异性的评价。"薄"的手机较"厚"的携带方便，而当时的手机一般显得厚，所以在产品的使用功能表现上更能满足其对"薄"的功能使用偏好。最后，作为独特性的"薄"和"扁大"的手机天线，能唤起消费者的正面情感——喜欢，也许还能表现自己的个性。

此外，研究还发现，某些知识内容如先进性和正宗性存在冲突性现象，优异性与品牌功能评价存在分离现象。关于这些，后面会进一步分析。

4. 隐含价值

在现有研究中，学者们从经验上假定品牌的物理特征提供品牌功能价值（Chaudhuri 和 Holbrook，2002；Keller，2003），很少关注联想节点本身的价值性质。这里的分析发现，消费者建构的品牌产品知识具有个人相关性，体现出消费者对不同的消费价值的寻求。它包括消费者寻求的自我取向和他人取向的价值（self-oriented versus other-oriented value）。所谓自我取向的价值，即仅仅为自我的原因而追求的价值取向（Holbrook，2002），如消费者建构品牌独特性、先进性，期望可以实现更好的品牌功能，提高自己的效率和使用方便性。所谓他人取向的价值，即因他人的原因而产生的价值。在消费过程中，消费者自己对品牌产品价值的评价取决于他人对品牌的反应或品牌怎样引起他人的情感。例如品牌的独特性可表达自己的身份，让别人加深对自己的印象。

总的来看，上述对消费者品牌产品意义建构的研究，从意义、意义建构的线索、知识水平和知识结构及隐含价值等方面更新、扩展和加深了消费者对品牌产品知识的理解。尤其是改变了现有的品牌产品认知只限于品牌物理特征以及品牌产品仅仅提供品牌功能性利益的基本观点。

（二）品牌产品意义的建构过程

在从知识体系上对品牌产品意义进行基本的分析后，接下来探索的问题是，品牌产品意义的建构是如何进行的。分析发现，每一意义成分的建构，除了存在表 3 – 1 概述的知识水平和知识结构、建构线索及隐含价值等特点外，在建构过程上也表现出自有的机制，表 3 – 2 概述了建构过程的这些主要发现。

表 3 – 2　品牌产品意义的建构过程

项目	现有研究状况	新的发现
一般性的意义	没有在品牌产品知识体系下完成概念定义	具有多个新的概念，每一概念有其知识水平和发生范围
建构条件	现有研究将品牌的性质唯一地定义为差异化，认为与竞争者的差异化是品牌存在和品牌知识分析的条件	各种意义建构在一定条件下发生，不同的意义建构存在不同的条件
建构情境	品牌存在于公司下，现有研究没有厘清公司相关信息对品牌产品评价的作用性质	公司相关信息没有一致地影响品牌产品意义的建构

1. 独特性

（1）一般性的意义。分析发现，品牌独特性是消费者在品牌认知、选择时与其经验中的其他品牌进行直接或间接比较而建构的品牌产品意义，它涉及与其他品牌相区别的产品相关方面，即它是其他品牌所不具有的产品相关特征。或者说，它是消费者关于目标品牌与其他品牌相比建构的独有的品牌产品意义。

上述发现似乎与学者们从品牌联想角度定义的品牌独特性是消费者关于某个品牌且不为竞争品牌所共有的品牌联想的理解具有一致性（Keller，1993）。但具体地看，消费者建构的这一品牌产品意义与现有理解存在明显的不同。首先，消费者建构的品牌独特性，它到底包含哪些方面的内容，现有研究通常认为其只包括构成品牌本身的属性的联想。但这里的发现超过了这一范围，它涉及品牌的原料、成分、配方、工艺、使用等多个方面。其次，关于品牌独特性意义的形成，是针对产品相关属性还是非产品相关属性，或者两者皆有，现有的理解是模糊不清甚至不加以区分的，也一直没有学者对其进行实证研究。这里从意义建构的角度，对此问题给予了澄清。消费者对品牌独特性知识的建构只针对品牌产品方面。

（2）意义的建构。品牌独特性作为消费者建构的品牌产品意义，蕴含于其直接的叙事中。例如，被访者向曼在护肤品品牌大宝的叙事中，其蕴含的品牌独特性意义就是如此。

> 向曼：可以说大宝的味道淡淡的，有点花香，就像如果你用点香水的话，给人的感觉品味比较高。它的味道很淡，给人的感觉很舒服、很优雅。但它的浓度可能是太稀了，没有那种纯的感觉。涂在手上，给人感觉是一半是水、一半是护手霜的成分。它涂起来给人感觉比较舒服，但是效果不太好。隆力奇感觉不是很好，但是效果比较好。

消费者对品牌独特性的建构，在某些程度上更多地来自对容易识别其不同性的品牌物理属性，如花香、水成分等。也有来自对不太容易识别差异性的产品属性的体验，如口味。例如，消费者关于百事可乐和可口可乐的口味差异，在访问中多数被访者提到两者没有差异。但也有被访者认为可口可乐的口味稍偏甜一些，如吴丽达对其独特性的建构就依赖于自己对其口味的感知。

> 访谈者：你是喝百事可乐的？
> 吴丽达：百事可乐。
> 访谈者：为什么不喝可口可乐呢？
> 吴丽达：没有什么选择的。可能是喝惯了吧，百事可乐应该近期一点的，可口可乐就悠久一点，其实也是口感问题。
> 访谈者：什么口感？

吴丽达：觉得可口可乐还是甜了一点，百事可乐没有这样甜。

访谈者：百事可乐没那么甜？

吴丽达：是啊，我觉得可口可乐比较甜。

分析还发现，消费者关于品牌独特性建构的线索涉及面较宽，涉及品牌产品的使用，品牌产品制造的原料、成分、配方、工艺等多个方面。尤其是那些品牌独有的产品特征是建构的重要线索来源。例如，被访者向曼将隆力奇品牌的原材料作为其建构隆力奇品牌独特性的主要来源。

向曼：当时它突出的是蛇油，还说是江苏一个蛇生物科技园利用蛇身上的一些营养素生产出来的，然后我觉得比较新鲜。中国人嘛，可能对中药比较注重，我感觉它有点像中药那样，然后我就会容易接受一点。

在分析中，还发现了公司相关信息与品牌产品意义建构的关系问题。尽管公司形象是近年品牌研究的热点主题，学者们普遍认为，公司形象影响品牌的产品评价（Berens 等，2005；Brown 和 Dacin，1997）。但是，这里的分析发现，作为公司形象联想重要来源的公司规模、地位、历史、所在地等各种相关信息对品牌产品意义建构的影响并不是普遍性的。消费者对品牌独特性的建构，与公司相关信息如公司规模、地位、历史、所在地无关（而后面分析的品牌先进性等意义的建构是与其有关的）。但是，消费者对品牌独特性的建构在某种程度上受到公司的品牌定位和营销策略的影响。例如，即使对于市场中的主导品牌，定位和营销活动的相似性或雷同也将消减消费者对品牌独特性的评价，使品牌失去影响消费者品牌选择的力量。刘坚强对可口可乐和百事可乐的品牌独特性的评价就是这样一个例子。

刘坚强：我觉得这两种（可口可乐和百事可乐）都差不多，我觉得这两个公司，如果有可能的话，合并算了。我觉得它们是一样的，好像是双胞胎，做的都差不多。可口可乐请明星，百事可乐请足球明星，百事可乐赞助校园活动，可口可乐也做。觉得它们两个的营销模式是一样的。如果让我选择百事可乐还是可口可乐，作为我自己，我都会没有偏见的，我会随便拿一瓶的。

从上述分析很容易发现，品牌独特性影响品牌优异性的评价。而且，消费者建构的品牌独特性意义，一方面，具有自我价值取向的性质。消费者寻求品牌独特性，在于它有利于消费者选择最能满足自己功能性需要的品牌。例如，向曼关于护肤品牌大宝的独特性，吴丽达对可乐品牌的独特性描述都是如此。另一方面，它又具有他人价值取向的性质。向曼在讲述自己购买第一部手机时，没有考虑家人当时使用的西门子、飞利浦和 TCL 品牌，而是选择了他们没有使用过的品牌诺基亚。从其叙事中发现，除了通过品牌选择本身表达自己的个性外，品牌独特性也可以担当表达个性的作用。

向曼：他们（指家人）已经是很早的时候买（手机）的了，屏幕是黑白的，不是彩色的，再加上我不喜欢和别人的一样。只要家里人有的，我就不会再买，因为我不喜欢和别人一样的。就算别人选手机还是会有人和我选一样的，但我的铃声还是会不一样的。上课的时候，别人说这个观点，我是绝对不会再说这个观点，因为你说过了，我不想重复别人的观点，想法也会不一样的。我是比较主张个性化的，有自己的想法和观点。所以我不想和家里人的一样。

需要指出的是，在所有访谈中发现，消费者对品牌独特性的建构，并未指向品牌的非产品相关属性。换言之，消费者对品牌的非产品相关方面，例如个性、使用者形象的认知，并不是直接通过品牌独特性的途径发生的，具体来说，就是未通过品牌之间的比较而发生的。但对这一情形的分析超出了本研究范围而从略。

2. 先进性

（1）一般性的意义。分析表明，品牌先进性是消费者关于品牌的技术、制造、工艺、功能设计等发展水平而建构的品牌产品意义。它是在品牌属性水平上对品牌产品发展水平的多维度的描述。以前并没有学者对品牌先进性予以关注，这里的发现首次明确了这一概念。还需要指出的是，它的意义不同于现有的产品先进性的含义。一些学者在研究公司形象时提出了产品先进性概念。其中产品先进性（product sophistication）被定义为产品表现最新技术发展的程度（Berens 等，2005；Brown 和 Dacin，1997）。此外，Biel（1993）分析品牌形象时认为消费者的品牌联想中含有体现先进性的技术属性。但从这里的发现来看，消费者建构的品牌先进意义不但包括品牌产品发展的技术，而且还涉及制造、工艺和功能设计等方面。显然，消费者建构的品牌先进性不同于仅从技术上来理解的产品先进性的概念。

（2）意义的建构。在品牌叙事中发现，品牌先进性意义来源于对品牌的技术、制造、工艺等发展水平的直接判断。

> 向曼：我是觉得他们（指国产手机商）做的是低层次的加工和包装，虽然还很好，但是核心技术不是他们的，所以他们还是属于低层次发展的。从这个层面来说，我觉得外国的手机技术会好一些。

但更多时候，消费者建构的品牌先进性是其在对品牌的新功能、功能的多样化、功能的优异性以及功能的简明化感知的基础上通过推断而产生的。被访者张建凯对品牌的先进性意义的建构就是如此，尽管它是与品牌的优异性的建构交织在一起的。

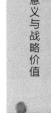

访谈者：是啊，你用了那么多手机，用过之后觉得它们技术（发展）上有不一样（的地方）吗？

张建凯：有啊。觉得，就说诺基亚的系统，比较人性化吧，就用起来会……用得比较多的功能它都有，用起来比较方便。但是摩托罗拉，那个品牌，那个系统，其实很复杂的。以前用V66，一拿出来，都不会用。一定要看说明书。索爱的，我觉得，觉得它跟诺基亚有得比，系统用起来都比较好，功能都比较好。但是诺基亚就是没有太多的花式吧。你听它的那个铃声，它不会像三星那么好。它怎么发展都不会有三星那么好。因为如果你侧重那个功能方面，其他方面就相对降低了嘛。就比如三星，三星的铃声和屏幕会比较好，但是功能就没有诺基亚那么多。诺基亚，人性化一点，它用起来……比如按短信来算，因为输入法不同，早期输入法，索爱和摩托罗拉都是用九笔的，当时年轻人都是爱发短信，用起来就觉得比较麻烦。但是诺基亚和三星都是用五笔的，就比较好。还有就是智能的，我觉得Panasonnic（松下）的会比较好。你打出来一个字以后，它会给出一些字给你选择，而且看的字比较多。你打出来，让你选。速度也比较快。不同的字，有不同的识别按键，不同的机有不同的速度。比如一个字，有些打三笔，有些打五笔，当然三笔的快。九笔的分得很细，很麻烦的，不知怎样拆字，人家用五笔的，很方便的。识别的速度不一样。

此外，品牌先进性意义的建构，还可从品牌质量的推断中产生。被访者吴丽达认为当前国产品牌手机的质量不如外国品牌，认为其在技术方面落后于外国品牌，技术不好，产品容易坏、不耐用、使用不稳定。在消费者看来，国产品牌的技术不好实际上是技术不成熟，尚未达到与其竞争的外国品牌的水平，暗含着先进性不足的意思。

访谈者：为何不愿意购买国产手机？

吴丽达：因为现在国产的技术不算是非常成熟，而且它的信号不是很好。

访谈者：为什么呢？

吴丽达：返修率比较高，对它的信心不是太强。

访谈者：你怎么知道技术不强？

吴丽达：很容易坏。

访谈者：你都没用过，你怎么知道？

吴丽达：朋友用过。

访谈者：你朋友有（国产手机），他用的是什么牌子？

吴丽达：海信。

访谈者：海信，它是有手机。

吴丽达：也有人用TCL，他们都觉得电池很不耐用，信号也不是很好，就像小灵通一样，经常会断掉。

访谈者：这样的，那你说是技术不行，指的是什么意思？

吴丽达：比如说，摩托罗拉掉在地上几次都不会摔烂，但是那些国产的一些手机，掉在地上一次就要去修屏幕了。

访谈者：要去修，那这是技术问题吗？

吴丽达：我觉得是质量有问题。

访谈者：技术与质量有关系吗？

吴丽达：我觉得如果技术不好，质量也不会好。

访谈者：技术不好，质量也不会好？

吴丽达：不是说它技术不好，而是技术不成熟，试验阶段，还不算太稳定。

从上述叙事中也能发现，消费者建构的品牌先进性影响品牌独特性和优异性评价。在价值上，它具有自我和他人价值取向的性质，即高的品牌先进性可更好地满足消费者的功能性需要，也能表达自己的个性。

品牌先进性的建构与消费者认知的品牌归属的公司背景如公司的地位、规模、历史及管理水平等信息有关。向曼、吴丽达对国产品牌产品的先进性判断就显示了它们之间的关系。而刘坚强的叙事更加强调了这种关系。因此，公司相关信息是影响品牌先进性意义建构的先行性因素。

> 刘坚强：……首先质量上面，诺基亚是公认的耐摔，它有这样的核心技术。联想的话，虽然也耐摔，但是有这样经验的人很少。还有一点就是它是国外的品牌，它穿着洋装，我们有一种思维定式，就是觉得它质量好，它会提供一种好的售后服务。国内的企业也行，但这方面做得不够好，就售后服务来说，诺基亚作为国际企业，它的管理也是先进的，管理水平这样好，技术水平这样高，一样的价钱，我为何不选择诺基亚呢？

3. 正宗性

（1）一般性的意义。分析被访者的品牌叙事发现，消费者关于品牌正宗性的意义建构集中于品牌产品的延续性或非变化性上，即消费者认为当前品牌产品生产的原料、工艺、技术及来源地与其起源时相比保持稳定的状况，它表征了品牌产品的本真性或纯真性（genuineness）。品牌正宗性体现了消费者关于品牌产品认知的一致性动机或期望（Beverland，2006）。这一概念定义也初次表明了消费者对日常生活中的消费品牌产品属性的稳定性存在普遍性的期望。而且，它与消费者对文化产品、奢侈产品、历史产品等品牌正宗性的认知有所不同，后者除了涉及与产品有关的风格一致、质量承诺、来源地关系、生产方法等外，还具有文化上的含义（Beverland，2005，2006；Brown 等，2003；Peterson，2005）。但这里对日常消费品牌产品意义建构的分析表明，消费者对品牌正宗性意义的建构仅针对品牌的产品方面。①

---

① 一些营销学者在奢侈品的相关研究中，将正宗性（authenticity）定义为"真实性"。这一定义的对立点是赝品/伪造品牌。就本研究发现而言，"真实性"的定义只体现了消费者关于正宗性的极端而不是全部的含义。

（2）意义的建构。品牌正宗性的建构，可能与消费者接受的品牌产品定位或其长期接触的品牌产品有关。例如，对麦当劳和肯德基，消费者根据其品牌定位确定的产品类别建构了品牌正宗性意义。

王光辉：（麦当劳和肯德基）吃起来都差不多，反正都是炸的。

访谈者：但有些年轻人会喜欢麦当劳，有些人喜欢肯德基。

王光辉：这个我就不知道了。

访谈者：如果是你，你会去哪一家？

王光辉：肯德基多一点，不过如果你去了十次肯德基也会想去一次麦当劳吧。

访谈者：那你为什么去肯德基比较多呢？

王光辉：可能我比较喜欢吃炸鸡吧，而麦当劳主要是汉堡包，当然它也有炸鸡，但品牌就是这样，人就是这样，很难说的。看你要吃炸鸡还是要吃汉堡包吧。

在中国市场中，国际品牌和老字号是消费者经常接触的品牌类型。在国际品牌上，消费者对品牌正宗性的建构，主要来自其对国际品牌的产品相关特征是否与原产地一致的关注。例如，品牌产品是在品牌起源地国家生产的，这样才可称为原装货，原装货即正宗货，而正宗货意味着更高的优异性。品牌产品原产地的改变，意味着原料、生产工艺和技术的改变，会给品牌产品表现带来影响。每一位被访者对品牌正宗性的建构都显示了这一潜在的意义。例如，被访者张建凯、吴丽达和李惠贤的品牌正宗性叙事就是如此。

访谈者：购买 NEC 手机花了多少钱？

张建凯：两千多。当时有两个电池、两个充电器，看了它的配置，都是两个原装的电池板，还送一个耳机。但是，但是后来，过了三个月左右，它就便宜了，价格降了两百多吧。

访谈者：你为什么选这个牌子（一个托人从香港带回来的日本护肤品牌子）呢？

吴丽达：因为她用过，她觉得好，然后介绍给我的。那时候我说在广州买，她说广州这里水货比较多，不是真正的牌子，要到香港那边才会有真正的卖，而且价格会比这里便宜一半。

李惠贤：（提到SK-Ⅱ品牌时）就是原产地不是广州，或是那个配方和技术不是广州。现在很多牌子都在广州生产了。像曼秀雷敦，原先技术也不是这边的，但现在都已经在东莞设厂生产了。所以说这些算进口的吗？其实都（仅）是在这里生产而已。

值得指出的是，消费者对国际品牌正宗性的意义建构虽然涉及了品牌的原产地变化，但其含义与原产地效应（Schooler，1965）即原产地形象影响消费者对品牌产品的评价和对品牌态度的含义是不同的。从访谈结果看，品牌正宗性是原产地效应产生的原因。这一发现可为品牌的原产地效应提供新的解释。

在当前中国市场环境中，一些俏销的国际品牌，往往会有水货或假货。而对正宗性的破坏，最极端的情形就是假货。例如李惠贤关于假货的定义：

访谈者：那水货是什么？

李惠贤：水货就是假货。

访谈者：水货就是假货吗？

李惠贤：是啊，我们说的水货就是有些人偷运回来的，并不是当地生产的，我们认为水货都有点假货的成分。

对于历史品牌，如老字号，消费者关于品牌正宗性的建构主要体现在原料和生产工艺与过去相比的一致性上。如王光辉关于王老吉品牌的叙事。这一概念的意义表明，随着品牌在市场生存时间的延长，品牌正宗性会越来越受到消费者的关注。

> 访谈者：现在王老吉除了有罐装的，还做广告呢！
>
> 王光辉：它转变了，它这样已经变成一种饮料了，其实喝下去，跟煲的不一样的，是一种清凉饮料。从心理上说，不一样的，是甜的，喝完可能更加不好。没有原来的味道了。

对上述叙事的分析还发现，品牌正宗性影响品牌优异性和品牌功能的评价。同时，由于它是消费者建构的品牌稳定性状况的意义，其中也体现了消费者对品牌在时间和环境的变化中不关注竞争者而是自身坚持保持一致的期望。在竞争者不断发生变化时，这种自我保持的品牌一致性，又具有了独特性的含义。因此，品牌正宗性影响品牌独特性的建构。这与以往学者对非消费产品品牌的分析是一致的（Jones 等，2005）。此外，消费者建构的正宗性与先进性是两个相对的概念。正宗性体现了消费者对品牌稳定性状态的期望，而先进性体现了其对品牌创新发展变化的期望。

相对而言，消费者对品牌正宗性的建构显得较复杂，但其对品牌正宗性的寻求，在实现更好地满足自己对品牌的功能需要这一自我取向的价值上是相当明显和清晰的。同时，分析还发现，尽管品牌的原产地变化是品牌正宗性知识建构的主要线索之一，但品牌正宗性的建构与消费者获得的公司其他信息如公司的地位、规模、历史等无关。

4. 优异性

（1）一般性的意义。分析发现，品牌优异性是消费者为实现自己的目标，对不同品牌产品及其表现进行比较评价而建构的品牌产品意义。消费者对品牌优异性的建构涉及原材料、生产工艺、生产加工质量、做工、使用效果水平等方面。消费者对品牌优异性的建构，总体上类似于经验上理解的消费者对于某个品牌在同类产品品牌评价上的超出水平，但意义分析的结果使现有的经验性理解更加清晰化。此外，这一意义的发现和进一步定义，可弥补品牌研究者们重视差异化、忽视品牌优异性的问题。例如，Keller（1993，2013）在其品牌知识的分析框架中就没有建立品牌优异性的概念。

分析还发现，消费者建构的品牌优异性不同于以往学者们提出的产品感知质量和顾客价值这两个概念。消费者建构的品牌优异性意义，包括但显然不限于产品感知质量的含义（Zeithaml，1988）。同样，与顾客价值概念相比也有类似差异。顾客价值的研究者认为，企业的竞争优势来自向顾客提供超越竞争对手的优异顾客价值（superior customer value），而顾客价值是顾客在特定使用情景下，为实现自己的目标，对产品属性、属性表现以及使用结果的感知性偏好与评价（Woodruff，1997）。显然，顾客价值的定义范围只涉及产品本身及它在属性、属性表现等不同水平上的评价，而消费者建构的品牌优异性意义，不但涉及由产品属性构成的产品本身及使用效果，还包括原材料、工艺等多方面的评价。此外，顾客价值的定义针对顾客、产品而非品牌，而优异性是消费者对品牌做出的产品意义建构。

（2）意义的建构。消费者可以通过自己对品牌的使用经验建构品牌优异性意义。例如被访者刘坚强对耳机产品优异性的叙事，涉及品牌产品的原材料、工艺和效果等方面。

> 刘坚强：有一种是我高中时候用过的耳机，但是当时没有什么钱，不过有同学买了，那种耳机边上有个空气囊……空气囊就是形成一个封闭的空间，让重音得到体现。一般来说，譬如你在听歌，通常会有重音炮来制造重音，如果没有重音，这个声音就会非常飘，压不住。但是好的耳机，它制造重音的能力比较强，感觉有点……就是在音乐室的感觉，我觉得跟封闭做得好不好有关系。如果有空气囊软边，就可以封住边，让你耳内的空气可以充分振动，这样能让重音更好地体现。
>
> 差一点的耳机，有点不好的就是，会有电流声，哧哧的电流声。有一些测试软件让你测试，但是你最好去听女生唱的歌、女

生讲的话，因为女生的声音比较尖，说话会比较爆，有爆破音，如果是差的耳机，接收这种爆破音就是咔的一下，很不舒服的声音。还有一点就是差的耳机，音量调得很大的时候，背景噪声很大，听起来很不舒服。但是好的耳机，音量调得很大的时候，仍然很清晰，就是对声音的控制好。

即使对选择的品牌产品没有直接的使用经验，消费者可以通过感官判断、二手来源信息以及先前的经验建构品牌优异性意义。被访者张建凯关于品牌优异性的叙事就体现了这一点。

你就不能分析（手机）哪一个好，哪一个差。所以你只能在网上自己看，有一定认识之后才能去买一东西。人家跟你说的时候，你也会懂那些东西。比如说那个屏幕，有好几种类型。有一种 TFT，有一种是 SD 什么的，反正就是好几种。还有一些待机时间，你也要查看一下。你主要是看电池的容量吧。还有……再看……一下功能。你需要的功能，还有附加的功能，你才会去买。

品牌优异性对品牌功能的评价产生影响，如上述被访者刘坚强对耳机的评价。但是，消费者对于品牌的优异性评价与功能评价存在可以分离的现象，即消费者对品牌的功能评价并不高，但对于某一项或几项品牌产品属性仍给予较高的评价。例如刘坚强对自己目前使用的中兴（ZTE）手机评价并不高，但对于电池的过充保护和耐用时间两项产品属性还是给予了较高评价。

刘坚强：我不交替使用电池的，我手上只有一块电池板。因为我这个手机有个功能我比较喜欢，就是手机充电保护功能，就是你插上这个东西充电，充满之后会自动断电，不会让你过充。有时候，我晚上睡觉的时候，突然发现只有一格电了，明天肯定支持不了，那我就把它充电，充满了，明天就可以去活动了。我比较喜欢这个功能……

消费者对品牌优异性知识的建构，仍体现了其对品牌实现更好满足自己功能需要这一自我取向价值的追求。

与品牌先进性一样，消费者对品牌优异性的建构与其获得的品牌相关信息有关。这些信息涉及公司的规模、地位、历史、所在地等，它们成为影响品牌优异性建构的先行性因素。例如，消费者往往认为外国品牌在质量、服务上比本土品牌具有更高的优异性的评价就是这一体现。

5. 品牌功能

（1）一般性的意义。在品牌叙事中发现，消费者建构的品牌功能意义就是其在使用品牌时评价品牌产品适合、满足其生理、使用习惯和情境需要的能力。消费者根据建构的品牌独特性、先进性、正宗性和优异性对其形成评价。品牌功能通常被理解为消费者对品牌的功能性利益（functional benefits）或实用性价值（utilitarian value）的表征（Hirschman 和 Holbrook，1982；Lefkoff-Hagius 和 Mason，1993），满足消费者关于问题解决或规避的需要。但消费者建构的品牌功能意义不止于此，它是消费者对品牌在实现品牌功能性利益基础上的进一步个性化定义，即它是品牌满足消费者个性化的功能需要的能力，或消费者感觉品牌产品适合自我生理、使用习惯和情境的表现水平。

在品牌研究领域，虽然品牌功能早已被认为是品牌的基本性利益（Keller，1993，2013），但对消费者关于品牌功能建构什么样的意义，由于品牌研究者们热衷追逐新概念，这一司空见惯的基础性问题反而不被重视，也几乎没有见到专门性的研究。上述对消费者建构的品牌功能意义的分析，明确了品牌功能性利益是消费者定义的品牌能为自己做什么的问题，也进一步加深了对现有经验定义的理解。

（2）意义的建构。品牌功能作为消费者对品牌在实现功能性利益基础上进一步的个性化定义，集中体现在根据个人需要对其做出的评价性描述。"我真的是感觉它（隆力奇）比较好用"，"好用"是消费者对这一品牌功能意义建构的绝妙概括。

> 向曼：隆力奇的效果好，而且它的性价比很好，它的价格不会让你觉得很高，十块钱左右吧，六块钱的好像也有。它的性价比比较好……再加上，我真的是感觉它比较好用，其他宣传都是借口而已，我觉得任何公司都会做。

分析发现，消费者从品牌适合个人生理特点上建构的品牌功能意义涉及多个方面。其中与自己或家人是否适合是其中的关键。例如被访者李惠贤为小孩购买的洗发水使用的是强生的无泪配方产品，使用这个产品在使用时不会刺激小孩的眼睛。在消费者看来，品牌功能与自己的要求相适合，哪怕购买品牌的价格更高一些也是值得的，如李惠贤在选择洗发水品牌和眼霜时，充分考虑到品牌要适合自己的头发、皮肤的特点或要求。

> 访谈者：海飞丝与别的品牌有什么不一样？
> 李惠贤：就是海飞丝价格贵一点，与其他洗发水品牌比，它的价格贵一点点。但是特价的时候我都会买。
> 访谈者：那你就经常用贵的啦？
> 李惠贤：不是啊。其实像一个人年纪大了嘛，那个头发会不断不断地掉，然后都会说对自己好一点啦，买好一点的东西自己用，所以买好一点点的……
> 访谈者：那为什么眼霜就会买贵一点的？
> 李惠贤：比如说大宝就没有眼霜。
> 访谈者：那也有其他便宜的吧？
> 李惠贤：太平（太便宜）就担心起不到那个效果啰。眼睛容易衰老啊，最薄的皮肤就是眼皮。

被访者吴丽达也明显从品牌适合个人生理特点上建构品牌功能意义，尤其在使用化妆品方面，她非常清楚地知道自己这样的年龄适合使用什么品牌，这样是否容易吸收，是否会油腻，是否会引起皮肤的过敏反应。自己购买柔肤水、眼霜产品时选择了欧莱雅而不是玉兰油就是这样。为了找到适合自己的欧莱雅产品，她还会付出特别的努力，到互联网上搜索欧莱雅相关的产品信息，觉得适合自己，就会去大商店里买下来。

> 吴丽达：我觉得它（欧莱雅）这个牌子比较适合我们用，以我们现在的工资来说。如果是玉兰油，那就贵了点，而且不适合我们这个年龄用……因为玉兰油比较适合那些中年人，也就是说差不多到三十（岁）这样的人用……
>
> （欧莱雅）就是在柜台那里，会有试用装，有些是朋友带回来的，但都不是我想要的那种，比如说眼霜、面膜之类的，这些不是我想要的那种，我只好上网具体地去了解……觉得适合了就去大商店买。

至于涉及与消费者使用习惯相符性方面的品牌功能意义的建构，在被访者张建凯关于手机品牌选择的叙事中得到了很好的体现。

> 访谈者：你原来是用直板机的，为什么现在不再继续用直板机呢？
>
> 张建凯：因为用多了直板机，就觉得不太好用，麻烦。因为总是要开关键盘。
>
> 访谈者：为什么啊？
>
> 张建凯：因为你要锁键盘啊。你不锁键盘，就会不小心按到键盘。
>
> 访谈者：都会这样吗？
>
> 张建凯：是啊。因为如果你一直都开着，放在裤袋里面，就

会不小心按错键，会打出电话。会有这样的情况。如果锁了键盘，就不能用的，所以觉得麻烦，就想用一下翻盖机。

很容易发现，品牌功能为消费者提供自我取向的消费价值，即它的价值水平取决于为消费者提供自我解决或规避问题的能力，而与是否满足别人无关。这一发现意味着，消费者通过意义建构形成的品牌产品知识具有目标取向（goal-oriented）的性质（Huffman 和 Houston，1993；Markman 和 Brendl，2005）。

消费者对品牌功能的建构，与公司相关信息如地位、规模、历史、所在地等可以无关，如向曼关于护肤品牌尤其是隆力奇使用经验的叙事。但也可能有关，如向曼、吴丽达关于手机使用经验的叙事。在后一种情形时，公司相关信息的影响往往与其先影响品牌先进性的意义建构进而影响品牌功能的评价交织在一起。

另外，消费者建构的品牌独特性、先进性、正宗性和优异性意义是品牌功能评价的先行变量，但其影响却未必一定有效。某个品牌产品，虽然在某个方面上被认为表现突出，如具有独特性、先进性、正宗性或优异性，但因不符合消费者的自身状况或使用习惯未能满足消费者的需要，品牌功能的评价可能并不会发生，或其评价水平不会得到提升。例如，刘坚强对中兴（ZTE）电池板的优异性评价并未提升其对该品牌手机使用功能的评价。有时候它们甚至因与其不相关而显得没有价值。例如，被访者向曼描述肯德基的玉米味道不错，在杯中一粒一粒的，看起来做得很漂亮，但她认为它属于垃圾食品，对自己身体无益。

（三）先行变量与后向影响

1. 品牌产品知识的先行变量

什么会影响消费者品牌评价的问题一直是品牌研究的核心问题。学者们最早关注到品牌内部、外部线索及其不同效应的问题。这可追溯到 20 世纪 50 年代开始的对消费者以价格作为质量指示器现象的研究（Park 和 Lessig，1981；Rao 和 Monroe，1989；Rao 和 Sieben，1992）。Rao 和 Monroe（1989）对过去多项研究进行回顾后发现，品牌名、价格等外部线索与品牌产品质量评价具有相关关系。另一些研究则认为，消费者对内部信息或外部信息的加工影响品牌评价。其中内部信息涉及消费者内部记忆的知识方面，外部信息涉及广告、口碑等方面。消费者行为的研究者主要关注内部信息，如产品熟悉程度、技能、产品类别信息、主观和客观知识的加工（Alba 和 Hutchinson，1987；Mitchell 和 Dacin，1996；Park 等，1992；Park 等，1994），并不关注外部信息（Russo 和 Johson，1980）。品牌研究者们主要关注外部信息的来源与作用而不重视内部知识的加工。品牌研究者们早前一直关注品牌知识的直接外部来源及其作用，例如消费者的广告接触、与销售人员的互动、产品使用等如何影响其品牌认知和选择（Hoeffler 和 Keller，2003；Yoo 等，2000）。近年来，品牌研究者们在品牌知识的分析中对其来源范围进行了扩展，提出与品牌间接相关的人、事情、地区及其他品牌次级实体也可以形成消费者的品牌联想。当次级实体的联想与品牌属性联想建立联系时，就实现了品牌的杠杆效应（brand leveraging）（Keller，2003）。

上述发现为理解消费者的品牌评价提供了多种解释。但是，现有研究忽略的一个重要问题是，消费者关于品牌的整体认知本身是否会影响品牌产品评价。分析发现，消费者对品牌形成的整体性认知概念——品牌原型（brand prototype）影响品牌产品意义的建构。

品牌原型是消费者在品牌类别化过程中形成的关于品牌的共同性知识。作为品牌认知的一般性概念，品牌原型体现了消费者对品牌应该是什么样的基本期望（蒋廉雄和朱辉煌，2010；蒋廉雄等，2010）。研究发现，消费者以品牌原型作为认知标准，通过品牌类别化形成对品牌的整体判断，这一整体判断又影响消费者建构品牌独特性、先进性、正宗性、优异性及品牌功能的评价。被访者认为，大的品牌例如中国市场中的国际品牌通常具有更高的独特性、先进性、优异性和更好的功能表现。

　　王光辉：进口的电视机与国产的对比来说，进口的颜色要顺眼一点，国产电视会差一点，真的要差一点。

　　刘坚强：……我戴的是索尼的（意味着大牌子），当时买的时候大概是七八十元吧，是索尼的，就是白色的那种，它的设计是有弧线的，就是跟一般的耳机不同。

　　向曼：我觉得中国的手机可能核心技术是没有掌握的，是需要向国外知名品牌购买核心技术使用权的。我觉得他们做的是低层次的加工和包装，虽然还很好，但是核心技术不是它们的，所以它们还是属于低层次发展的。

　　至于品牌原型与正宗性的关系，在被访者的叙事中没有呈现，例如并没有发现是否"大"的品牌比"小"的品牌可能更难保持品牌特征的稳定性的叙事。但两者是否存在潜在的隐性关系，可在后续的定量研究中予以澄清。

　　2. 与品牌非产品相关知识的关系

　　学者们虽然对品牌物理特征认知形成品牌功能评价具有一致性的观点，但是，很少关注品牌产品和非产品相关知识的关系。在所见的分析中，存在不一致甚至冲突性的观点（Keller，1993；Lefkoff-Hagius 和 Mason，1993）。例如，Keller 关于它们的分析建立在两者并行无涉的假定上，而其他学者们认为消费者在功能性利益属性和形象属性认知之间可能存在联系（Lefkoff-Hagius 和 Mason，1993）。确认这一问题也是品牌研究中的重要问题。这里对此进行了分析，澄清了过去观点，并获得了新的发现。

　　（1）品牌产品知识与品牌沟通和体验相关知识的关系。消费者的品牌沟通和体验相关知识包括品牌情感和品牌关系，品牌产品知识影响品牌沟通和体验相关知识的建构，这一关系在被访者的叙事中均存在，并可从属性水平和品牌水平两个层面来分析。

在属性水平层面，品牌独特性、先进性、正宗性和优异性影响品牌沟通和体验相关知识。前面分析过的被访者王光辉对爱立信T28手机独特性、优异性影响其情感的描述就是如此。同样，向曼关于翻盖手机天线具有的独特性引起其情感反应的叙事也表明了这一关系的存在。

> 向曼：摩托罗拉我是比较喜欢那个直板的，不像很多女生喜欢翻盖的，因为天线在旁边，竖着像一个小棍子，一看就有点讨厌的样子。

而品牌正宗性的建构影响品牌情感的关系也是明显的，被访者王光辉关于王老吉的正宗性的变化引起的情感反应呈现了这种关系，向曼的叙事也呈现了这种关系。

> 向曼：因为以前化学材料加工技术比较低，现在精选了粮食做的，没有了那些米糠，没有这样香，而且有一种文化内涵在里面，会有诗，也有专业技术。但现在只会说酒精度是百分之多少，甚至发现用甲醇、乙醇去兑，然后想现在还有多少香味是来自粮食呢？我怀疑的。

分析发现，品牌产品知识的建构也有利于维持消费者与品牌的关系。但值得指出的是，品牌正宗性与消费者和品牌的关系是隐性的。被访者对正宗性的建构是在认知上期望品牌产品历经时间保持一致，这实际上隐含着品牌正宗性在潜在地维系消费者与品牌的关系。

在品牌水平层面，品牌功能评价影响品牌沟通和体验知识的建构是明显的。首先，品牌功能的高评价可唤起喜欢情感，当品牌功能性利益符合消费者的偏好和习惯时容易唤起被访者的品牌情感，例如被访者王光辉提到的年轻人喜欢肯德基的口味、可以打包带走、可以一个人单独去吃或两个人去吃（但当地的老字号"清平鸡"不能这样吃）就是如此。其次，品牌功能的评价影响品牌关系。例如被访者李惠贤关于护肤品中的七日香的叙事。

> 李惠贤：因为基本上这个护发素（七日香，当地的一个老牌子）还比较好用，有时也用很多其他牌子的焗油膏，感觉不是太好，干脆就换回它，价廉物美。

可以发现，品牌产品知识与品牌沟通体验知识的建构具有关联性，它进一步延伸了品牌的自我取向价值。品牌产品不但为消费者提供自我解决或规避问题的能力，即功能性利益，而且也达成消费者情感方面的满足。

（2）品牌产品知识与品牌社会相关知识的关系。品牌产品知识影响品牌社会相关知识的建构。

这一关系首先表现在被访者关于品牌独特性、先进性、正宗性、优异性的建构与品牌个性和品牌象征存在关系，而且是明显和清晰的。例如，在被访者王光辉对手机独特性，刘坚强对手机先进性、优异性的叙事中，均发现它们影响其对品牌个性和品牌象征的建构。

> 王光辉：我会看款式，因为年轻人，如果合适的话都会选择，因为都是第一次买，肯定想买好一点，好看一点，是不是。不过当时没有这个选择。
>
> 刘坚强：我比较喜欢这个（手机的直接充电）功能，但是现在很多手机都有这个功能，特别是比较先进的两三千的商务机，它有些可以携带一个蓄电池，你不需要有插头，通过蓄电池输电进去就行了，这个就比较高档一点。

其次，在品牌水平层面上，品牌功能与品牌个性和品牌象征的建构存在关系。分析发现，品牌功能不但满足消费者解决或规避问题的具体性需要（Keller，1993，2013），而且有助于表达消费者的品牌个性。被访者刘坚强叙述的"戴上这个耳机，别人就会觉得很不一样"就暗示了这种品牌功能与品牌个性和品牌象征的关系。尽管这种品牌功能是由某种品牌产品意义，如刘坚强的叙事中蕴含着的品牌独特性所产生的。

> 刘坚强：通常（功能）越好的手机，它的设计就是不同，鹤立鸡群，你戴上这个耳机，别人就会觉得很不一样，会问你带这样的耳机。

品牌产品知识与品牌社会相关知识具有结构上的关系，它赋予品牌以他人取向的价值。因此，品牌产品不但为消费者提供适合自我的功能性利益，而且提供表达个性和社会象征的利益。

综合来看，进行品牌不同知识类型的关系分析发现，品牌产品不仅仅提供功能性利益，而且赋予品牌以情感、个性、象征等非功能性利益。上述分析不但进一步发现了品牌产品的潜在价值，而且扩展了现有研究认为的消费者对品牌的非功能性利益的获得主要依靠价格、包装、品牌形象、广告等品牌非产品方面信息的观点（Keller，1993）。

（四）总结

本节对消费者通过品牌产品意义建构形成的品牌产品知识进行了发现取向的研究。在发现和梳理品牌产品知识的内容，识别意义建构过程及其作用的基础上，对其概念定义、知识水平和知识结构、发生的性质和条件、前后向变量关系等进行了深入的分析。表3-3总结了研究的主要发现，它们初步构成了品牌产品知识的一个理论框架。

表 3 - 3　品牌产品意义分析总结：一个理论框架

项目	核心含义	发生性质/条件	内部关系	前、后向影响	情境	知识水平	隐含价值
品牌产品知识	对品牌的物理特征、原料、生产工艺、技术、制造、做工、营销策略通过建构形成的意义系统	品牌产品知识的变化影响品牌功能的评价	属性水平知识之间存在多维关系；属性水平与品牌水平知识存在多维关系	品牌原型作为先行因素影响意义建构；对品牌非产品相关知识的后向作用	消费者在与品牌、营销者、消费者的互动中建构	具有属性和品牌层次	提供功能、情感、象征性利益
独特性	对品牌建构拥有其他品牌所不具有的产品方面的意义	与其他品牌的比较；影响品牌功能评价	影响优异性；影响品牌功能评价	品牌原型作为先行因素对其产生影响；影响品牌情感、品牌关系；影响品牌个性、品牌象征	与公司相关信息无关	属性水平	提供功能、情感、象征性利益
先进性	对品牌产品的技术、制造、工艺发展水平建构的意义	与其他品牌的比较	影响独特性、优异性；影响品牌功能评价；与正宗性存在冲突	品牌原型作为先行因素对其产生影响；影响品牌情感、品牌关系；影响品牌个性、品牌象征	与公司相关信息有关	属性水平	提供功能、情感、象征性利益

项目	核心含义	发生性质/条件	内部关系	前、后向影响	情境	知识水平	隐含价值
正宗性	对品牌产品方面的延续性或非变性建构的意义	与品牌先前状态的比较	影响独特性、优异性；影响品牌功能评价；与先进性存在冲突	品牌原型作为先行因素对其产生影响；影响品牌情感、品牌关系；可能影响品牌个性、品牌象征	与公司所在地信息有关，与公司规模、地位、历史等信息无关	属性水平	提供功能、情感、象征性利益
优异性	对品牌产品方面超出其他品牌表现水平建构的意义	与其他品牌的比较	影响品牌功能评价；与总体评价存在分离现象	品牌原型作为先行因素对其产生影响；影响品牌情感、品牌关系；影响品牌个性、品牌象征	与公司相关信息有关	属性水平	提供功能、情感、象征性利益
品牌功能	对品牌建构满足消费者个性化的生理自我、使用习惯和情境需要能力的意义	与消费者的自我期望的比较	通过建构属性水平的品牌产品意义的内容和结构形成品牌功能评价	品牌原型作为先行因素对其产生影响；影响品牌情感、品牌关系；可能影响品牌个性、品牌象征	与公司相关信息可能有关，也可能无关	品牌水平	提供功能、情感、象征性利益

五 讨论

（一）对品牌产品知识理论的发展

针对品牌研究和营销实践中存在的品牌"空心化"现象，引入社会认知中的意义建构理论及应用现象学访谈方法，通过理解消费者的品牌产品意义建构，将品牌产品知识研究从现有的对具体结果的获得和描述推进到一般化的理论建构。而且，研究发现为重新定义品牌产品知识，改变品牌产品知识研究的不足和落后状况，重新理解并进一步重视产品在品牌建立中的地位和作用，促进品牌化理论的平衡发展提供了初始性的依据。

1.通过理解品牌产品意义建构提出了品牌产品知识的理论框架

对品牌产品知识，学者们一直没有开展专门性的研究。在品牌形象和消费者产品知识的研究中，虽然涉及品牌产品知识，但受联想方法的局限，一直未获得一致性的研究结论，更未能建立一般性的概念定义和分析框架，尤其是前者将其理解局限于品牌物理特征的联想记忆上。这里的研究从理解消费者的品牌产品意义建构入手，对品牌产品知识取得了新的发现，并从事了学者们一直未予进行的理论发展工作。首先，定义了品牌独特性、先进性、正宗性、优异性和品牌功能，它们构成了具有一般化意义的品牌产品知识概念。其次，对品牌产品知识，分析了其建构的条件、性质、情境、知识水平和知识结构、利益、隐含价值以及概念的前后向关系。通过上述努力，初步提出和阐述了具有一般性的品牌产品知识的理论框架，有利于解决现有研究未能建立理论概念和分析框架的基本问题。最后，通过意义建构过程的分析，对品牌产品知识的概念进行了规范性的定义。虽然在现有文献中可以发现一些与这里的研究相似的概念，如独特性、品牌功能（Lefkoff-Hagius 和 Mason，1993），但它们是学者们根据概念性而非消费者认知的事实分析做出的，缺乏准确的界定。有些概念是在产品水平而非品牌水平上提出的，如产品先进性（Brown 和 Dacin，1997）。这里通过理解消费者建构的意义、概念存在的性质和发生水平进行了概念化工作，并使它们的概念性质、含义得到了相应的澄清。

2. 进一步识别了品牌产品知识的先行变量

现有研究虽然从品牌内部、外部线索或消费者的内部、外部知识加工方面研究了品牌评价问题（Alba 和 Hutchinson，1987；Keller，2003；Park 等，1994；Russo 和 Johson，1980），但忽略了消费者关于品牌本身的整体认知是否影响了品牌产品评价的问题。这里的研究识别了品牌原型作为先行变量影响品牌产品知识建构。这一发现不但对此提出了新的理论观点，而且为进一步描述品牌产品知识结构提供了新的依据。

3. 系统性地分析了品牌产品知识与品牌非产品相关知识的关系，进一步发现了产品在品牌化中的战略价值

学者们往往独立地研究消费者品牌产品和非产品方面的知识，认为消费者品牌产品知识主要来自对品牌物理特征的感知并形成品牌功能的评价，而其品牌非产品相关知识主要来自包装、广告、代言人等，并形成对品牌非功能性利益如品牌象征的感知。品牌产品和非产品知识的关系很少受到关注，导致了对品牌产品作用理解的局限。仅见的关系分析中也存在不一致甚至冲突性的观点（Keller，1993，2013；Lefkoff-Hagius 和 Mason，1993）。这里的研究通过品牌知识类型的关系分析发现，消费者通过品牌产品知识的建构，不但形成其对品牌功能的评价，而且也形成其对品牌非功能性利益的感知。这些研究结论突破了当前学者们关于品牌产品只提供品牌功能性利益的假定，进一步发现和描述了被忽视的品牌产品的战略价值。

4. 拓宽了品牌产品知识的理论边界

学者们关于品牌产品知识的理解，一直只限于如下方面：消费者对品牌产品的认知主要来自品牌物理特征的联想，由这些品牌物理特征联想构成的品牌产品知识形成品牌功能性利益的评价，企业的营销活动主要通过管理消费者的感知质量以满足其期望（Keller，1993，

2013; Rio 等, 2001; Zeithaml, 1988)。但这里的研究发现,品牌的物理特征只是消费者从事品牌产品意义建构的部分来源,即消费者品牌产品知识的建构不单单涉及品牌的物理特征,品牌产品的原料、生产工艺、制造、做工、技术、来源地以及与此相关的品牌营销策略等均是品牌产品知识建构的线索。而且,消费者建构的由品牌独特性、先进性、正宗性、优异性构成的品牌产品意义也超越了其品牌物理特征的联想。品牌产品不仅仅提供品牌功能性利益,还可满足消费者情感性和象征性利益的需要。这些发现,从理论基础、概念意义、形成来源与作用范围等方面拓宽了品牌产品知识的理论边界,为重新理解品牌产品的作用,扩展和变革现有的品牌产品营销管理体系提供了新的理论指引和依据。

(二)对品牌化理论发展的启示

尽管这里的研究着眼于品牌产品知识的研究,但研究发现为促进品牌化理论的发展也提供了一般性的启示。

1. 关于品牌产品知识性质的揭示,进一步扩展了对品牌本质及其管理原则的理解

在现有观点下,差异性被认为是品牌的本质,实现品牌的差异化可以无所不包,涉及产品、服务、人员、渠道、形象等产品和非产品属性的各个方面(Keller, 1993, 2013; Kotler 和 Keller, 2016)。但这里的研究发现,消费者对品牌产品知识的建构不唯一地依赖基于竞争品牌比较的差异化,还存在基于品牌自身比较的正宗性、基于消费者期望比较的品牌功能。即使在基于其他品牌的比较上,在品牌独特性之外还存在品牌先进性、优异性的建构。研究发现揭示了品牌本质的多重性特点。它表明,对消费者而言,品牌产品知识的不同内容具有不同性质的发生方式,即它们具有不同于差异化的认知过程及品牌评价的作用。对品牌管理而言,差异化不唯一地构成品牌的本质,还存在其他的可能。因此,在差异化的观点之外,品牌化理论的发展存在进一步探索消费者认知新空间的前景,品牌管理的原则存在从单一

性向多重性转换的可能性。

2. 品牌产品知识内容关系的揭示，为品牌化理论的发展提供了新的洞察

现有的品牌知识研究在采用联想网络记忆模型分析品牌形象构成时，不关注各产品属性联想的关系。而在消费者行为领域使用的多维属性态度模型假定品牌的各种属性具有加和代数关系（Fishbein 和 Ajzen，1975）。但这里的研究发现的品牌先进性与正宗性的冲突现象、品牌优异性与品牌功能评价的分离现象，表明品牌产品知识成分之间还存在复杂性的关系。进一步理解消费者关于品牌产品知识的加工，重视各知识成分之间的关系复杂性是不可忽视的问题。

（三）管理启示

关于品牌产品知识的发现及在此基础上从事的理论建构，为重新认识产品的营销战略价值，进一步利用品牌产品开展品牌营销以塑造品牌，创新战略思路和管理体系等提供了指引。

1. 为品牌的产品营销考虑建立新的综合性管理框架

由于现有研究关注品牌的物理特征认知，对如何从事品牌产品管理，基本上限于感知质量方面（Keller，2013）。这里的关于品牌独特性、先进性、正宗性、优异性和品牌功能作为消费者品牌产品知识基本体系的研究发现，一方面提示品牌营销者，为了满足消费者的需要并提升品牌的吸引力，现有的聚焦于产品感知质量的品牌产品管理方式亟须更新；另一方面，它为建立新的品牌产品管理体系提供了基本的依据、方向和内容。

2. 进一步理解和加强产品在品牌化战略中的作用

这里的研究发现启发管理者改变重"虚"轻"实"的品牌营销偏见，消除品牌营销的"空心化"现象。一是可帮助管理者发现和开发品牌产品的潜在战略价值。由于长期以来对品牌产品知识的研究有限，对品牌产品的战略作用的认识也同样不足，表现在对品牌的战略价值如品牌资产的提升，主要依靠品牌非产品方面的营销。这里的

关于品牌产品不但满足消费者的功能性利益，而且也影响非功能性利益表现的研究结果表明，利用品牌产品影响消费者的品牌认知和选择，提升营销的产出性和品牌资产也具有重要意义，它们也是创造品牌化战略资产的价值要素。二是进一步扩展创造品牌战略价值的方向。从现有的仅限于感知质量的关注扩展到通过创建品牌独特性、先进性、优异性、正宗性和品牌功能等多方面的品牌产品营销来建立品牌的品牌化战略规划和营销策略，增加品牌的核心竞争力。

3. 拓宽品牌管理的范围，解决品牌营销的新问题

囿于传统观点，营销者对品牌产品的管理主要关注品牌的物理特征方面（Keller，2013）。对多来源的原料采购和使用、异地设厂、产品创新节奏加快、工艺简化、低价营销方式下的成本压力等当代品牌管理中遇到的新问题，往往被认为是企业的内部管理问题。但这里的研究发现，消费者品牌产品知识的建构线索已涉及这些问题。它们影响了消费者品牌产品意义的建构，并最终使其形成对品牌功能的评价。因此，营销管理者在理解消费者建构的品牌产品意义的基础上，拓宽了现有的品牌管理的范围，从现有的仅针对品牌物理特征的关注拓展到原料、技术、生产工艺、制造、来源地、策略的一致性与创新节奏等方面，并对现有的品牌管理制度进行更新。

4. 进一步提升品牌营销的有效性

首先，现有研究存在概念定义不清问题，可能导致品牌管理中的有效性降低的状况。在差异性是唯一的品牌本质的假定下，从事与竞争品牌的差异化营销是品牌定位和策略建立的主要原则和途径（Kotler 和 Keller，2016）。但这里的研究发现，消费者对品牌的认知不仅依赖基于竞争品牌比较的差异化，而消费者关于品牌正宗性、先进性、优异性、品牌功能的知识具有不同的知识形成方式和组织原则。因此，在品牌营销管理上，对不同的品牌产品知识的管理与运用应该加以区分，而不是笼统地以差异化的管理原则来加以对待，以提升品牌营销的有效性。其次，要改变传统管理的简单化思维。由于对品牌产品知识各种成分关系的研究不足，品牌营销形成了品牌产品属

性越强，对消费者影响越好的经验认识，甚至在品牌产品和技术发展方面盲目地追求更快更高的水平。但这里研究发现的先进性与正宗性的冲突现象、品牌优异性与品牌功能的分离现象已表明，消费者对品牌的认知并非总是如此。品牌管理需要改变这种简单性思维。营销者应该从理解消费者品牌知识出发，在品牌营销中管理技术变革以及产品的优异性和先进性提升的节奏。

参考文献

［1］〔美〕班杜拉，2001，《思想和行动的社会基础：社会认知论》，林颖等译，华东师范大学出版社。

［2］范秀成、陈洁，2002，《品牌形象综合测评模型及其应用》，《南开学报》（哲学社会科学版）第 3 期，第 65 ~ 71 页。

［3］何佳讯、胡颖琳，2010，《何为经典？品牌科学研究的核心领域与知识结构——基于 SSCI 数据库（1975—2008）的科学计量分析》，《营销科学学报》第 6 期，第 111 ~ 136 页。

［4］〔美〕S. T. 菲斯克、S. E. 泰勒，1994，《社会认知：人怎样认识自己和他人》，张庆林等译，贵州人民出版社。

［5］卢泰宏、吴水龙、朱辉煌、何云，2009，《品牌理论里程碑探析》，《外国经济与管理》第 1 期，第 32 ~ 42 页。

［6］蒋廉雄，2008，《从单向视角到整体视角：品牌知识研究回顾与展望》，《外国经济与管理》第 6 期，第 42 ~ 50 页。

［7］蒋廉雄、何云、朱辉煌、卢泰宏，2010，《品牌原型的理论基础、研究回顾与展望》，《外国经济与管理》第 1 期，第 41 ~ 49 页。

［8］蒋廉雄、朱辉煌，2010，《品牌认知模式与品牌效应发生机制：超越"认知 - 属性"范式的理论建构》，《管理世界》第 9 期，第 95 ~ 115 页。

［9］焦璇、吕建红、陈毅文，2004，《品牌形象系统的因素结构》，《心理学报》第 3 期，第 359 ~ 364 页。

［10］许晓勇、吕建红、陈毅文，2003，《品牌形象的消费行为学研究》，《心理科学进展》第 4 期，第 464 ~ 468 页。

［11］王海忠，2006，《中国消费者品牌知识结构图及其营销管理内涵》，《财经问题研究》第 12 期，第 59 ~ 66 页。

［12］徐辉富，2008，《现象学研究方法与步骤》，学林出版社。

[13] Alba, Joseph W. , and J. Wesley Hutchinson. 1987. "Dimensions of Consumer Expertise. " *Journal of Consumer Research* 13: 411 – 454.

[14] Ataman, Berk, and Burç Ülengin. 2003. "A Note on the Effect of Brand Image on Sales. " *Journal of Product & Brand Management* 12: 237 – 250.

[15] Berens, Guido, Cees B. M. van Riel, and Gerrit H. van Bruggen. 2005. "Corporate Associations and Consumer Product Responses: The Moderating Role of Corporate Brand Dominance. " *Journal of Marketing* 69: 35 – 48.

[16] Beverland, Michael B. . 2005. "Crafting Brand Authenticity: The Case of Luxury Wines. " *Journal of Management Studies* 4: 1003 – 1029.

[17] Beverland, Michael B. . 2006. "The Real Thing: Branding Authenticity in the Luxury Wine Trade. " *Journal of Business Research* 59: 251 – 258.

[18] Biel, Alexander L. . 1993. "How Brand Image Drives Brand Equity. " *Journal of Advertising Research* 32: 6 – 12.

[19] Brown, Stephen, Robert Kozinets, and John F. Sherry. 2003. "Teaching Old Brands New Tricks: Retro Branding and the Revival of Brand Meaning. " *Journal of Marketing* 67: 19 – 33.

[20] Brown, Tom J. , and Peter A. Dacin. 1997. "The Company and the Product: Corporate Associations and Consumer Product Responses. " *Journal of Marketing* 61: 68 – 84.

[21] Brucks, Merrie. 1986. "A Typology of Consumer Knowledge Content. " *Advances in Consumer Research* 13: 58 – 63.

[22] Chaudhuri, Arjunand, and Morris B. Holbrook. 2002. "Product-Class Effects on Brand Commitment and Brand Outcomes: The Role of Brand Trust and Brand Affect. " *Journal of Brand Management* 10: 33 – 58.

[23] Dacin, Peter A. , and Andrew E. Mitchell. 1986. "The Measurement of Declarative Knowledge. " *Advances in Consumer Research* 13: 454 – 459.

[24] Dobni, Dawn, and George M. Zinkhan. 1990. "In Search of Brand Image: A Foundation Analysis. " *Advances in Consumer Research* 17: 110 – 119.

[25] Fishbein, Martin, and Icek Ajzen. 1975. *Belief, Attitude, Intention and Behavior: An Introduction to Theory and Research, Reading.* M. A. : Addison-Wesly.

[26] Gardner, Burleigh B. , and Sidney J. Levy. 1955. "The Product and the Brand. " *Harvard Business Review* 33: 33 – 39.

[27] Giorgi, Amedeo. 1983. "Concerning the Possibility of Phenomenological Research. " *Journal of Phenomenological Psychology* 17: 151 – 167.

[28] Hirschman, Elizabeth C. , and Morris B. Holbrook. 1982. "Hedonic

Consumption: Emerging Concepts, Methods and Propositions. " *Journal of Marketing* 46: 92 – 101.

[29] Hsieh, Ming H.. 2002. "Identifying Brand Image Dimensionality and Measuring the Degree of Brand Globalization: A Cross-National Study. " *Journal of International Marketing* 10: 46 – 67.

[30] Hoeffler, Steve, and Kevin Lane Keller. 2003. "The Marketing Advantages of Strong Brands. " *Journal of Brand Management* 10: 421 – 445.

[31] Holbrook, Morris B.. 2002. *Consumer Value: A Framework for Analysis and Research.* N. Y. : Taylor & Francise-Libray.

[32] Huffman, Cynthia, and Michael J. Houston. 1993. "Goal-Oriented Experiences and the Development of Knowledge. " *Journal of Consumer Research* 20: 190 – 203.

[33] Jones, Candace, AlvarezAnand N. , and Josè Luis. 2005. "Manufactured Authenticity and Creative Voice in Cultural Industries. " *Journal of Management Studies* 42: 893 – 899.

[34] Kapferer, Jean-Noël. 2013. *The New Strategic Brand Management-Advanced Insights and Strategic Think.* P. A. : Kogan Page.

[35] Kvale, Steinar. 1983. "The Qualitative Research Interview: A Phenomenological and a Hermeneutical Mode of Understanding. " *Journal of Phenomenological Psychology* 14: 171 – 196.

[36] Keller, Kevin Lane. 1993. "Conceptualizing, Measuring and Managing Customer-Based Brand Equity. " *Journal of Marketing* 57: 1 – 22.

[37] Keller, Kevin Lane. 2003. "Brand Synthesis: The Multidimensionality of Brand Knowledge. " *Journal of Consumer Research* 29: 595 – 600.

[38] Keller, Kevin Lane. 2013. *Strategic Brand Management.* N. J. : Pearson Education.

[39] Kotler, Philip, and Kevin Lane Keller. 2016. *Marketing Management.* N. J. : Pearson Education.

[40] Lefkoff-Hagius, Roxanne, and Charlotte H. Mason. 1993. "Characteristic, Beneficial, and Image Attributes in Consumer Judgments of Similarity and Preference. " *Journal of Consumer Research* 20: 100 – 110.

[41] Levine, John M. , Lauren B. Resnick, and E. Tory Higgins. 1993. "Social Foundations of Cognition. " *Annual Review of Psychology* 44: 585 – 612.

[42] Levy, Sidney J.. 1959. "Symbols For Sale. " *Harvard Business Review* 37: 117 – 124.

[43] Low, George S. , and Charles W. Lamb. 2000. "The Measurement and Dimensionality of Brand Associations. " *Journal of Product and Brand Management* 9: 350 – 371.

[44] Markman, Arthur B. , and C. Miguel Brendl. 2005. "Goals, Policies, Preferences, and Actions." *In Applying Social Cognition to Consumer-Focused*, edited by Strategy Kardes, Frank R. , Paul M. Herr, and Jacques Nantel, pp. 183 – 200. N. J. : Lawrence Erlbaum Association.

[45] Mitchell, Andrew A. , and Peter A. Dacin. 1996. "The Assessment of Alternative Measures of Consumer Expertise." *Journal of Consumer Research* 23 : 219 – 239.

[46] Moustakas, Clark. 1994. *Phenomenological Research Methods.* C. A. : Sage Publication.

[47] Olson, Jerry C. . 1978. "Inferential Belief Formation in the Cue Utilization Process." *Advances in Consumer Research* 5 : 706 – 713.

[48] Park, C. Whan, and V. Parker Lessig. 1981. "Familiarity and Its Impact on Consumer Decision Biases and Heuristics." *Journal of Consumer Research* 8 : 223 – 231.

[49] Park, C. Whan, Bemard J. Jaworski, and Deborah J. Maclnnes. 1986. "Strategic Brand Concept-Image Management." *Journal of Marketing* 50 : 621 – 635.

[50] Park, C. Whan, Lawrence Feick, and David L. Mothersbaugh. 1992. "Consumer Knowledge Assessment: How Product Experience and Knowledge of Brands, Attributes, and Features Affects What We Think We Know." *Advances in Consumer Research* 19 : 193 – 198.

[51] Park, C. Whan, David L. Mothersbaugh, and Lawrence Feick. 1994. "Consumer Knowledge Assessment." *Journal of Consumer Research* 21 : 71 – 82.

[52] Patton, Michael Quinn. 2002. *Qualitative Research & Evaluation Methods.* C. A. : Sage.

[53] Peterson, Richard A. . 2005. "In Search of Authenticity." *Journal of Management Studies* 42 : 1083 – 1098.

[54] Rao, Akshay R. , and Kent B. Monroe. 1989. "The Effect of Price, Brand Name, and Store Name on Buyers' Perceptions of Product Quality: An Integrative Review." *Journal of Marketing Research* 26 : 351 – 357.

[55] Rao, Akshay R. , and Wanda A. Sieben. 1992. "The Effect of Prior Knowledge on Price Acceptability and the Type of Information Examined." *Journal of Consumer Research* 19 : 256 – 270.

[56] Rio, A. Belendel, Rodolfo Vazquez, and Victor Iglesias. 2001. "The Effects of Brand Associations on Consumer Response." *Journal of Consumer Marketing* 18 : 410 – 425.

[57] Rosa, José Antonio, Joseph F. Porac, Jelena Runser-Spanjol, and Michael

S. Saxon. 1999. "Sociocognitive Dynamics in a Product Market." *Journal of Marketing* 63: 64 - 77.

[58] Russo, J. Edward, and Eric J. Johnson. 1980. "What Do Consumers Know About Familiar Products?" *Advances in Consumer Research* 7: 417 - 423.

[59] Schneider, David. J. . 1991. "Social Cognition." *Annual Review Psychology* 42: 527 - 561.

[60] Schooler, Robert D. . 1965. "Product Bias in the Central American Common Market." *Journal of Marketing Research* 4: 394 - 397.

[61] Strauss, Anselm, and Juliet Corbin. 1998. *Basics of Qualitative Research: Techniques and Procedures for Developing Grounded Theory.* C. A. : Sage.

[62] Woodruff, Robert B. . 1997. "Customer Value: The Next Sourcefor Competitive Advantage." *Journal of the Academy of Marketing Science* 25: 139 - 153.

[63] Yoo, Boonghee, Naveen Donthu, and Sungho Lee. 2000. "An Examination of Selected Marketing Mix Elements and Brand Equity." *Academy of Marketing Science* 28: 195 - 211.

[64] Zeithaml, Valarie. 1988. "Consumer Perception of Price, Quality, and Value: A Mean-End Model and Synthesis of Evidence." *Journal of Marketing* 52: 2 - 22.

第四章
品牌化的新时代与品牌化理论
创新的可能性和途径

一　引言

任何社会经验理论的发展都有两个基本的前提：一是经验理论建立在现象发生的现实基础上，二是研究者对研究现象采取何种观察视角。建构理论所处的现实基础构成了学者们通常所指的理论发展的特定情境。观察视角指研究者的立足点，它决定了研究者如何面对观察对象，提出什么相应的研究问题以及赋予什么理论含义。

虽然数字化时代是因数字化这一通适技术的发展而出现的，但数字化时代的管理、营销包括品牌化战略等经验性理论，在性质上并非通适或标准性的，而是因现实基础和观察视角的不同具有特定性。在数字化时代到来之前，欧美地区品牌化的进程，被认为是现代品牌发展的缩影。建立在欧美地区品牌化现实基础之上，由欧美学者以欧美地区企业品牌为视角的品牌化理论，也被等同于现代品牌化理论。但数字化时代的到来和发展，正在改变这一状况。本章分析了工业化时代品牌化战略理论建构的前提问题，阐述了进入数字化时代，品牌化理论形成的现实基础和观察视角的转变以及创新品牌化战略的可能性。

二 工业化时代品牌化理论形成的前提与框架

（一）工业化时代品牌化的现实基础

1. 工业化进程与品牌化进程

从市场发展历程看，欧洲自18世纪初经过工业革命实现了经济快速增长，至20世纪初进入经济发展的鼎盛时期。美国在19世纪末至20世纪30年代经历了经济高速发展，在20世纪40年代中期至60年代进入经济鼎盛期。欧美地区在经历经济快速增长后进入经济鼎盛时期，意味着其市场经历成长期后变得相对成熟。以欧美地区为发源地的现代品牌演进过程与此相伴。19世纪末至20世纪初，欧美地区企业利用工业革命带来的大规模产品制造、交通设施的建立以及大众媒体的出现等条件，从本地产品的制造厂家开始成长为全国性品牌（national brand），它标志着现代品牌的真正建立（Low 和 Fullerton，1994）。至20世纪30年代初，全国性品牌在经济快速发展中成长为市场中的主导品牌。20世纪80年代，由于本地市场的增长有限，欧美地区企业开始从事全球化扩张，其品牌也发展为国际品牌（Keller，2013；Low 和 Fullerton，1994），并在全球品牌化的格局中处于中心地位。欧美地区品牌化进程历时一百余年，构成了工业化时代品牌演进的历史。

2. 工业化时代品牌化理论的演化

以欧美地区为代表的西方营销学者，正是在20世纪60年代欧美市场开始呈现成熟特征时开始建立营销学的基本体系。营销管理的经典性的概念，如市场细分、营销组合（marketing mix）概念，分别发展于1956年、1960年。其中，市场细分的具体概念和方法如利益细分（benefit segmentation）、情境细分（occasion-based segmentation）等也产生于在这一时期。营销战略分析使用的"STP"模型，同样是欧美市场在20世纪60年代步入成熟阶段时，通过营销研究人员对既有市场的分析后得以提出和发展的。建立营销一般化知识体系的教科书也在这一时期出版（Wilkie 和 Moore，1999，2003）。品牌化理论的发展跟随了营销理论的演进，品牌定位分析的传统工具，如多维尺度和权衡测量方法（multidimensional scaling、trade-off）由美国营销学者在 80 年代相继提出（Wells，1993）。到 90 年代，欧美地区学者在市场细分概念、多维尺度测量的基础上进一步发展了竞争参照框架（competitive frame of reference）、等同点（points of parity，POPs）、差异点（points of difference，PODs）、知觉图（perceived mapping）等概念和技术，并成为品牌化战略分析的一般性方法（泰伯特和斯特恩索尔，2006；Keller，2013）。显然，现代品牌化理论的基本体系和核心概念发展于成熟市场，包括跨国公司营销活动这一现实基础。

（二）观察视角

工业化时代的品牌化理论由欧美学者主导建立，其观察视角是欧美品牌。这主要是由其所处的现实基础所致。在品牌化理论的发展中，欧美企业的品牌尤其是跨国公司的国际品牌的营销活动成为学者们研究的基本事实和数据来源。例如，在主流的营销管理、品牌管理教科书中，案例多数来自成熟市场国家的大公司。流行全球的由科特勒编著的营销管理教材，选取的案例主要是关于欧美国际公司的。以进入 21 世纪的第 12 版中的第一章为例，其中的 8 个案例与图片，7个是关于大公司的，且主要是国际公司，包括 Avon（雅芳）、Boston Beer（波士顿啤酒）、Coca Cola（可口可乐）、Unilever（联合利华）、Volvo（沃尔沃）等。余下 1 个为公益广告图片。最新出版的第 15 版，仍以第一章为例，其中的 19 个案例和图片，主要围绕介绍国际大公司营销经验的状况仍未改变。而由凯勒编著的品牌管理教科书，其中的所有案例均取样于欧美等发达国家和地区企业。因此，在上述视角下，欧美学者建立的品牌化战略模式的分析，是总结成熟市场地区企业，尤其是其中的跨国公司的品牌营销活动发展的结果。

更重要的是，欧美学者关于研究问题的提出和理论含义的赋予也是基于和面向源自成熟市场地区的欧美品牌的。例如，成熟市场地区的品牌在 20 世纪 80 年代开始拓展国际市场（Keller，2013；Low 和 Fullerton，1994），欧美学者为此开始发展国际市场营销理论，以为这些企业的品牌全球化活动提供指引。欧美学者在发展国际营销理论时，不重视新兴市场包括中国存在的重要问题如非品牌经营（OEM）企业的市场战略、本土品牌建立等研究，而是聚焦于欧美地区企业，尤其是采取品牌化经营的跨国公司从事国际营销时进入新兴市场的战略、策略与绩效的分析，包括从事国际营销时的进入时间、进入区域、合作方式等进入战略问题，在营销过程中的产品标准化与差异化、配置－协同和整合等营销策略问题。当涉及中国市场和中国企业时，欧美地区学者们关注的品牌化战略，更明显地表现为欧美国际品牌对中国品牌如何竞争的问题（Bhattacharya 和 Michael，2008；Ghemawat 和 Hout，2008；蒋廉雄和周懿瑾，2012；蒋廉雄，2013）。尽管在产业组织理论等研究方面，国外的学者们对企业升级包括 OEM 企业的升级问题进行了许多研究，但欧美营销学者对新兴市场地区代工企业的市场战略、OEM 企业的营销升级，包括本土品牌的建立等重大问题一直缺乏关注。

（三）工业化时代的品牌化战略的理论框架

从上面的分析可以看出，以欧美地区营销学者为主导建立的工业化时代品牌化战略理论，其基础概念和基本体系是在欧美市场步入成熟市场时期得到发展的。在品牌建立和营销方面，"基于竞争者的差异化"成为品牌化的总体战略①。

1. 市场假定

学者们在欧美地区现实经验中对其观察的市场有意或无意地采取了相对成形的假定。该假定认为市场空间趋于饱和，除了新技术带来新的市场机会外，满足顾客需要的产品类别已基本呈现，因此品牌建

---

① 为简明起见，后文将基于竞争者的差异化战略表述为"竞争－差异化"战略。

立的总体战略就是在现有的市场边界里，表现为在现有的产品类别市场之内发现空隙市场（里斯和特劳特，2002；特劳特和瑞维金，2002），并通过在该空隙市场充分渗透、相互竞争获得市场机会。

2. 品牌化的消费者认知机制

学者们普遍采取联想网络记忆模型（associative network memory model）作为品牌认知的基础理论（Keller，1993，2013）。联想网络记忆模型假定，顾客对一个品牌的认知与态度，是由其对该品牌形成的联想所致。由于顾客关于不同品牌的联想存在差异，且这种差异引起了顾客对品牌的不同反应，其理论含义也就在于差异化（differentiation）体现了品牌的唯一本质，实现差异化成为品牌化战略的基本方式（Keller，1993，2013）。

3. 战略参照

由于学者们以既有市场为前提，尤其是采取市场相对成形假定，在选择某个或某几个细分市场为目标市场后，对品牌化战略的分析便转向了以竞争者为参照。作为核心的品牌定位分析，将竞争者的确定作为重要内容。该理论的提出者里斯和特劳特观察到美国市场开始出现产品、媒体"爆炸"这一成熟市场特征，敏锐地发现需要对营销的思路和策略进行变革。1972年，他们出版了被誉为对营销产生革命性影响的《定位》一书，阐述了以竞争对手为参照的品牌定位概念和各种定位策略。他们还提出了"通往成功的六个步骤"，其中明确"谁是你必须超越的"是关键一步（里斯和特劳特，2002）。在定位概念被整合到"STP"营销战略框架后，品牌定位分析的竞争取向得到了进一步的扩展和操作化，其初始点是建立竞争参照框架（competitive frame of reference）（Kotler 和 Keller，2016；Keller，2013），即在作为目标的细分市场中确定自身品牌与哪些品牌竞争，并由此决定其后续的战略定位。

4. 战略方式

从产品、服务、渠道、人员、形象等方面寻求与竞争者的差异化被认为是品牌化战略的基本方式（Kotler 和 Keller，2016；Keller，

2013；李飞，2009）。在战略分析中，竞争参照框架、等同点、差异点等概念和方法的发展（Kotler 和 Keller，2016；Keller，2013；泰伯特和斯特恩索尔，2006），尤其是强调形成与竞争品牌不同的属性即差异点作为建立品牌定位的关键，使以竞争者作为参照的考虑在战略制定中得到彻底实现。这样，基于竞争者寻求"品牌如何不同"成为品牌化战略的焦点。它不但使竞争者作为参照成为品牌化战略分析的重要前提，而且使寻求差异化成为品牌化战略分析的核心思想和一般性方法。

三　数字化时代品牌化理论形成的新现实基础和观察视角

（一）数字化时代品牌化的现实基础

1. 新的技术与新的需求

随着数字化时代到来，快速发展的各种新技术创造了新需求，激发了普遍性的品牌化新机会。在工业化时代，传统工业产品领域，如汽车、电器、化妆品、食品饮料等，主流品牌多数是源自欧美的国际品牌。进入 21 世纪，互联网、物联网、人工智能、云计算、新能源、分子生物等新技术的发展，催生了新的产品市场（蒋廉雄，2013）。在这些新市场中，产品没有成型，领导品牌没有出现。与工业化时代新兴市场企业品牌化进程远远落后于欧美企业的情形不同，前者与后者此时站在同一起跑线上同台竞技。在新能源、电动汽车、无人飞机等领域，中国企业处于先行者位置。

2. 新技术与营销基础设施的变化

数字化时代的到来，瓦解了工业化时代的品牌管理基础设施和品牌管理体系，新的品牌管理体系有待建立。搜索引擎、社会化网络、新网络媒介、大数据、人工智能、物联网、虚拟现实等技术在两个层面上对营销产生了革命性的影响。在微观层面，上述各种数字化技术为营销提供了新方法和新工具，例如网上销售、搜索引擎广告、基于位置的营销、程序化广告购买、电子动态价格标签等。在宏观层面，它们综合性地塑造了新的数字化时代营销的基础设施，例如智能制造体系、线上信息传播体系、新的分销物流体系、顾客线上互动与评价体系、线上调研体系等。

营销新方法、新工具和新基础设施的出现，正在促使品牌建立的格局发生重大变化。那些基于工业化时代的方法、工具和基础设施建立的品牌管理制度已不适应新时代的品牌管理需求。也正是这一原因，工业化时代建立的那些领导品牌，像通用、福特、大众、宝洁等公司旗下的那些著名品牌，在市场表现上已面临新的挑战。

以近年引起关注的宝洁公司遭遇的市场下滑问题为例，这家诞生于1837年的全球消费品品牌公司，在品牌管理上建立了完整严密的"现代"体系。这一体系的一个重要特点是量化，量化的重要依据就是传统的消费者调研数据。在新产品概念发展、新产品测试和上市、广告创意发展和广告效果评估、货架陈列等方面，只有在可获得调研数据的前提下才可决策和采取行动。为此，宝洁公司在上述各个方面建立了规范的调研方法、流程和标准。以作为其品牌化主途径的电视广告为例，在投放媒体决策上，公司依赖尼尔森等公司的电视收视率调查数据。在广告效果评估上，公司依赖消费者调研数据。对抽样、问卷问题、测量尺度、关键指标、决策标准都建立了模板和标准。这些模板和标准都是基于纸–笔测试的调查方法发展起来的。

笔者曾经与其市场研究部（CMK）有过较长时间的接触，发现任何项目的一个微小改动都要问依据在哪里，获得依据的途径依靠反复测试和论证。现在，随机抽样的家庭访问变得越来越困难，而新的基于数字化技术的调查方法快速发展。在数字化时代，如何通过新方法开展消费者广告测试，其中的新流程和新标准都是其面临的新课题。十多年前，当电梯广告兴起时，笔者问宝洁公司的管理人员，为何不在火热的电梯电视上投放广告，对方回答，没有数据评估效果，所以不能投放。这些年来，国内企业纷纷以投入巨资赞助火爆的电视、网络综艺节目的方式发展品牌。但在这些节目的赞助者中，很少看到宝洁公司的品牌身影。没有数据依据仍然可能是重要原因。

表面上看，这些问题是缺乏数据无法评估效果导致的。但实际上，是在面对营销新时代到来时，公司没有建立相应的新制度、新方法和新工具并采用相应的管理逻辑。在一家基于规范、流程和数据的公司里，对采用新规范、新方法和新工具的研究，本身就缺乏执行和支持的制度基础，无法通过现有制度获得做出改变的依据。这一时代更替产生的管理窘境是宝洁公司在数字化时代营销反应迟钝的深层原因之一。类似宝洁公司的工业化时代的领导品牌，在适应新的品牌管理基础设施、建立新的品牌管理体系上，由于路径依赖，旧体系成为建立新体系的包袱和阻碍。但对于新兴市场地区企业包括中国企业，由于没有建立或缺乏完善的工业化时代品牌管理体系，在适应新基础设施和建立新体系上，可能没有包袱，企业管理者更会进行尝试，甚至敢于试错。这些企业在适应数字化时代上走得更快，可能也更容易取得成效。

3. 与数字化进程并行的新兴市场消费升级

新兴市场国家正经历经济快速增长、消费水平快速提高的过程。中国作为新兴市场国家的代表，随着消费水平的提高，中产阶层消费群体逐步形成，中高端需求不断释放。消费升级为品牌化提供了成熟市场无法比拟的市场机会。中国经过40多年的改革开放，经济发展取得巨大成就，城乡居民消费水平不断提升。2003年中国人均GDP超过1万元，标志着居民消费水平和方式从必需性消费转向发展性消费和享受性消费。2010年，人均GDP超过了3万元，开始向小康社会迈进。根据国家发展目标，到2020年将全面建成小康社会。同时，消费者经历了原始产品需求、大众品牌化产品需求阶段后，对中高端品牌化产品的需求形成趋势，且中国品牌成为满足其中高端需求的重要选择。在此之前，当国内消费者从事中高端品牌化产品购买时，中国品牌很难进入其选择范围。但近年来消费者对中国企业的中高端品牌态度已开始发生转变。例如，在大屏幕平板电视、高性能的商务笔记本电脑等市场，中国品牌已成为消费者的主流购买品牌。这些新趋势意味着中国品牌所处的市场性质发生了转折性变化，从占据低中端市场突围进入中高端市场。

（二）数字化时代品牌化理论发展的观察视角

1. 观察视角转变的潜在要求

很容易看出，发展于欧美成熟市场的"竞争－差异化"的品牌化战略模式，未能顾及中国作为新兴市场具有不同于成熟市场的性质、特征和可作为品牌化的战略资产（蒋廉雄和周懿瑾，2012；蒋廉雄，2013），而且它的建立时期在数字化时代之前。若将它作为中国企业建立领导品牌的总体战略，可能在很大程度上存在不适应性问题。

首先，在数字化时代的新兴市场，潜在的品牌有待定义，现有品牌处于低度品牌化水平，有待继续发展，因此无法充分地寻找现有品牌作为参照来建立品牌的差异化。

其次，如果以竞争品牌为参照，以与竞争品牌差异化作为中国品牌的建立战略，将忽略数字化时代存在大量原创市场，尤其是新产品类别建立的市场机会，以及多样性来源的品牌化战略资产的现实。这将大大限制中国企业建立品牌的战略视野，甚至失去品牌建立的良好机遇，埋没本来具有的品牌建立的战略资产。

最后，企业如果以市场中的现有品牌，在过去主要以源自欧美的国际品牌为参照来寻求差异化，它所实现的只是有限的差异化而不是产品类别的创建。加上内部品牌化能力的差距，很难改变顾客对现有品牌作为现有产品类别和整体市场代表的认知定势，进而不能建立自身品牌的高产品典型性，这内在地决定了其在市场中难以取得领导地位。

2. 中国品牌营销创新的现实经验

中国自 20 世纪 80 年代开始实行改革开放，推进市场经济发展。在这一国家发展的进程中，企业纷纷开始了创建品牌的活动。在过去几十年的品牌建立中，多数企业学习采用"竞争－差异化"战略方式。回顾 40 多年的中国品牌建立的历程，除了在家电、食品等少数领域建立了领导品牌外，多数领域较少看到成功的案例。在过去，中国品牌相对于欧美国际品牌，总体上存在明显的市场差距，那些采取以处于先发优势的欧美国际品牌为参照进行差异化的中国品牌，事实上一直没有超越它们的市场地位。以洗发水产品市场为例，飘柔、海飞丝、潘婷、沙宣、夏士莲等国际品牌，在进入中国后凭借其营销实力、经验和先发优势，一直处于领导地位。而相比之下，国内在 20 世纪 80 年代后建立的洗发水品牌，如好迪、奥妮、拉芳、蒂花之秀、柏丽丝等，只是在品牌的产品属性方面寻求与国际品牌的有限差异化，一方面，在类别化上没有改变顾客将其作为"二线""三线"品牌的认知（蒋廉雄和朱辉煌，2010），另一方面，也不具有与国际品牌竞争的营销资源和能力，故一直处于跟随者地位。

近年来，以小米、华为、大疆、回力、老干妈为代表的新国货品牌集体崛起。它们走的是开创性的品牌化战略。它们是在中国存在丰富的市场机会的现实基础上，通过识别市场需求，界定和建构原创市场，利用独特资源发展原创产品，采用数字化时代多样性的营销手段，实现品牌快速成长。它们围绕对顾客而言品牌应该是怎样的问题，从理解、满足顾客期望出发来定义产品，并采取创新性的营销方式，使品牌成为所在产品市场中的代表，建立并保持市场的领导者地位。在战略方式上，其成功的关键，是采取不受常规包括不以竞争者为参照的营销战略创新。

3. 学者们的觉醒

营销管理的概念、理论和范式，跟随营销管理的环境和对象的变化，呈现动态演化的过程。欧美学者根据其所处的现实基础和采取的观察视角，在 20 世纪 50 年代提出交易营销范式，20 世纪 80 年代建立关系营销范式。进入 21 世纪，倡导合作营销范式（卢泰宏，2008a，2008b）。在品牌化方面，欧美学者建立和采用的理论、方法也随着解决新问题的需要不断创新（卢泰宏等，2009；吴水龙和卢泰宏，

2010）。在国内，经过学习引进（1978～1990 年）、消化吸收（1991～2000 年）、模仿创新阶段（自 2001 年开始）（李飞，2009），中国企业的营销创新开始受到关注。营销学者们开始意识到，中国企业的营销问题具有现实和理论建构上的特定性（陈歆磊和梁屹天，2017；何佳讯和卢泰宏，2004；韩巍和张含宇，2000；李飞，2009；杨志勇，2009；周南和曾宪聚，2012；王海忠，2015）。在形成这一共识的基础上，学者们对新兴市场的营销战略理论如何创新的问题进行了初步的探讨。

在营销研究中，一些学者提出，应用欧美学者建立的营销理论对中国品牌采取"强加的客位法"（imposed-etic approach）的研究方式存在难以客观反映现实的问题，提倡"主位法"（emic approach）的研究（何佳讯，2006）。一些学者提出立足国情，基于中国问题，发展"营销的中国理论"（Chinese Theory of Marketing），即创建中国本土独特市场和文化环境下的营销理论和体系（何佳讯和卢泰宏，2003；韩巍和张含宇，2000；李飞，2009；杨志勇，2009；周南和曾宪聚，2012）。一些学者勾勒了"古为今用"、"外为中用"、"中外结合"与"中为外用"的理论发展路径（周南和曾宪聚，2012），提出了开展关系深化研究、制度转型过程中企业营销行为研究以及文化融合与变迁过程中消费者心理与行为研究等重要建议（张闯等，2013）。

在国际上，对基于新兴市场的营销理论发展以及它对现有营销理论的革新或修正的可能性，也成为近年欧美营销界最时新的话题之一。美国营销协会将 2012 年夏季会议主题确定为"营销在社会网络世界：新兴市场、停滞市场和复兴市场的挑战"，并在会议征文中首次设置了"新兴市场"的分专题。一些敏锐的欧美营销学者开始关注新兴品牌的战略问题研究。北卡罗来纳大学的斯廷坎普（Steenkamp, Jan-Benedict E. M.）教授，在会上发表了"The New Wave of Global Brands: Marketing Powerhouses from Emerging Markets"的主题演讲，埃默里大学的谢斯（Sheth, Jagdish N.）教授发表了"The Changing Role of India in the Global Marketplace: Research Opportunities and Challenges"

的主题演讲。库马尔和斯廷坎普教授合作，出版了关于探讨新兴市场品牌走向全球的各种路径的著作（库马尔和斯廷坎普，2013）。

学者们的上述行动表明，新兴市场在当代营销创新和营销理论发展上具有巨大的机会和潜力。虽然学者们提出了问题，探索了理论创新的方向，但仍处于起始阶段。对中国企业品牌化战略的研究也是如此。可以预知，随着数字化时代的来临以及中国市场重要性的凸显，中国品牌进入快速成长和突破期。营销者们在经历了前期的学习和探索后，能否明确品牌化的总体战略将成为中国品牌能否成为市场领导者的关键问题。而要解决这一问题，对中国品牌建立符合其自身的现实基础和观察视角，并发展相应的"主位法"研究显得越来越重要。

四 品牌化战略理论创新的假想与途径

（一）战略理论建构的基本依据与多种可能性

从上述分析可以发现，欧美学者主导发展的"竞争－差异化"品牌化战略模式，是以工业化时代成熟市场为现实基础、以欧美品牌为视角的，这一特性决定了它的分析本身具有高度的针对性。考虑到数字化时代的到来，以及中国市场和中国品牌具有自身性质、特征的现实，很可能做出中国品牌存在不同于在成熟市场中发展的"竞争－差异化"这一为工业化时代欧美品牌所建立的品牌化战略模式的理论假想（韩中和等，2010；何佳讯，2006，2016，2017；汪涛，2006）。从理论发展受研究者立足的现实基础及其采取的观察视角的约束考虑，中国品牌的战略分析要求学者们回到以中国作为新兴市场的现实基础上，并以中国品牌自身为观察视角。采取这一转换，意味着对现有的品牌化战略模式进行反思是必要的，并可能会得到新的发现。

与此同时，品牌化战略的建构需要遵循其内部逻辑即品牌化的市场决定机制（蒋廉雄和周懿瑾，2012；蒋廉雄，2013）。品牌的建立，离不开现实基础。任何品牌化理论的提出都需要在识别和定义这一市场决定机制的内在逻辑上来进行。这样，当研究者立足某一现实基础、采取某一观察视角展开分析时，对品牌化战略理论的要素如市场假定、战略参照、战略方式以及品牌认知原理等问题会做出相应的对待，进而形成不同于立足另一现实基础和采取另一观察视角的战略理论建构。

在现代品牌化理论的发展过程中，学者们并没有关注品牌化的市场决定机制问题，也没有对品牌化理论的框架与品牌化的市场决定机制的性质进行区分。从两者的差别看，品牌化的市场决定机制在性质上具有客观性和一般性。客观性意即它是事实上的存在，不因研究者和营销者的不同而变化。一般性则指它的存在影响到任何营销活动中的观察对象，在这里表现为所有市场，例如，成熟市场和新兴市场中从事营销的所有企业的品牌。而品牌化理论在性质上具有主观性和特定性。所谓主观性，意即它是研究者在立足现实基础上采取相应观察视角分析后提出的一种理论建构。所谓特定性，指任何一种品牌化理论，是研究者在某一现实基础之上和某一观察视角之下形成的特定研究活动的结果。因此，品牌化理论是研究者对特定情境中的品牌化如何适应品牌化市场决定机制的一种而不是唯一的解释或猜想，它存在多种可能性结果。

综上所述，欧美学者建立的品牌化理论对应于工业化时代成熟市场企业的品牌营销活动。进入数字化时代，当研究者以中国市场为现实基础、以中国品牌为观察视角时，新的品牌化战略理应存在被建构的可能性，如图4-1所示。

（二）品牌化理论创新的方向与途径

1. 关注中国市场现实基础上的重大战略问题

由于现实基础不同，新兴市场企业遇到的问题与欧美企业有相同方面，但更有不同之处。这个不同之处，是现代经济、管理理论问题的重要构成。品牌研究也是这样。对新兴市场的品牌重要问题进行研

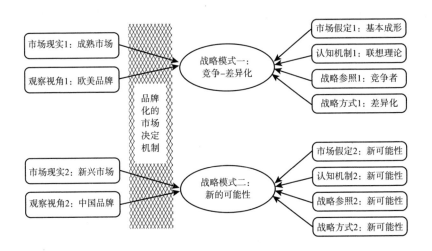

图 4－1　品牌建立的战略模式的多种可能性

究，是发展营销的中国理论的核心内容。需要关注的问题包括品牌化的总体战略、低成本创新、模仿性快速发展、"弱对强"的品牌并购、自身营销体系不成熟与战略灵活性、平台品牌发展、数字化营销与品牌成长、政府政策与国家品牌、产品品牌建立等。以后，还有更多的重要问题有待发现和研究。

2. 关注视角转换后问题的研究

在转换研究视角后，即使是针对与欧美学者共同关注的研究主题，国内学者也可发展全新的研究问题。在品牌国际化的竞争方面，欧美营销学者观察到欧美品牌始于 20 世纪 80 年代的国际化，主要研究"强对弱"的品牌竞争。但当今，关注到中国企业进行品牌国际化时，学者们需要分析"弱对强"的品牌竞争。在品牌策略问题上，两者关注的研究问题也不一样。例如，美国等品牌进入中国时，其品牌名称在本国市场多采用母语命名，进入中国市场时采用音译或意译。中国品牌，在作为起源国的本国市场，就采用外文命名，再据外文音译或意译为中文，如海尔的卡萨帝，美的的比佛利。对这种品牌化策略的评估是值得关注的问题。近年来，国内一批学者在品牌并购主题上，对中国企业"弱对强"的品牌并购策略与绩效进行了富有成效的研究。由此可得到启发，还有很多与欧美营销学者共同关注的主题，可通过采取视角转换方式，从中识别和定义中国营销理论发展中的重要研究问题。

3. 发展多领域、多水平的研究

在西方，制造业尤其是消费品制造业非常发达，现代品牌的建立主要从消费品制造企业开始，品牌化理论主要也是围绕消费品牌而建立。Aaker、Keller、Kapferer 等有影响力的学者的品牌著述也体现了这一特点。但实际上，品牌的建立涉及行业、企业、产品、技术创新、政府支持等不同方面。在中国，高新技术产品品牌、装备行业产品品牌、新兴行业如互联网品牌，是国内品牌发展的重要领域。政府的大力支持也成为品牌发展的独特环境（蒋廉雄和周懿瑾，2012；蒋廉雄，2013）。考虑到上述现实，新兴品牌研究客观上要求不受欧美品牌研究传统的局限，从多行业领域、多个水平上展开研究。只有这样，才能解释新兴市场的品牌化问题，进一步扩展和丰富现代品牌化理论。

4. 扩展研究方法

在品牌化问题的研究上，欧美学者受消费者行为研究的传统影响，以及考虑研究的操作便利，主要采用实验方法[①]。国内学者在研究方法上，也主要学习和采用实验研究方法，但这显然是不够的。考虑到理论发展的重要性，要重视定性研究方法，充分发挥"在场优势"从事理论建构研究。同时发展多水平的研究也需要运用多样性的研究方法。除了发展实验研究方法外，要重视调查方法、计量方法、大数据、神经成像等方法和技术的应用。利用当前雄厚的科研资金投入条件，引进和开发神经成像和大数据等前沿研究方法和技术。

---

① 消费者行为研究在消费者现实、学科名义和性质上，均需要多学科的研究。国际权威期刊（*Journal of Consumer Research*）从 1974 年创刊伊始就呼吁采取这一取向，但实际上其过往发表的成果主要是采用实验方法的，近十年更占到了其发表成果的 80%（卢泰宏，2017；Wang 等，2015）。其他国际刊物、国内刊物也呈现类似情形（李东进等，2010）。

通过学者们的努力，在前沿方法上与国外保持同步，甚至在某些领域实现超越式发展。

参考文献

[1] 陈歆磊、梁屹天，2017，《营销领域中国问题的研究及思考》，《营销科学学报》第 4 期，第 124 ~ 131 页。

[2] 韩巍、张含宇，2000，《论中国营销（学）的处境和出路》，《当代经济科学》第 2 期，第 87 ~ 92 页。

[3] 韩中和、胡左浩、郑黎超，2010，《中国企业自有品牌与贴牌出口选择的影响因素及对出口绩效影响的研究》，《管理世界》第 4 期，第 114 ~ 124 页。

[4] 何佳讯，2006，《品牌资产测量的社会心理学视角研究评介》，《外国经济与管理》第 4 期，第 48 ~ 52 页。

[5] 何佳讯，2016，《品牌与品牌化研究的取向、格局及趋势》，《品牌研究》第 2 期，第 4 ~ 25 页。

[6] 何佳讯，2017，《颠覆的品牌逻辑》，《清华管理评论》第 3 期，第 78 ~ 84 页。

[7] 何佳讯、卢泰宏，2003，《论中国营销的转型方向与研究方法》，《中国流通经济》第 3 期，第 45 ~ 48 页。

[8] 何佳讯、卢泰宏，2004，《中国营销 25 年：1979 ~ 2003》，华夏出版社。

[9] 蒋廉雄，2013，《中国自主品牌的基本战略——基于珠三角地区的研究》，中国社会科学出版社。

[10] 蒋廉雄、周懿瑾，2012，《自主品牌研究的问题与发展探讨——一个营销学的视角》，《中国地质大学学报》（社会科学版）第 2 期，第 84 ~ 94 页。

[11] 蒋廉雄、朱辉煌，2010，《品牌认知模式与品牌效应发生机制：超越"认知 - 属性"范式的理论建构》，《管理世界》第 9 期，第 95 ~ 115 页。

[12] 〔美〕尼尔马得亚·库马尔、〔荷〕扬 - 本尼迪克特·斯廷坎普，2013，《品牌突围：新兴市场品牌如何走向世界》，扈喜林译，中国财富出版社。

[13] 李东进、任星耀、李研，2010，《中国营销研究的发展趋势：基于国内外主要期刊论文的内容分析，2000 ~ 2008》，《营销科学学报》第 1

期，第 124~146 页。

[14] 李飞，2009，《中国营销科学 30 年发展历史回顾》，《市场营销导刊》第 2 期，第 4~15 页。

[15] 〔美〕艾・里斯、杰克・特劳特，2002，《定位》，王恩冕、于少蔚译，中国财政经济出版社。

[16] 卢泰宏，2008a，《营销管理演进综述》，《外国经济与管理》第 1 期，第 32~42 页。

[17] 卢泰宏，2008b，《营销管理演进综述（续）》，《外国经济与管理》第 3 期，第 39~45 页。

[18] 卢泰宏，2017，《消费者行为学 50 年：演化与颠覆》，《外国经济与管理》第 6 期，第 23~38 页。

[19] 卢泰宏、吴水龙、朱辉煌、何云，2009，《品牌理论里程碑探析》，《外国经济与管理》第 1 期，第 32~42 页。

[20] 〔美〕泰伯特、斯特恩索尔，2006，《品牌的定位》，转引自〔美〕泰伯特、卡尔金丝《凯洛格品牌论》，人民邮电出版社。

[21] 〔美〕特劳特、瑞维金，2002，《新定位》，李正栓、贾纪芳译，中国财政经济出版社。

[22] 王海忠，2015，《中国品牌演进阶段的划分及其公共政策启示》，《中山大学学报》（社会科学版）第 4 期，第 169~183 页。

[23] 汪涛，2006，《影响中国企业自主品牌决策的因素分析》，《中国软科学》第 10 期，第 141~149 页。

[24] 吴水龙、卢泰宏，2010，《品牌实践演进中的里程碑——基于品牌实践的案例分析》，《华东经济管理》第 6 期，第 134~139 页。

[25] 杨志勇，2009，《国内营销研究 30 年：焦点与趋势》，《经济管理》第 9 期，第 111~118 页。

[26] 张闯、庄贵军、周南，2013，《如何从中国情境中创新营销理论？——本土营销理论的建构路径、方法及其挑战》，《管理世界》第 12 期，第 89~100 页。

[27] 周南、曾宪聚，2012，《"情理营销"与"法理营销"：中国营销理论发展过程中若干问题思考》，《管理学报》第 9 期，第 481~491 页。

[28] Wang, Xin (Shane), Neil T. Bendle, Feng Mai, and June Cotte. 2015. "The Journal of Consumer Research at 40: A Historical Analysis." *Journal of Consumer Research* 42: 5 – 18.

[29] Bhattacharya, Arindam K., and David C. Michael. 2008. "How Local Companies Keep Multinationals at Bay." *Harvard Business Review* 85: 85 – 95.

[30] Ghemawat, Pankaj, and Thomas Hout. 2008. "Tomorrow's Global Giants, Not the Usual Suspects." *Harvard Business Review* 80: 82 – 88.

[31] Keller, Kevin Lane. 1993. "Conceptualizing, Measuring and Managing Customer-Based Brand Equity." *Journal of Marketing* 57: 1 - 22.

[32] Keller, Kevin Lane. 2013. *Strategic Brand Management.* N. J.: Pearson Education.

[33] Kotler, Philip, and Kevin Lane Keller. 2016. *Marketing Management.* N. J.: Prentice Hall.

[34] Low, George S., and Ronald A. Fullerton. 1994. "Brands, Brand Management, and the Brand Manager System: A Critical-Historical Evaluation." *Journal of Marketing Research* 31: 173 - 190.

[35] Wells, William. 1993. "Discovery-Oriented Consumer Research." *Journal of Consumer Research* 19: 489 - 504.

[36] Wilkie, William L., and Elizabeth S. Moore. 1999. "Marketing's Contributions to Society." *Journal of Marketing* 63: 198 - 218.

[37] Wilkie, William L., and Elizabeth S. Moore. 2003. "Scholarly Research in Marketing: Exploring the '4 Eras' of Thought Development." *Journal of Public Policy & Marketing* 22: 116 - 146.

第五章
数字化时代建立领导品牌的
战略模式

一　引言

在数字化时代，中国企业采用什么战略建立领导品牌，这是亟须明确的问题。在工业化时代，欧美学者发展了"竞争－差异化"的战略模式。作为品牌化总体战略的体现，由于它以欧美成熟市场为现实基础，以欧美企业尤其是以其跨国公司及其建立的国际品牌为视角，将它作为中国企业的品牌化战略存在不适应性。在早前中国企业转型升级的大讨论中，国内学者提出以品牌建立作为转型升级的主要方向，并从制造、创新、学习、价值链、整合、资源、制度环境、市场结构等方面，对产业升级、品牌建立的路径选择等问题进行了探讨（陈宏辉和罗兴，2008；刘志彪和张杰，2009；毛蕴诗等，2009；毛蕴诗等，2010）。近年，随着对"中国营销现象"和"营销的中国理论"的关注，少数国内外营销学者对中国品牌的突破，包括走向全球化等问题，从定位（王海忠和陈增祥，2010；王海忠和李骅熹，2017）、具体战略方式（库马尔和斯廷坎普，2013）等方面进行了探讨。进入数字化时代，一些学者对品牌建立的新战略等问题进行了探讨（何佳讯，2017；Edelman，2010）。但是，在产业转型升级中讨论的问题，在很大程度上是中国品牌建立的前提、条件、基础或影响因素，并未触及中国品牌建立的战略本身及其市场决定机制。学者们关于中国品牌的突破问题的探讨，主要关注分领域的战略、路径和策略。对总体性的品牌化战略问题的讨论，仍然是缺失的。

进入数字化时代，品牌建立迎来了历史性的机遇期。建立以中国市场为现实基础、以中国品牌为观察视角的品牌化战略研究成为一个具有重要理论和实践意义的课题（蒋廉雄，2013；蒋廉雄和周懿瑾，2012；蒋廉雄和朱辉煌，2014）。对它的研究，需要学者们在评估现有的品牌化战略理论基础上，创新性地发展相应的概念和框架。本章的目的就是对此问题加以探讨性分析。

二　品牌化的市场决定机制

品牌化战略的分析包括四个层次：第一个层次是品牌化的市场决定机制，它涉及品牌为何存在和为何成长的本质问题，即品牌化发生的内在逻辑。第二个层次是品牌化的总体战略，它是总括性的品牌化战略，例如欧美学者关于工业化发展的"竞争－差异化"战略。第三个层次是品牌化的具体战略，它确定品牌化战略的操作性概念、内容和步骤，例如欧美学者在工业化时代发展的"细分（S）－目标市场确定（T）－定位（P）"战略。第四个层次是品牌化的策略。在上述四个层次中，前一层次是后一层次存在、发生和实施的基础。在现有研究中，营销学者大多关注后三个层次即品牌如何成长的问题，忽略了最根本的品牌为何存在和为何成长这一品牌化的市场决定机制的基础问题。

考虑到品牌化的市场决定机制事关品牌为何存在和为何成长的本质问题，对它的分析要回到营销学赖以发展的根本常识上来。营销学依据的企业业务经营的根本常识是，企业通过满足消费者需要而获利。这一常识隐含的逻辑是，具有现有和潜在需要的所有消费者构成了市场。消费者的需要具有相应的性质和特征，因此它也决定了市场的性质和特征。公司通过识别目标市场的性质和特征，通过探索、定义、研发、设计、生产，即发展相应的提供物，以及从事提供物的意义化，满足目标市场特定的需要，并通过某些营销活动使自身品牌在竞争性的市场中产生最强的影响力即品牌效应驱动器。市场的性质和特征，提供物的性质、特征和意义化，以及驱动器这三个核心问题及其关系构成了品牌化的市场决定机制，并决定企业采取什么样的品牌化战略（蒋廉雄，2013；蒋廉雄和朱辉煌，2014），如图 5 - 1 所示。

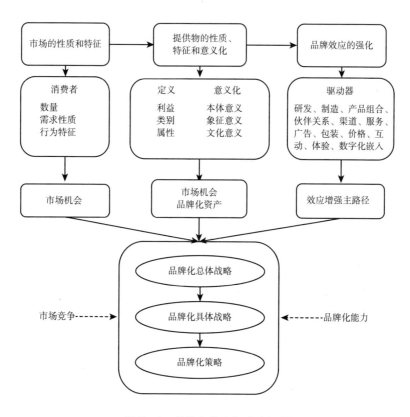

图 5 - 1 品牌化的市场决定机制

在"市场 – 提供物 – 驱动器"这一市场机制中，市场的性质和特征，是指构成市场的消费者数量、需求性质和行为特征等，它提供了某个品牌可识别、建构和服务的市场机会。提供物的性质和特征，是指企业如何理解和识别目标消费者的需要，定义和发展何种产品，包括理解消费者需要，识别品牌建立时可利用的战略性的品牌化资产①，定义什么样的产品利益、产品类别和产品属性。此外，它也确定或约束了品牌建立的潜在市场机会。提供物的意义化，指通过品牌化使产品具有特定的市场身份，以满足目标消费者在生活世界中的意义寻求和实现，从而实现优异的消费者价值，以及消费者按照这一价值愿意支付超过成本价格的商业价值。故对提供物的意义化是品牌化提供物与作为货品的提供物的重要区别。品牌效应的强化，是指采取多样性的品牌营销策略，但实际上往往是某种高强度或独特的主策略，在具有多样性提供物选择的市场中影响消费者的消费认知、决策和行为，即通过营销活动产生增加影响消费者对品牌认知、评价、购买以及后续行为的力量。营销者可从研发、产品组合、成本控制、价格、渠道、广告、促销、服务、物流、互动与体验、数字化嵌入等方面，识别和评估其中最可能持续强化品牌效应的活动作为主要策略，这里将它称为品牌效应增强的主路径。

品牌化的市场决定机制，是从事品牌化所依据的一般性概念和命题。理解和解释这一市场决定机制并在此基础上发展的品牌化理论，包括品牌化总体战略、具体战略和策略属于情境相关的应用性理论。它取决于研究者立足的现实基础和选择的观察视角。

还要指出的是，在现实中还存在影响品牌化总体战略、具体战略和策略的内外部因素，如企业内部的品牌化资源和能力，企业外部的政治、文化环境、市场竞争。关于它们的分析，可参考笔者之前的著述（蒋廉雄，2013）。

---

① 战略性的品牌化资产是指可供发展产品和塑造品牌化驱动器的所有资源，包括来自企业自身、所在国家和地区的各种有形和无形的资源要素。

三　数字化时代的品牌化战略模式创新

（一）新的品牌化战略模式

随着数字化时代到来，中国企业在"市场－提供物－驱动器"方面，面临所谓百年未有之变局，即中国企业建立领导品牌，遇到了全新、重构的时代性机会，正如百年前欧美企业遇到工业化时代一样。

考虑中国市场现实基础并以中国品牌为观察视角，可以发现，中国品牌在市场建构、提供物发展、意义化和品牌化驱动器的选择上具有不同于在工业化时代发展的欧美品牌的性质和特征。总体上，市场边界和空间尚未形成，中国品牌的建立拥有丰富的原创市场机会、多样性来源的品牌化战略资产以及成功品牌化的可能性。在品牌化驱动器的选择上，也拥有新的选择范围。它们总体上决定了中国品牌建立的战略模式，不是基于竞争者的差异化，而是基于消费者期望的原型化[①]。

（二）"期望－原型化"战略的基本框架

1. 市场假定

在品牌化理论发展中，学者们自觉或不自觉地处理着如何看待品牌等研究对象所在市场的基本性质和特征的问题，它体现了其对市场的基本假定。

根据前面分析，"期望－原型化"战略与"竞争－差异化"战略关于市场已成形的性质假定是根本不同的。"期望－原型化"战略对市场的假定是，市场尚未相对成形。这一假定设定了"期望－原型

---

① 为行文方便，后文将基于消费者期望的原型化战略简称为"期望－原型化"战略。

化"战略模式成功的基本条件。其含义是，数字化时代叠加新兴市场性质，使市场的边界和空间尚在形成中，大量新产品有待出现，新产品没有品牌化或品牌化水平较低，加上需求的巨大性和多样性，蕴藏着大量品牌建立的原创市场机会。其中，低度品牌化的现有产品市场、独特资源产品市场、新技术驱动的新产品市场以及社会发展和环境变化新需求催生的新市场，均是符合这一假定的市场。在上述四大未成型的市场中，企业在品牌建立中的第一个任务是建构原创市场。

2. 品牌化的消费者机制

品牌能否建立，最终取决于消费者的认知和反应（泰伯特和斯特恩索尔，2006；Keller，2013）。因此，品牌化战略的发展需要以消费者认知和反应的相关理论作为基础。

尽管消费者行为研究领域的学者们对消费者的认知加工和决策问题进行了多样性的研究，但过去在品牌化战略的分析上，学者们普遍采取联想网络记忆模型（associative network memory model）作为其基础理论（Keller，1993，2013）。在解释品牌效应的产生机制上，学者们认为，消费者由联想构成的品牌知识的差异引起了不同品牌效应的发生（Keller，1993，2013），故品牌的本质在于差异化，品牌化的战略也就是相对于竞争者尽可能地塑造品牌的差异化。但实际上，在获得和分析品牌联想时，只关注到既定产品类别和现有品牌的有限属性差异化。这种通过寻求与竞争品牌有限的属性水平的差异化，为在市场机会有限的成熟市场中发现空隙机会提供了某种理论指引和方法。但由于与竞争品牌有限属性的差异化不能建立高的典型性，采取根据这一认知原理建立的市场战略就难以使品牌成为市场中的领导者。

"期望－原型化"战略根据类别化（categorization）理论来解释品牌效应的发生。类别化是人们在各种情境中产生的基本认知活动。人们通过类别化将各种对象区分为不同类型，并形成关于它与类别中其他成员具有的共同性的概念（Basu，1993；Cohen 和 Basu，1987；Chin-Parker 和 Ross，2004；Loken 等，2007；Loken，2006）。人们通过建立相应的概念来从事类别化和表征类别。

可以说，在人们的认知世界中，万物皆是类别，万物皆是概念。在消费世界，产品、品牌等任何营销提供物，以及抽象的某一品牌意义均可看作消费者从事类别化加工后形成的不同层次、不同性质的概念。上述各种概念的形成体现了人们对营销提供物的期望。

从类别加工原理看，一个要达到领导地位的品牌，必须在市场中具有高的典型性。而要具有高的典型性，就是它需率先识别、定义产品的类别、属性并使其具有最高的表现水平。从品牌类别看，一个品牌在某个产品市场建立高的典型性，便成为该市场中的代表——品牌原型（Nedungadi 和 Hutchinson，1985；Ward 和 Loken，1986；Loken 和 Ward，1990），亦即市场领导者。其内在机制在于以下五个方面。

（1）优先关注。品牌原型的作用方式是，作为原型的品牌在该类别产品和相关市场中具有认知突出性（salience），它可显著影响品牌在不提示回忆情况下被提及的顺序，在消费者搜索品牌时，可作为类别成员优先进入消费者的认知集（awareness set）（Nedungadi 和 Hutchinson，1985）。在数字化时代，优先关注成为品牌赢得消费者购买以及后续行为如分享、评价的基础。

（2）建立评价标准。消费者采用参照点推理（reference points reasoning）的方式，利用成为原型的品牌作为评价其他品牌的参照点，即将原型品牌作为评估其他品牌的基准（Peracchio 和 Tybout，1996；Ward 和 Loken，1986；蒋廉雄和朱辉煌，2010）。

（3）行为相关。品牌原型影响消费者的态度和选择行为。研究发现，品牌原型与品牌使用率、品牌态度、品牌选择存在较高的相关性（Nedungadi 和 Hutchinson，1985；蒋廉雄和朱辉煌，2010）。

（4）竞争壁垒。品牌原型的建立，可获得消费者对品牌的认可和长期采用，并通过参照点效应阻止竞争者通过模仿超越自己（Peracchio 和 Tybout，1996；Ward 和 Loken，1986）。

（5）市场扩展。消费者以品牌原型为标准对提供物进行类别化，即消费者根据品牌的社会声名、营销地位和表现能力对品牌的产品延伸进行评价，相对不受产品类别匹配性的限制。这样，当品牌进行跨类别的新产品延伸时，消费者仍会给予正面的评价。因此，成为市场代表的领导品牌能较灵活地进行市场扩展，最终可成为跨多个类别的超级品牌。

从类别化的认知过程来看，建立在消费者期望基础上的原型化战略更好地体现了品牌认知的本质。一个品牌要成为领导品牌，可在产品市场、个人象征意义、社会文化意义三个层次上建立高的典型性，被消费者认知为相应领域的代表。

因此，"期望－原型化"战略遵循类别化认知原理，不但与市场现实基础一致，也更好地适应了消费者机制，内在地奠定了品牌化战略成功的可能性。

3. 战略参照

战略参照是指品牌化战略确定的出发点。它决定了品牌化战略形成的方向及其计划、实施、控制的标准。

"期望－原型化"战略的参照是消费者，它要求从理解、分析消费者的需要出发并定义其期望，以此作为目标市场界定、产品发展的依据。以消费者作为参照，一方面确定了"期望－原型化"战略的形成方向和实施标准，另一方面可确保这一战略模式与中国的市场现实和消费者认知机制保持良好的一致性。

首先，在市场现实基础方面，数字化时代存在大量的原创市场和可资定义的产品类别、产品属性等品牌化战略资产，因此瞄准消费者的品牌化战略可真正识别、充分抓住中国市场品牌建立的机会，并最有效地利用这些品牌化资产。

其次，在数字化时代，新产品的品牌化水平较低，甚至许多市场品牌还未出现，这一状况决定了品牌建立不可能存在基于竞争者比较的现实基础及内在逻辑。只有以消费者为参照，才能对现实市场以及在此市场中的品牌化战略予以更全面、恰当的理解和定义。

最后，在消费者的认知机制方面，以消费者而不是竞争品牌作为战略的参照，可不局限于与现有产品的比较，而是通过理解消费者期望，满足消费者需要，尽可能地采用原始创新、破坏性创新来定义产品，这样，在同等条件下更有可能建立新产品类别认知和品牌原型，进而成为领导品牌。

4. 战略方式

战略方式是指品牌化战略的主要实现方式。对应于消费者作为战略参照点，"期望 - 原型化"战略要解决的中心问题是，对消费者而言"品牌应该怎样"。在这一战略焦点下，"原型化"成为它的战略方式。所谓原型化，就是适应市场尚未成形的性质，利用存在的大量有待定义的产品类别、产品属性等战略资产，根据消费者的期望发展原创产品和进行多层次的意义化，并通过建立品牌原型成为市场领导者。

品牌原型体现了消费者关于品牌是什么的期望。它包括品牌的社会声名、营销地位和表现能力三个维度。品牌的营销地位是消费者关于品牌的营销力量和风险承担实力的期望。品牌的社会声名是消费者关于品牌的社会认同的期望。品牌的表现能力是消费者关于品牌具有实现高的性能、服务和质量水平的能力的期望。高声名意味着品牌是由消费者自己和其生活世界中的相关成员、群体所认知、认可和使用的。高营销地位意味着品牌更有力量向市场上提供、推广更好的产品，进行更有效的技术和产品创新。更高的表现能力意味着品牌能提供更好的性能、服务和质量（蒋廉雄和朱辉煌，2010；蒋廉雄等，2012）。上述三个维度构成了消费者认知和评价品牌的基本依据和标准。

参考文献

[1] 陈宏辉、罗兴，2008，《"贴牌"是一种过时的战略选择吗——来自广东省制造型企业的实证分析》，《中国工业经济》第 1 期，第 96 ~ 104 页。

[2] 刘志彪、张杰，2009，《从融入全球价值链到构建国家价值链：中国产业升级的战略思考》，《学术月刊》第 9 期，第 59 ~ 68 页。

[3] 何佳讯，2017，《颠覆的品牌逻辑》，《清华管理评论》第 3 期，第78～84 页。

[4] 蒋廉雄，2013，《中国自主品牌的基本战略——基于珠三角地区的研究》，中国社会科学出版社。

[5] 蒋廉雄、冯睿、朱辉煌、周懿瑾，2012，《利用产品塑造品牌：品牌的产品意义及其理论发展》，《管理世界》第 5 期，第 88～108 页。

[6] 蒋廉雄、周懿瑾，2012，《自主品牌研究的问题与发展探讨——一个营销学的视角》，《中国地质大学学报》（社会科学版）第 2 期，第 84～94 页。

[7] 蒋廉雄、朱辉煌，2010，《品牌认知模式与品牌效应发生机制：超越"认知－属性"范式的理论建构》，《管理世界》第 9 期，第 95～115 页。

[8] 蒋廉雄、朱辉煌，2014，《自主品牌建立的"原型化"战略——理论假想与框架》，《中山大学学报》（社会科学版）第 2 期，第 192～203 页。

[9] 〔美〕尼尔马得亚·库马尔、〔荷〕扬－本尼迪克特·斯廷坎普，2013，《品牌突围：新兴市场品牌如何走向世界》，扈喜林译，中国财富出版社。

[10] 毛蕴诗、姜岳新、莫伟杰，2009，《制度环境、企业能力与 OEM 企业升级战略——东菱凯琴与佳士科技的比较案例研究》，《管理世界》第 6 期，第 135～145 页。

[11] 毛蕴诗、吴瑶邹、红星，2010，《我国 OEM 企业升级的动态分析框架与实证研究》，《学术研究》第 1 期，第 63～69 页。

[12] 〔美〕泰伯特、斯特恩索尔，2006，《品牌的定位》，转引自〔美〕泰伯特、卡尔金丝《凯洛格品牌论》，人民邮电出版社。

[13] 王海忠、陈增祥，2010，《中国品牌国际新定位研究》，《中山大学学报》（社会科学版）第 3 期，第 175～183 页。

[14] 王海忠、李骅熹，2017，《提升"中国制造"国际品牌形象的国家战略》，《中山大学学报》（社会科学版）第 3 期，第 194～208 页。

[15] Basu, Kunal. 1993. "Consumers' Categorization Processes: An Examination with Two Alternatives Methodological Paradigms." *Journal of Consumer Psychology* 2: 97 – 111.

[16] Chin-Parker, Seth, and Brian H. Ross. 2004. "Diagnosticity and Prototypicality in Category Learning: A Comparison of Inference Learning and Classification Learning." *Journal of Experimental Psychology/Learning, Memory & Cognition* 30: 216 – 226.

[17] Cohen, Joel B., and Kunal Basu. 1987. "Alternative Models of Categorization: Toward a Contingent Processing Framework." *Journal of Consumer Research* 13: 455 – 472.

[18] Edelman, David C. . 2010. "Branding in the Digital Age. " *Harvard Business Review* 88: 62 – 69.

[19] Keller, Kevin Lane. 1993. "Conceptualizing, Measuring and Managing Customer – Based Brand Equity. " *Journal of Marketing* 57: 1 – 22.

[20] Keller, Kevin Lane. 2013. *Strategic Brand Management.* N. J. : Pearson Education.

[21] Loken, Barbara, and James Ward. 1990. "Alternative Approaches to Understanding the Determinants of Typicality. " *Journal of Consumer Research* 17: 111 – 126.

[22] Loken, Barbara. 2006. "Consumer Psychology: Categorization, Inferences, Affect, and Persuasion. " *Annual Review of Psychology* 57: 453 – 485.

[23] Loken, Barbara, Larry Barsalou, and Christopher Joiner. 2007. "Categorization Theory and Research in Consumer Psychology: Category Representation and Category-Based Inference. " *In The Handbook of Consumer Psychology*, edited by Curtis Haugvedt, Paul Herr, and Frank Kardes, pp. 133 – 163. N. Y. : Taylor & Francis.

[24] Nedungadi, Prakash J. , and Wesley Hutchinson. 1985. " The Prototypicality of Brands: Relationships with Brand Awareness, Preference and Usage. " *Advances in Consumer Research* 12: 498 – 503.

[25] Peracchio, Laura A. , and Alice M. Tybout. 1996. "The Moderating Role of Prior Knowledge in Schema-Based Product Evaluation. " *Journal of Consumer Research* 23: 177 – 192.

[26] Ward, James, and Barbara Loken. 1986. "The Quintessential Snack Food: Measurement of Product Prototypes. " *Advances in Consumer Research* 13: 126 – 131.

195

第五章 数字化时代建立领导品牌的战略模式

第六章
数字化时代建立领导品牌
战略模式的实现方式

一 引言

前面提出，考虑中国市场现实基础并以中国品牌为观察视角，中国品牌在市场建构、提供物发展、意义化和品牌化驱动器的选择上，具有不同于工业化时代建立的欧美品牌的性质和特征。在数字化时代，中国品牌建立的战略模式不是基于竞争者的差异化，而是基于消费者期望的原型化。根据从理论到应用的思路，本章对它的实现方式问题进行分析，为企业应用这一战略模式建立领导品牌提供操作性的依据。

"期望－原型化"战略模式是位于具体战略和策略之上的顶层品牌化战略。以往，对品牌化战略的关注和研究主要是围绕品牌化的具体战略和营销策略进行的，不但轻视顶层总体战略的分析，也缺乏操作性方案。考虑这一原因，希望本章关于"期望－原型化"战略模式实现方式的具体分析，能弥补品牌化战略研究的不足。

二 建构原创市场作为目标市场

数字化催生的品牌化新时代大幕刚刚开启。要充分抓住历史大机遇，首先要理解目标市场的界定和建构问题，明晰品牌发展的大方向。同时，市场的界定和建构方式是决定品牌建立能否成功的首要因素（Reibstein，1985）。由于数字化时代的市场尚未成形，针对原创市场的品牌建立是中国企业的优先考虑，并为后续建立品牌原型，从而为最大化地产生品牌效应奠定基础（蒋廉雄和朱辉煌，2010）。

任何市场的建构，包括市场边界和空间的形成，是通过建立满足该市场消费者需要的市场类别的定义来实现的。根据品牌化市场决定机制中的提供物类别定义的分析，数字化时代中国市场的建构主要在四个领域：现有的低度或空白性品牌化的产品市场，资源产品市场，在技术演变中出现的新产品市场和社会发展、环境变化产生的新需求催生的产品市场。因此，原创市场的建构主要在这四个领域进行。

（一）现有的低度或空白性品牌化的产品市场

这一市场主要是消费品市场。它包括两方面：一是指因工业化、经济和社会发展的时序空间差异，那些在成熟市场国家已经高度品牌化，但在新兴市场滞后出现的产品。它们主要在传统工业产品领域，如汽车、电器、IT 产品、食品饮料、化妆品等。在这一市场，原来的主流品牌基本上是欧美国际品牌。中国品牌作为后来者，经过多年努力，缩小了两者差距，少数成为领导品牌。但随着数字化技术的运用，这一市场未来发展和重构的新机会仍然很大。二是在皮革、家具、五金制品、照明电器、玩具等原来以 OEM 方式生产的产品市场，企业通过从产品代工制造（original equipment manufacture，OEM）到自有设计制造（original design manufacture，ODM）、自有品牌制造（original brand manufature，OBM）的升级和品牌国际化，发展新的领导品牌。目前，在上述行业采取这一策略的成功品牌已不可胜数。

（二）资源产品市场

这一市场来自自然与人类遗产这一品牌化战略资产，主要包括自然资源、文化资源等。对工业产品而言，在自然资源领域主要发展原材料品牌。就消费领域而言，文化相关资源可演变为巨大的新产品市场。首先，中国在漫长历史中积累了丰富的文化产品，如有特色的制造、种植、养殖、中餐、中药、保健以及各种传统的地方产品，它们有些是老字号，这些为创建新品牌提供了来源。其次，文化产品在产品类别、属性和意义的定义上具有独特性和不可复制性，它们使得中国企业在文化产品领域从事品牌建立时具有难以被超越的潜在优势。

（三）在技术演变中出现的新产品市场

现在，互联网、物联网、环保、能源、生物等新技术发展使新产品不断涌现。由于该市场是全新市场，在初始阶段没有现存的品牌。在这类市场中，尤其是电动汽车、集成电路芯片、人工智能、云计算、大数据挖掘、高端存储设备、新一代移动通信设备、智能传感、虚拟现实、生物医药、新材料等领域，新品牌建立成功的机会数量空前。

（四）社会发展、环境变化产生的新需求催生的产品市场

数字化时代叠加经济快速发展，中国的社会和生活环境也处于快速变化中，这一环境产生了新的需求，例如，太空旅游探险、新兴文体娱乐、有机产品等。可以预知，为满足快速的社会发展和环境变化所引发的新需求的新产品将不断出现，它们将为新品牌的建立提供大量的新机会。

三 以提供物为中心建立品牌原型成为领导品牌

（一）基于提供物本体的品牌原型

基于提供物的品牌原型是指品牌成为相应提供物市场中的代表。一个品牌所统领的产品等提供物，通过识别消费者的需要，率先定

义提供物利益、类别和属性，同时采取相关营销活动，使消费者普遍认为其最能代表该类型产品，即具有高的产品典型性（product prototypicality）（Chin-Parker 和 Ross，2004；Nedungadi 和 Hutchinson，1985；Ward 和 Loken，1986；Loken 和 Ward，1990；Loken，2006），并在品牌的社会声名、营销地位和表现能力等三个方面认知上处于最高水平，最终成为相应类别甚至跨类别市场中的品牌代表——品牌原型（brand prototype）（蒋廉雄和朱辉煌，2010）。例如，苹果手机被消费者认为是智能手机产品的代表，王老吉被认为是凉茶产品的代表。

更需要重视的是，在数字化时代，数字化技术的发展与应用使传统的产品形态发生了本质性的变化。建立基于提供物的品牌原型，也可在多个领域展开。

1. 纯粹产品品牌原型

纯粹产品包括纯粹物理属性、真实现场加人或人－机服务体现的现实产品，经由数字化形成的虚拟产品，以及前两者融合而成的复式产品。现实产品如农产品、食品、药品、医疗各种服务等，虚拟产品如电子书、电子票务、电子游戏、数字电影等，复式产品如智能空调、汽车、远程医疗等。在数字化时代之前，企业的提供物主要是现实产品。进入数字化时代，现实产品、虚拟产品和复式产品将同时存在。企业通过决策和努力，在某个或几个纯粹产品市场建立品牌原型成为市场领导者。

2. 平台支持/杠杆的产品品牌原型

提供物的基本形态是第一类的纯粹产品，但可以通过增加数字化平台属性，并借助这些平台属性驱动产品品牌成为市场领导。例如，手机企业生产智能手机这一纯粹产品，操作系统采用第三方开源软件，但华为公司在生产智能手机的同时，推出了自有的鸿蒙操作系统。如果鸿蒙系统进一步发展，华为手机将以鸿蒙操作系统为杠杆促进其成为领导品牌。此外，广汽集团一直生产汽车这一纯粹产品，但近期通过多方合作方式创办网络出行服务平台如祺出行。如果这一网络出行服务品牌不断发展，将给传祺汽车产品品牌提供发展杠杆。在家电等消费品领域，格力、小米等企业纷纷通过推出提供家庭设备联结和管理服务的 App，试图为空调、冰箱、电视等纯粹产品增加平台驱动力来促进品牌发展。

3. 平台品牌原型

这是数字化时代全新的品牌形态，也是最受关注的新兴品牌形态。它是以互联网为基础，提供产品，服务，信息的交易、交换、分享，以及社交、娱乐、支付等的虚拟平台（沈蕾和何佳婧，2018；朱良杰等，2017；许晖等，2017；Ramaswamy 和 Ozcan，2016）。例如，淘宝、天猫、京东、拼多多、微博、微信、小红书、支付宝等。

上述分析表明，首先，数字化时代为企业通过不同类型的品牌原型化建立领导品牌提供了多样且空间巨大的机会。其次，目前集中关注的平台性品牌只是数字化时代的品牌形态之一，而不是唯一。最后，企业需要做出战略决策，创建何种类型的品牌原型就成为何种类别物市场的领导者，而不是类别模糊从而导致不能成为某一类型市场的代表，最终不能成为市场中的领导品牌。

（二）基于提供物意义的品牌原型

1. 身份品牌原型

身份品牌原型是表达消费者个人象征意义的代表性品牌。通过对品牌的意义化，使消费者将其作为表达自我，包括自我概念、个性、生活方式的符号。个人象征意义反映了品牌与消费者自我的联结程度，即品牌支持消费者体现或延伸个人存在的意义大小。一个品牌在市场上建立了基于提供物的品牌原型后，为巩固自己的领导地位，可通过延伸性的意义化，成为消费者表达自我某个维度的代表性品牌，亦即身份品牌（identity brand）（周懿瑾和卢泰宏，2010；Holt，2003，2004；Torelli 和 Stoner，2015）。不言而喻，在一个市场中体现支持消费者表达自我的身份品牌，能成为消费者的首选品牌和至爱品牌。例如，产生于数字化时代的瑞幸咖啡、共享单车摩拜等品牌，表达了消费者个人追求简便、绿色生活的意义，实现了快速成长。

2. 标志品牌原型

标志品牌原型是表达消费者所处社会成员共享的文化意义的代表性品牌。消费者生活在社会中，标志品牌使消费者借助其表达自己所属社会的文化/价值观，即品牌表达了消费者寻求归属等社会存在的期望。它反映了品牌与消费者的社会知识结构的联结程度（Holt，2003，2004；Torelli 和 Stoner，2015）。一个品牌，通过表达消费者所认可、自豪、追随的某种文化精神、社会价值观、趋势，成为该领域的代表，即标志品牌（iconic brand）（Holt，2003，2004）。同样的，能体现消费者所依赖、认同的社会共享价值的品牌，能赢得消费者的喜爱和长期拥戴。例如，华为品牌正在成为手机市场中的中国标志品牌，格力品牌正在成为空调市场中的中国标志品牌，消费者通过购买华为手机、格力空调，表达其与其他成员共有的国家、国货认同感。

标志品牌根据其代表的文化的范围，可分为区域标志品牌、国家标志品牌、全球标志品牌。小到一个村、一个群体聚集的网络社区，大到城市、地区、国家、全球，某个企业的产品都能通过体现该区域成员共享的某种文化成为相应的标志品牌。

（三）建立超级品牌

1. 超级品牌的概念与特征

在数字化时代，企业通过公司品牌或某一主品牌带领一群具有明显联系的品牌群，形成具有多个跨类别产品的超级品牌。例如，苹果、小米等品牌正在呈现典型的超级品牌形态。超级品牌具有工业化时代的大品牌所不具有的新特征，包括以下四个方面。

（1）市场中的全能冠军品牌。它在多个产品类别市场上具有高的市场表现，以及在资源、能力、网络等方面具有很强的综合实力。

（2）爆发式成长。品牌覆盖的市场以月度量的速度发展，并保持高的市场热度，包括产生市场话题和关注度。

（3）不断膨胀。产品类别不断增多，客户基数不断扩大，市场范围不断扩展，总量规模不断扩大。

（4）保持进取。品牌一直具有扩展的雄心，利用拥有的资源、能力和网络不断出击。

2. 创造超级品牌建立的条件

超级品牌是数字化时代出现的领导品牌新形态，企业需要考虑数字化时代产生的新现实基础和内在逻辑，为超级品牌的建立创造条件。

（1）快速建立价值网络。在数字化时代，领导品牌可通过平台支持、平台化，建立多方协同的实体或虚拟合作网络，快速高效获取高速成长、扩展所需的研发、设计、生产、服务、营销等各种资源。

（2）建立品牌的数字化嵌入实现关系联结。通过数字化嵌入，建构不同于现实消费世界的虚拟世界。它可生成数字化的品牌内容、关系、场景与活动等综合构成的虚拟但是联结的关系结构，提供现实世界无法实现的随时、随地、随情境的无边界、无时空障碍的行为基础，确保消费者能随意地进行品牌触达、互动、体验、选择、点赞、评价、分享，建立消费者与品牌、消费者与消费者的关系，增加消费者对品牌不同产品的购买、推荐，快速促进品牌在跨类别市场的渗透以及市场地位的建立。

（3）通过网络化进一步强化品牌原型驱动的类别化认知机制。消费者的品牌认知是基于类别化存在的，在品牌原型驱动的品牌类别表征中，品牌属于上位概念，产品隶属于品牌，品牌的发展取决于品牌的社会声名、营销地位和表现能力，较少受到产品类别认知的限制。在数字化时代，作为市场代表的领导品牌可通过价值网络协作，进一步加强统领多个产品类别或产品群，并不断扩展实力，同时借助这一扩展的过程和结果，以及品牌的数字化嵌入产生的关系联结逻辑，促使消费者对品牌跨类别市场的营销活动建立认知性的聚合联系，让消费者以意义解释的方式形成由社会声名、营销地位和表现能力构成的品牌原型的认知，在消费者世界中进一步巩固品牌作为市场代表的地位。

四　提供物的原创化

（一）确定利益

1. 理解利益的含义

综合学者们已有观点，利益是消费者认为品牌产品能为其做什么，或者说消费者认为它能带来什么好处（Lefkoff-Hagius 和 Mason，1993；Keller，2013；Park 等，1986）。但这里对产品利益的分析进行扩展。产品的利益存在直接性利益和延伸性利益。直接性利益包括功能性利益、经济性利益、情感性利益、社会性利益等。功能性利益是消费者认为产品能为其解决什么问题。经济性利益是消费者感知购买的产品相对其他产品为其降低的经济成本。情感性利益是消费者使用、体验产品时直接获得的心理感受。社会性利益是消费者认为产品实现自己追求的环保、低碳价值观的能力，以及产品在使用中或使用之后能节省的处置成本。产品的延伸性利益，是指通过品牌化后，产品为消费者所能提供的象征意义和文化意义。其中象征意义是产品的来源地、材料、工艺、设计等为消费者表达个人自我的利益，文化意义是产品的来源地、材料、工艺、设计等为消费者表达其与其他成员共享文化、价值的利益。

产品的直接性利益和延伸性利益是品牌价值的内生来源，且通过意义化后可进一步提升品牌价值。对此可从日常经验来理解。一个消费者从农贸市场的一个档口买回小米、玉米、红薯，为自己做一顿粗粮早餐。通常，这些市场档口销售的散装小米、玉米、红薯，它们来自哪家农户都是未知的，连销售它们的商家对其也无法识别。但是，它们可为消费者提供有营养、味道好等直接性利益，以及满足其追求自然健康生活的个人意义这一延伸性利益。对它进行品牌化后，例如加上品牌名、包装，上述利益在消费者认知、购买、消费时被归属到某一品牌名下，此时品牌在市场中可能更加突出地具有营养、绿色、健康等意义。

2. 利益的识别和评价

产品利益可以通过探测消费者对品牌的购买动机和消费目标来识别。产品利益的表现水平可以通过产品盲测或非盲测进行评价。盲测与非盲测的结果，可能是不同的，原因是产品评价受到了品牌的影响。例如，当年百事可乐为挑战可口可乐，在美国各地巡回举办的"百事挑战"产品擂台赛中，采用盲测方式，测试参与者对不带品牌名称的两杯可乐味道的评价，揭晓后的结果是倒入百事可乐的那杯更好喝。但另一个不隐匿品牌名称的实验发现，多数被访者认为可口可乐的味道更好（何佳讯，2017）。因此，产品利益的识别，可通过两种测试以准确识别产品利益的定义和表现是否满足了消费者的需要。

尽管品牌效应可以提升消费者的产品利益评价，但产品本身的利益对品牌价值的基本作用不能轻视。产品利益的定义是产品类别、属性定义的重要依据，并与类别、属性一起构成了产品的形态，是品牌本体意义、象征意义和文化意义的内生来源。对一些产品，尤其是资源产品，对它的不当定义或改变，不但会影响消费者对品牌产品的认知和评价，甚至对品牌的象征意义和文化意义产生损害。例如，由爽甜味道、气泡、褐色等属性以及它们融合而成的产品形态是可口可乐的本体，被美国消费者看作美国生活方式的体现、美国文化精神的象征，当年公司管理者为应对百事可乐竞争压力更改配方的行为，在消费者看来是对它们的破坏，并给品牌发展带来了灾难性的后果。

（二）确定类别

1. 类别发展的方向

如建构原创市场所述，中国品牌的产品类别的定义主要在四个方面：低度或空白性品牌化的产品类别定义、资源产品类别定义、新技术发展出现的产品类别定义以及社会发展和环境变化产生的产品类别定义。其中第一类和第二类属于在现存基础上所做的延伸性定义，第三类和第四类属于在未有基础上的创新性定义。

2. 新的提供物形态

数字化技术的产生，使提供物的形态，经由类别、属性附加数字化甚至完全数字化后，可发生革命性的改变。

（1）产品作为产品。这就是在前文品牌原型类别分析中所指的纯粹产品，包括由纯粹物理属性和真实现场服务、纯粹数字化以及二者融合而成的现实产品、虚拟产品和复式产品。

（2）产品作为平台。这类产品在产品增加平台属性后趋向于平台化，其初始的基本形态是纯粹产品，目前看到的主要是数字产品，如360杀毒软件、搜狗输入法、360浏览器、WPS等。产品趋向平台化后，保留纯粹产品这一基本形态，但通过纯粹产品的免费，增加数字化平台属性和增值服务，使产品最终成为某一类型的平台。产品作为平台的目的，是在以企业自身产品建构的平台上，营销第三方的提供物。成功的前提是平台获得并保持最大的规模，为此往往以自身产品免费的方式获得和保持高流量，但由于公司自身的提供物有限，不足以匹配平台运营的特性，需要尽量联合、销售第三方提供物，例如广告、产品等实现营收。

一些纯粹物理产品，如广药集团在王老吉凉茶产品包装上增加二维码，通过吸引消费者在购买其产品后扫码，从而将王老吉凉茶产品转变为消费平台。这些传统企业以及许多互联网公司，试图打造纯粹产品作为平台的提供物，但成功者寥寥。主要原因可能在于，公司不能放弃已具有庞大现金流且在市场中处于较强地位的自身产品来免费吸引流量，而且公司在平台上的自身提供物有限，不足以维持平台运营。当与第三方合作营销提供物时，平台的吸引力也不够。

（3）平台作为产品。将以互联网为基础的产品，如服务，信息的交易、交换、分享，以及社交、娱乐、支付等虚拟平台（如淘宝、微信、京东、豆瓣等）作为整体产品。平台产品运营的方式是，通过建立平台的高知名度实现中心化，成为某个领域的领导者。由于用户规模巨大且市场集中度较高，它往往拥有丰富的第三方参与或提供物。同时，企业在平台基础上开发、营销企业自身的产品。例如，除了给第三方提供销售场景获得收入外，推出广告、数据服务是淘宝平台重要的收入来源。同样，微信通过提供免费社交服务获得巨大流量后，推出广告服务、支付服务、出行服务等产品作为营收来源。

平台产品在当今热度最高，以至被简单化地认知为数字化时代唯一或最理想的产品形态。但实际上，在一个数字化的市场中，受总体流量、规模的限制以及网络中心化的性质使然，可发展的平台产品的数量非常有限。除了高度中心化和规模化的平台外，许多平台，尤其是通过吸引用户与第三方参与者的内容分享、社交等平台，由于公司未能发展高代表性的自身提供物，在创造营收、实现平台的可持续发展方面存在较大的内生性障碍。

（4）混合型产品。兼具纯粹产品和平台特性，但产品并非企业生产或拥有，如网络约车平台滴滴出行。混合型产品与产品作为平台的提供物，表面上看起来相似，但存在的内部区别是，后者的产品是企业自己生产或拥有的。例如，同样作为网络约车服务企业的如祺出行、神州租车等网络租车公司，其提供物属于以产品作为平台的类型，其中的产品是公司自己拥有的车辆，并以此提供网络约车服务。

上述不同类型产品的潜在规模不一样，前景的想象力不一样，成长的速度不一样，扩展的方式也不一样。在品牌化战略上，如目标市场、品牌原型化的类型，以及品牌化的驱动器方面，同样也是不一样的。

3. 类别的命名

根据品牌化的市场决定机制分析，原创提供物的发展通过定义产品利益、类别和属性，并形成产品概念来实现。为此，可建立"需要－动机""目标－期望"的框架展开分析。"需要－动机"分析是指在理解消费者需要的基础上识别产品的消费动机。其中，需要是消费者获得各种满足的心理倾向，而动机则体现了消费者购买和使用某一产品的根本原因（Solomon，2009），它决定了消费者对产品类别和利益的认知。"目标－期望"分析则在发现消费目标的基础上理解消费者对产品的期望。其中，目标是消费者使用某类产品时希望实现的利益及达成的最终状况（Huffman 和 Houston，1993；Gutman，1997），而期望则是消费者为达到这一目标，包括实现追求的利益时，希望使用的产品应该具有一组什么样的属性。

在理解上述框架基础上，对产品类别做出定义和命名。定义步骤是，理解消费者的需要，识别其对产品的使用动机，并在此基础上发展出类别名称。例如营销者识别消费者对罐装王老吉产品的使用动机是预防上火而不是祛火，故以此界定其产品应归属的类别，并首次发展了凉茶饮料这一类别名称。同时，通过理解消费者期望，定义了产品的属性，包括好的味道、饮料包装等。

（三）确定提供物的属性

1. 物理与现实属性

提供物的属性是其实现消费者期望的功能和利益所需的必要成分，即它是消费者认知的构成产品、传递服务等的具体成分或要素（Lefkoff-Hagius 和 Mason，1993；Keller，2013；Park 等，1986）。例如，产品的属性是构成产品的所有物理或现实要素，决定了其可实现的利益。同样，在服务业，现实世界的场景与人员构成了服务的现实属性。在市场中，产品与品牌不可分离，提供物的属性也是品牌的物理特征，决定了品牌可提供的多数利益。当一个产品以品牌化方式率先进入市场被消费者所接受时，其所具有的物理、现实特征如形状、成分、界面、服务方式等也会被消费者认知为构成产品类别的属性。提供物的属性不但满足消费者的功能性需要（Keller，1993），而且也通过品牌提供非功能性的利益（蒋廉雄等，2012）。

一个进入市场并被消费者接受的品牌，必须具备一组符合其期望的属性。欧美品牌研究者的基本观点是，一个品牌若要在市场中取得成功，必须具备与竞争者处于同一表现水平的属性（等同点）和不同于竞争者的属性（差异点）。但消费者行为研究发现，当企业选择在某一产品类别上从事品牌化时，相应品牌能否被认知为市场中的领导品牌，取决于其产品典型性的高低，即由各种属性构成的产品能否被认知为所在产品类别的主要代表。

在工业化时代，欧美地区企业作为第一行动者，早已在许多产品和服务市场建立了提供物的典型性。但进入数字化时代后，原有的提供物面临重构的机会，新的提供物有待成形，这些有待定义的提供物类别以及作为其构成的属性，构成了建立领导品牌的丰富战略性资产。

2. 数字化时代提供物的新属性

如前所述，数字化技术的产生，不但产生了新的营销提供物，而且对通常的产品，也通过对其属性附加数字化，即产品的数字化甚至完全的数字化，强化、重新定义了互动性、体验性，增加了通灵性等新属性，并使产品的形态发生了革命性的改变。

（1）互动性。

数字化时代的消费互动，使发展于现场服务的以人－人为主、人－机为辅的现实互动模式改变为人－机为主、人－人为辅的虚拟消费互动模式。表现为，前者的互动是营销者对消费者一对一的互动，后者可以是消费者与产品、消费者与营销者、消费者与消费者一对多、多对多的互动。前者依靠面对面的口头语言，后者依靠数字化技术实现文字、语音、图片、视频等多方式、更生动的互动。

（2）体验性。

数字化时代产生的新互动方式，是将以产品直接接触、服务现实场景为基础的消费体验模式改变为人对机的虚拟体验模式。借助于消费者与产品、消费者与营销者、消费者与消费者互动，进而实现超现实的品牌体验。虽然它不等同于现实体验，但在体验印象、体验刺激上远远超过了现实体验。随着移动互联网的普及，品牌通过建立良好的互动、体验，发展品牌社区。

（3）通灵性。

在数字化时代，随着人工智能（AI）技术快速融入产品中，使产品具有理解、实现人的意图并做出反应的能力。在这一过程中，伴随着产品的高度智能化（甚至超越人的智能），产品对人的意会性、可体验性、拟人化，以及人与产品之间的互动性，综合地产生了数字化时代最具震撼性的新产品属性——通灵性。即它是融合了智能化、意会性、拟人化、互动性和体验性的综合性的新产品属性。

产品的通灵性虽是数字化时代营销提供物的新属性，但随着它的普及，就像菜要好吃、饮料要好喝、飞机要安全一样，将成为产品的基本特征，即标配或必须具备的要素。目前，通灵性的属性已出现在家电、厨房设备、手机等产品上，未来将扩展到各种类别的产品上。因此，通灵性本身并不必然成为品牌优势，只有当它显示出高的独特性、优异性时，通灵性才能满足消费者的需要，并成为品牌优势的来源。

（四）类别和属性定义的策略

1. 基本原则与方式

在定义产品利益，确定产品属于某个类别后，接下来需要根据消费者的目标及由此决定的产品期望确定一组体现该类别的产品属性。它解决对消费者而言"品牌应该怎样"的基本问题。虽然产品属性的实现在一定程度上受制造、技术等因素发展水平的影响，但它的定义和选择本身具有多种可能性。决策的基本原则是该属性能否实现消费者的消费目标，从而满足其功能性和非功能性的消费需要。因此，企业如何恰当地定义产品属性，最终是根据其所理解的消费者期望来决定的。

产品类别和产品属性的定义，可在保持、改进、转化、创新及重构的方式中进行选择。在特定品牌如历史品牌的战略研究中，学者们关注和讨论了"保持"还是"创新"的问题（Berry，1988；Keller，1999；Lehu，2004；何佳讯等，2007）。这里也使用了这两个术语，但含义有所区别。先前研究所指的范围是品牌资产、品牌意义等，甚至含义是模糊的。这里明确地是指产品的类别与属性。此外，先前的研究也没有关注"转化"的问题。

2. 低度或空白性品牌化的现有产品属性定义

低度或空白性品牌化的现有产品已存在于成熟市场，并随着市场的全球化尤其是国际品牌的进入而陆续在中国市场出现。这些产品的类别和属性，在成熟市场已发展出现存的定义，例如电脑、汽车、智能手机、化妆品等产品，对于什么属性构成这些产品，成熟市场地区的消费者是熟悉的。但由于中国市场的品牌化进程晚于成熟市场，对中国消费者而言，这些产品相对是新的，对企业的营销管理而言，是向市场推出同类别的新产品。企业可采用模仿策略，即保持现有的属性定义发展产品。

但需要指出的是，在这些高度品牌化的现有产品类别市场，中国品牌超过现有欧美品牌的有效方式是在理解消费者期望基础上进行改进、创新、重构，而不是单纯模仿现有产品。改进是通过减少、剔除、强化、增加等方法对产品现有属性进行优化，创新是通过引入新技术、新工艺、新材料等定义新的产品属性，甚至产生新的产品类别。重构是通过对现有的产品属性，通过减少、剔除、增加以及重新组合、转化并产生新的产品类别和形态。此外，也可通过嵌入独有的品牌化资产，如文化元素，重新定义产品进而创造新的类别和属性[1]，并建立高产品典型性打造领先品牌。

例如，对于坚果产品，以往均是散装产品，或者单一产品包装，但三只松鼠通过推出"每日坚果"这一组合性产品，重构了包装坚果产品的类别和形态。方太推出水槽洗碗机，改变了传统嵌入式洗碗机的类别和形态，并获得中国消费者的喜爱。化妆品作为成熟的产品类别，欧美国际品牌在中国市场占据了领导地位，中国品牌例如大

---

[1] 在欧美学者的战略营销理论中，建立新类别也是品牌定位的途径之一。但是，其所指的新类别是基于市场中现有的产品类别、竞争者的产品类别而有意产生的，它的前提和来源是，在与既有的一个类别对比中产生一个新的类别。例如，考虑到可口可乐作为碳酸饮料产品类别的代表，七喜饮料为有效参与竞争将自己定位为非碳酸饮料（里斯和特劳特，2002；劳拉·里斯和阿尔·里斯，2005）。本章所定义的新产品类别的建立是基于消费者需要，市场中是否存在这一产品类别并非它产生的前提。

宝、小护士等，虽然在市场中取得了不俗的表现，但是一直未能超过国际品牌，最终被欧美国际品牌收购。尽管被收购的原因是多方面的，但未能通过创新建立品牌的高产品典型性超过这些国际品牌，从而导致企业后续经营能力、信心不足的问题是内在原因之一。与其形成对比的是，在洗发水市场，霸王公司通过发展中药洗发水的新产品成功突围，成为该类别市场中的领先品牌。近年来，OPPO、vivo、小米也通过产品的改进甚至创新取得了初步的成功。

3. 资源产品的属性定义

除原材料外，文化资源产品通常已有初始性的产品形态存在，其属性对起源地区的消费者而言也是熟悉的，如对于什么属性构成凉茶，广东地区的消费者几乎人人皆知。但文化资源产品多数没有品牌化，或者品牌化程度较低。对原材料，可强化其独特的地理位置、成分、性状等，进行要素品牌化。对文化产品进行品牌化时，需解决的关键问题是如何向起源地区之外扩展，建构更大规模的市场。对非起源地区消费者而言，该产品的类别和属性仍然是新的，他们对该产品的消费需要可能不同于起源地区的消费者，需要重新理解其动机和期望，然后进行转化，即再定义其类别和属性。例如，罐装王老吉凉茶饮料的品牌化，在利益满足上从事了从"治疗上火"到"预防上火"的调整，在类别上经过了从"药品"到"饮料"的转变，在属性上则采取了降低味道的"苦"而增加味道的"甜"的取舍①。率先在全国市场推出后，成为正宗的凉茶饮料品牌。类似的，我国的种植、养殖、中餐、中药、保健产品，包括其中的许多老字号，如北京烤鸭、陕西的肉夹馍等可采取这一转化策略进行品牌化。

4. 新技术发展出现的产品属性定义

因新技术发展出现的产品属于全新的产品类别。它由新技术驱动而出现，在形态上包括两类：一是产生全新的产品，如利用新技术发展的机器翻译、脑机接口产品、人体外骨骼系统等。二是替代现有产

---

① 参见蒋廉雄主持的罐装王老吉品牌定位项目研究报告（2003年2月）。

品，如 AI 冰箱、5G 手机等。但无论对哪类新技术产品，能否取得成功，关键在于它能否满足消费者的需要①。因此，理解消费者期望，并通过创新建立未有的产品类别和产品属性成为关键。例如，平板电脑于 1987 年产生，但由于各企业未能对其进行准确的产品类别和产品属性定义，一直未能取得成功，直到 2010 年苹果公司推出 iPad 才被消费者普遍接受，并成为市场中的领导品牌。原因在于，苹果公司在类别上首次将其定义为娱乐电脑，在属性定义上将电容式触摸屏等作为其主要产品属性。② 近年，大疆公司在无人机市场通过创新取得了领先优势，华为在 5G 移动通信、智能手机领域，同样通过大力创新，奠定了市场的领先地位。

在随新技术发展出现的产品中，数字化产品如微信的属性定义，有着与非数字化产品如可口可乐、王老吉凉茶等不同的方式。前者通过快速迭代进行产品创新，后者首次定义类别、属性并保持初始产品形态不变。就微信等数字化产品而言，其产品迭代有两种不同的类型。其一是通过识别用户需要，不断创新发展新的属性，如微信从最初的文字沟通属性扩展到图片、视频、语音交流乃至支付等属性，并根据用户使用反馈确认代表性的属性；其二是对每个新定义的属性进行不断改进，例如对即时沟通属性中的聊天记录问题，从搜索、保存和迁移等方面从事改进式的完善，这一类型迭代的周期更短、频次更多。通过这两种迭代，最终发展出最能满足消费者需要的代表性产品属性。

5. 社会发展和环境变化产生的产品属性定义方式

社会发展和环境变化产生的产品，在一定程度上也属于全新的产品类别。这类产品的定义，除了保持既有产品的某些定义，受新技术发展影响会出现新的类别和属性。因此，理解消费者期望，通过重构

---

① 普遍的观点是，技术创新能否最终成功，取决于能否满足消费者的需要。关于此方面研究的系统介绍参见 Hauser, John, Gerard J. Tellis, and Abbie Griffin, "Research on Innovation: A Review and Agenda for Marketing Science," Marketing Science 25 (2006): 678-717.

② 参见 Check Out 16 Tablets Through the Years, http://www.businessinsider.com/history-of-the-tablet-2013-5? op=1#ixzz2VKanBtaM。

建立新的产品类别和产品属性，是取得成功的重要途径。

表 6 - 1 总结了原创产品的发展方式。

表 6 - 1　原创产品的发展方式

项目	现存基础		未有基础	
产品类别定义领域	低度或空白性品牌化的现有产品类别	资源尤其是文化产品类别	新技术发展出现的新产品类别	社会发展和环境变化产生的新产品类别
产品的属性定义	定义现有的熟悉性属性	定义现有的熟悉性属性	定义尚不存在的创新性属性	定义尚不存在的创新性属性
主要产品意义的塑造	独特性 优异性 利用外部战略性资产	独特性 正宗性 利用外部战略性资产	先进性 优异性 依靠特定的内部能力	先进性 优异性 依靠特定的内部能力
定义的实现方式	保持、改进、创新、重构	保持、转化	创新	创新、重构

五　品牌意义的塑造

品牌与产品的本质区别是，产品只是生产物，而品牌是意义物。品牌化的基本任务之一是赋予公司的提供物以意义，使被标识后的公司产品具有特定的市场身份，满足目标消费者在现实生活中的意义寻求和实现，以创造消费者价值和公司价值。品牌意义化的主要方式，可从本体意义、象征意义和文化意义三个层次上考虑。

（一）品牌的本体意义

品牌的本体意义是指品牌基于提供物，即通常所说的产品所具有的意义。产品是品牌的本体，离开了产品，品牌在市场中将不存在。因此，产品是品牌存在和营销，包括品牌意义塑造的根本和基础。

在品牌原型化战略中，通过原创方式建立代表性产品是中心任务。近年出现的极致产品、爆品、爆款，就是以发展产品为中心的品牌化方式的具体体现。在数字化时代，无论是手工制作的传统产品还是融合人工智能的现代产品，无论是采用线上还是线下、传统媒体还是社会化媒体营销的产品，它们在体现消费者期望的基本意义上长时间不会改变。

以往对产品的界定主要局限于物理属性，但本书前述的研究扩展了这一边界。消费者除了对品牌的产品属性形成认知外，还在品牌的原料、制造、工艺等基础上建构系统的品牌产品意义。品牌的产品意义超越了管理者定义的品牌物理特征，它被进一步解释为独特性、先进性、正宗性和优异性。品牌的产品意义影响消费者对品牌的功能性利益、情感性利益和社会性利益的认知以及品牌态度的形成和品牌选择（蒋廉雄等，2012；蒋廉雄等，2016）。因此，关于品牌的产品意义的分析可在更抽象和集中的水平上进一步发现产品在品牌化战略中的作用。对中国品牌而言，它还可识别企业在品牌的本体意义塑造上所能选择的方向和可利用的战略资产。

1. 品牌独特性

品牌独特性是一个品牌所独有的产品性意义。它涉及消费者关于目标品牌与其他品牌相比形成的独有或更突出的产品相关方面。独特性的塑造可从产品制造、使用、原料、成分、配方、工艺、互动、体验、通灵性等多个方面寻找来源。在品牌化上，独特性是无前提的品牌产品意义。对低度或空白性品牌化的现有产品、资源产品、因新技术发展出现的新产品以及社会发展和环境变化产生的新产品，均可通过塑造品牌独特性取得成功。同时，它与企业背景、规模、实力无关。在中国市场，存在不同于欧美成熟市场的社会环境、文化背景和品牌化资源，同时许多企业，尤其是新创企业实力有限，通过在产品资源市场上塑造品牌的独特性是建立品牌的优先选择。

2. 品牌先进性

品牌先进性是消费者关于品牌的技术、制造、工艺、功能设计等发展水平而建构的品牌产品意义。消费者在感知品牌的新功能、功能多样化、质量优异性以及功能的简明化和智能化基础上，通过推理形成品牌先进性的判断。消费者建构的先进性涉及技术、制造、工艺等发展水平。与独特性不同,先进性的塑造是有前提的。它主要适合于因新技术发展出现的新产品以及社会发展和环境变化产生的新产品,尤其是前者。此外,品牌先进性的塑造,与消费者对品牌归属的公司背景,如地位、规模、历史、能力等认知有关,有研发实力和能力的企业才可在此方面建功。

3. 品牌正宗性

品牌正宗性是消费者认为当前品牌产品生产的原料、工艺、技术及来源地保持稳定的状况,即品牌在核心产品属性上使消费者感知到稳定或一致性。它是品牌作为代表所属产品类别本真性的体现。在激烈竞争、快速变化的营销环境中,企业对产品本真的坚持和耐心可塑造品牌正宗性。正宗性的塑造也是有前提的,它主要适合于资源产品,这类产品的基本属性、意义来自文化等遗产性资源,保持正宗性满足了消费者保存或传承的动机。而对于因新技术发展出现的新产品、社会发展和环境变化产生的新产品,如果产品保持稳定,则意味着产品缺乏创新、品牌老化,将会被竞争者所超越,最终被市场淘汰。

4. 品牌优异性

品牌优异性是指消费者感知到的品牌具有超出同类品牌的表现水平。通俗地讲,就是让企业的品牌在产品整体或某个方面做得比竞争者更好。品牌优异性的建立也可在原材料、生产工艺、生产加工质量、做工、使用效果、互动、体验、通灵性等产品相关方面进行。优异性是无前提的品牌产品意义,无论是低度或空白性品牌化的现有产品、资源产品,还是因新技术发展出现的新产品以及社会发展和环境变化产生的新产品,做得比同行更好,就能更好地满足消费者的需要,获得消费者的关注、选择和推荐。

(二)品牌的象征意义

身份品牌的塑造需要赋予品牌以象征意义,使品牌具有为消费者表达自我，包括自我概念、个性、生活方式的能力（周懿瑾和卢泰宏，2010；Holt，2003，2004；Torelli 和 Stoner，2015），例如品牌为消费者表达自我寻求的美貌、地位、激情、豪放、阳光、冷酷、自在、慢生活等。个人象征意义反映了品牌与消费者自我的联结程度，即品牌支持消费者体现或延伸个人存在的意义大小。

与产品意义是内生的不同，品牌的象征意义，来自内生与外生两个方面。在内生方面，通过特定品牌来源地、材料、配方、工艺、产品设计等产生象征意义，例如通过珍贵材料、高档奢华的造型，激发消费者将某个品牌的汽车解释为身份的象征。在外生方面，营销者通过品牌名称、标识、定价、广告、代言人、拟人化等方式，塑造某种象征意义。例如，使用摇滚音乐明星作为品牌代言人，往往用于传达激情的象征意义。

在数字化时代，网络的普及，尤其是视频类内容的广为传播，为消费者提供了触手可及的多样性、生动性信息。同时，参与内容生产、发布的明星和网红的示范作用得到了前所未有的放大。这些促进了数字化时代个人价值的分化、个人主张的表达和个性化生活方式的追求。因此，在数字化时代，品牌象征性意义塑造的空间和机会更广更大，为身份品牌的建立提供了大量的市场机会。

（三）品牌的文化意义

标志品牌的塑造需要赋予品牌以文化意义，使品牌具有为消费者表达其与所在社会成员共享的文化、实现其寻求归属等社会存在的能力，例如品牌为消费者表达崇尚的国家信念、全球流行文化、民族传统、家乡习俗与生活习惯等。文化意义反映了品牌与消费者的社会知识结构的联结程度（Holt，2003，2004；Torelli 和 Stoner，2015）。

品牌的文化意义，同样来自内生与外生两个方面。在内生方面，通过界定特定区域的品牌来源地，采用文化区域内的特色材料、配方、工艺、设计等制造提供物，都可产生品牌的文化意义。例如，通过采用贵州苗族传统的蜡染布料制作服饰，为那些具有传承传统生活信念的消费者提供了表达其对传统文化信念的意义。此外，对于起源于外来文化的品牌，将当地市场地区的文化元素嵌入品牌，也是实现品牌文化意义内生的一种特定方式。例如，近年许多欧美品牌，在中国市场进行营销时，引入中国元素开发新产品等，如肯德基推出粥品、油条等中国传统产品，必胜客推出中国味比萨系列产品。在外生方面，将某个区域文化的神话、传说、习俗、意识形态等文化内容，尤其是作为其文化象征物的人、机构、事物等标志，例如作为中国文化标志的长城、龙、太极图、武术、孔子、老子等（周懿瑾和卢泰宏，2010），通过品牌名称、标识、包装、零售环境、代言人、广告信息、时尚系统、文娱系统进行表达和沟通，激发消费者的文化意义联想，继而影响消费者对品牌的认知和评价（MacInnis 等，2019；McCracken，1986）。在具体沟通方式选择上，通过广告、电影、音乐以及虚拟现实、现实增强等技术传达文化，并将品牌与区域、国家乃至全球文化联系起来，最终使品牌本身成为某一文化的代言者，此时区域、国家或全球标志品牌就建立了起来。

品牌文化意义的塑造与扩散，通常需要一个前提，即品牌所负载或植入的文化意义，在品牌营销前，它在该文化区域内部和外部是广为人知的。但在数字化时代，文化意义的发现、挖掘、传播呈现多向、加速的趋势。流行文化，如时尚文化的塑造，由于网络普及和网络效应的存在，一夜可传遍全球。在这个意义上，品牌文化意义的塑造不再受到这一条件约束。对于之前不为人知的文化意义，在数字化时代可与品牌建立同时进行。总体来看，在数字化时代，品牌文化意义的塑造，也为领导品牌的建立提供了越来越多的机会，并可获得更快、更大、更好的效果。

（四）三层次意义的关系与组合

1. 关系

在品牌的三个层次意义中，品牌的本体意义是基础性、根本性的。它表达品牌的产品形态、物理特征和实用价值，同时它还隐含了象征意义和文化意义。品牌象征意义和文化意义，它是品牌的延伸性意义，在性质上是抽象的，表达品牌的非物理特征和非实用性的价值。

品牌的本体意义可以独立存在。作为延伸的品牌的象征意义、文化意义，如果以内生方式产生，它们与品牌的本体意义融为一体，且相互强化。但如果以外生方式产生，它们不能独立存在。此外，品牌的象征意义与文化意义，是个人－集体两个端点的意义类型。前者强调个人的、自我的，即"我的"价值表达；后者强调社会的、大家的，即"我们的"价值表达（Escalas 和 Bettman，2005；Swaminathan 等，2007）。一个品牌很难同时承载两种端点性的意义。

2. 组合策略

考虑上述性质，品牌意义的塑造可以采取三种方式。

（1）只塑造品牌本体意义。在品牌意义化上，完全凭借产品本身的意义化。例如，王老吉、老干妈通过塑造品牌的独特性、正宗性，成为凉茶饮料产品、辣椒酱的领导品牌。

（2）品牌本体意义＋象征意义组合。以产品本身的意义化为基础，附加表达消费者自身的"我的"象征意义。例如，在本体意义上，小米着力于通过高配低价产品建立品牌优异性的本体意义。在此基础上，通过提出和沟通"为发烧而生"的主张，塑造品牌为消费者表达追求个人存在和极致体验的象征意义。OPPO 通过手机外观、拍照功能优化建立品牌独特性、优异性的本体意义，同时结合年轻明星代言、综艺节目赞助、广告植入等，塑造品牌为消费者表达追求时尚的象征意义。

（3）品牌本体意义＋文化意义组合。以产品本身的意义化为基础，附加表达消费者共享的"我们的"文化意义。例如，茅台通过产地、原料、工艺塑造品牌独特性、正宗性、优异性的本体意义，成为酱香型白酒的领导品牌。同时，还塑造品牌为消费者表达经典文化传承的意义。格力、华为以塑造品牌先进性、优异性的本体意义为基础，同时塑造品牌为消费者表达支持中国先进制造、新国货的文化意义。

在上述方式中，最有效的方式是第二种或第三种。当前，越来越多的品牌开始采取以本体意义为中心的组合式策略塑造品牌意义，但存在一些问题。一是一些品牌对产品价值的发掘不够，本体意义塑造不足。二是与此相对，一些品牌轻视塑造本体意义，过于偏向从外生方式上塑造象征意义和文化意义，长期来看，这可能导致品牌"空心化"。这两种问题均要注意避免。

六　品牌化驱动器的建立

（一）品牌化驱动器的类型与选择

品牌效应的强度决定了品牌影响消费者的认知和选择的力量。这些力量的直接来源是品牌的提供物及其意义化。在此基础上，企业在市场中根据自己的消费者－产品组合，通过识别、选择品牌化驱动器，进一步增强或放大品牌效应，以提升品牌知名度和市场渗透率，加速品牌成长、强化品牌地位和竞争优势。在品牌建立中，企业可计划、控制并影响消费者的感知和评价，进而增强品牌效应的各种因素都可考虑为品牌化驱动器的选择范围，通常包括研发、成本控制、产品组合、包装、价格、渠道、促销、广告、服务、互动、体验和数字化嵌入等。从来源上看，品牌化驱动器有两类：一类是依靠资金、人才、管理等企业内部能力塑造的品牌化驱动器，如研发、广告、配送服务、成本控制等；另一类是可识别和利用的存在于企业外部的品牌化战略性资产，例如独特的原料产地、文化遗产等可用来定义独特的产品类别、产品属性和产品意义等。从作用方式上，品牌化驱动器也可区分为两种类型：一是自发驱动器，例如产品，一旦设计、生产好投入市场后，其产品本身的表现会影响消费者的评价和推荐，并影响消费者本人和他人的后续购买。二是非自发驱动器，例如广告，它在提升消费者的品牌认知、促进品牌购买时需要额外投资，才能实现效果。

数字化时代不但为品牌建立提供了前所未有的市场机会，而且对品牌建立产生了新的逻辑和方式（何佳讯，2017；Edelman，2010），包括品牌化的新驱动器。培育流量、网红、粉丝、产生病毒式内容传播等，成为广为关注和使用的策略。但对数字化作为品牌化新驱动器的探讨，有待进一步发展。

（二）品牌的数字化嵌入

1. 概念

格兰诺维特提出的行为嵌入性理论认为，人们的行为是嵌入在由社会关系形成的社会结构中的（Granovetter，1985）。但其所指的社会结构是建立在人们生活的现实基础上的。随着数字化时代的到来，基于数字化技术产生的虚拟世界将发展并最终成为与现实世界并行、交互的新时空。随着数字化技术，如快速无缝的移动网络、虚拟现实、现实增强、人工智能、云技术的发展和普遍应用，人们在数字化世界建构的社会结构越来越独立并超脱于现实世界的结构。在数字化时代，人类的社会结构由纯粹的现实一体性结构衍生出现实、虚拟并行与交叉的二重结构。现实世界结构此时成为初级结构，虚拟世界结构则是次级社会结构，即数字化世界的社会网络嵌入。在性质和特征上，前者是原始的、基本的、基础的，而后者则是复杂的、丰富的、生动的和多样的。

品牌的数字化嵌入（branding in digital embeddedness，BDE）是数字化世界的社会网络嵌入的重要构成，是企业建立领导品牌的主要驱动器之一。在数字化世界里，营销者、消费者、第三方等共同创造的数字化品牌内容、关系、场景与活动，综合性地构成了新的虚拟社会结构。在这一结构中，消费者可以接触到超过现实世界 N 个维度 X 倍的品牌、产品等数字化信息，虽然不可触摸，但它在规模、结构以及呈现、互动、体验质量上可能超越了真实世界。相对于现实消费世界，数字化世界的品牌嵌入，对消费者而言，不但是一种新的品牌呈现形式，而且是一种新的时空存在。

2. 建立品牌数字化嵌入

现在，越来越多的企业开展网络销售、网络广告投放、内容营销等数字化营销活动。但开展了这些活动并不等同于建立了品牌的数字化嵌入。营销者作为主要参与方，要围绕以下几点来从事品牌的数字化嵌入。

（1）实现所要即所及。在数字化世界，而不是在某个或几个网站，让消费者实现随时、随地、随场景的无边界、无时空的品牌触达、互动、体验、选择、点赞、评价、分享等。这样，快速促进品牌的市场进入、成长，扩展建立市场基础。

（2）建立超现实联结。品牌的数字化嵌入，是不同于现实消费世界的虚拟世界。目前，许多品牌生成的数字化内容、关系、场景与活动，存在于不同网站或平台。需要通过建立一体性的联结，使消费者随时、随地、随情境地在不同网站、平台、设备上对同一目标品牌进行触达、互动、体验、选择、点赞、评价、分享、推荐等，同时能即时、轻易地搜索品牌的信息、他人评价，有效地激发和促进消费者的初次购买、连续购买和跨产品群的购买。而且，通过建立这种超现实的联结，提升品牌的市场可见性、营销可见性和生活可见性，将公司的品牌和营销活动建立聚合联系，使消费者更容易形成由社会声名、营销地位和表现能力构成的品牌原型认知，促进品牌更快成为市场中的领导品牌，甚至超级品牌。

（3）形成闭环体系。品牌的数字化内容、关系、场景与活动，可能分布和呈现在不同的网站、平台、浏览设备以及消费者使用的各种场景中。消费者关于品牌的触达、互动、体验、选择、点赞、评价、分享等行为，对许多品牌而言，现在并不能全景追踪。例如，通过公域流量、私域流量发生的上述活动是相互隔离的。品牌的数字化嵌入，要支持建立可全景全程实时识别、记录、分析和评价消费者行为的营销闭环系统，才能消除这一隔离障碍。这样，营销者能自主而不是依靠第三方识别、瞄准目标消费者开展精准化营销和整合营销，并建立数字化时代的营销体系。

（4）实时评价品牌绩效。公司建立系统的评价指标，以此评估品牌的数字化嵌入效果，并对相关营销活动进行快速改进，提高品牌营销的产出性。

（三）产品作为原驱动器

对产品的定义和意义化是品牌效应的重要来源。除此之外，产品本身还具备放大品牌效应的驱动力。因此，产品既是品牌的本体，也是品牌化的自发驱动器。作为原驱动器，它以产品本身自动产生驱动力，推动品牌成长和不断强大。

相对而言，广告、促销等外挂的非自发驱动器，需要不断投资（加油）才能激发效应，且停止投资后效应随时间递减甚至骤停。但产品作为自发驱动器，在生产上市后几乎无须再投入成本就能自动释放品牌增强效应。尤其当产品具有好的绩效表现时，通过消费者的继续购买、口碑传播和推荐等溢出效应，使品牌效应的发挥呈现长期的、递增的状况。

在数字化时代，产品对品牌成长和成功的驱动力量比工业化时代更加巨大。在工业化时代，拥有好产品的品牌通过消费者在近距离人际范围内形成口碑，消费者自身的连续购买为品牌增长和品牌资产积累提供驱动力。在数字化时代，它能激发消费者的品牌触达、互动、体验、购买、点赞、评价、分享、推荐，减少取关。由于品牌的数字化嵌入本身产生的网络外溢效应，加上消费者在虚拟世界的品牌触达、互动、体验、购买、点赞、评价、分享、推荐的效果不受时空限制，产品在品牌化中的驱动效果将是工业化时代无可比拟的。

七 其他考虑

（一）确定合适的品牌架构

品牌架构（brand architecture）反映了公司的品牌结构（corporate

brand structure），它定义公司每个产品与品牌的关系，以及各个品牌的角色和品牌之间的关系，明确公司对其产品实施品牌化战略的方式（Aaker 和 Joachimsthaler，2000；Hsu 等，2016；Laforet 和 Saunders，1994；Kapferer，2013；Keller，2013），是公司总体营销战略（overall marketing strategy）的关键内容。可选择的品牌架构有三种基本类型。①多品牌组合架构（house of brands，HOB）。公司旗下拥有一系列相互独立的差异化品牌，不存在自上而下的主导品牌，且每个品牌在市场中将自己的影响最大化，例如宝洁公司、上海家化采取的就是这种战略。②品牌集合体架构（branded house，BH）。公司采用统一的品牌名（一般是公司名）来品牌化旗下所有的产品和服务，例如华为、美的、耐克公司采用的战略。③混合品牌架构（mixed branding，MB）。包括三个子类型，双重品牌（产品品牌名称和公司品牌名称同等程度地呈现）、子品牌（产品品牌名称和公司品牌名称同时呈现，但前者较后者更突出）和背书品牌（产品品牌名称和公司品牌名称同时呈现，但后者较前者更突出）（Laforet 和 Saunders，1994；Hsu 等，2016；Rao 等，2004）。

公司对原创产品从事品牌化时，首要工作是需要对其加以品牌名称。对新创企业而言，它很可能是首个推出上市的产品和品牌，故可直接以公司名称，或与公司名称无关的独立名称作为品牌名。当将公司名称直接作为品牌名时，可实现集中管理，节省营销成本。公司未来的品牌体系发展方向可选择为品牌集合体架构（BH），或者混合品牌架构（MB）。例如小米首先推出的产品手机，采取了将公司名称小米作为手机产品品牌名，在市场扩展阶段又推出了红米、米加品牌，成为混合品牌架构（MB）。海尔公司的品牌架构发展状况也与此类似。当采取与公司名称无关的独立名称作为品牌名时，可为以后的新品牌进入市场获得更多的市场机会，通过提供定制化产品和品牌延伸增加获得新顾客的能力，以及通过建立新品牌的知名度和尝试率提高新产品上市的成功性，但成本相对较高。公司未来的品牌体系发展方向可选择为多品牌组合架构（HOB）。采取这一方式的新创企业不多。

对非新创企业而言，公司在市场上已经推出一个或多个品牌，对后续的新产品品牌化时，比较好的方式是采取混合品牌架构（MB）。新产品一方面保留了公司品牌的名称，使新产品与公司品牌产生关联，新产品可以有选择性地获得公司品牌资产，从而增强消费者对新产品的认知和信任。另一方面，它又带有新的产品品牌名称，这又使其成为市场中的一个新类别，能更好地承载新产品的新特征，以及在营销时增添新的品牌意义，给予不同于公司品牌的定位等（Aaker，2007；Aaker 和 Joachimsthaler，2000；Kapferer，2013；Keller，2013；蒋廉雄等，2015）。此外，它也能避免因新产品与公司品牌的不一致性而对公司品牌资产产生的稀释效应。需要考虑的是突出公司还是突出产品品牌，进一步将其具体确定为背书品牌或子品牌类型。如果强调产品品牌的地位，可采取子品牌架构，如苹果公司手机产品品牌 iPhone。如果强调公司品牌的地位，可采取背书品牌架构，如华为的 nova 等四个手机系列采用了这一架构。

一个特有情况是，许多中国企业在进入市场时，多选择中低端细分市场。在经过一定时间后，品牌被认知为中低端品牌，当企业推出高端新产品进行品牌升级时，为了隔离与原有品牌的关系，对高端新产品往往采取独立品牌命名。例如，步步高公司在 vivo 品牌之外推出中高档 NEX3 手机，无论是产品外观还是广告，均未呈现步步高公司或 vivo 品牌名。类似的，海尔的卡萨帝品牌也采取了这一方式。但这一方式的问题是，失败风险和营销成本均相对较高。

（二）成功成为第一进入者

在品牌原型形成的过程中，消费者将市场中某个初次出现的产品作为类别的参照。因此原创产品品牌化的一个关键问题是如何成为第一市场进入者。许多领导品牌，如王老吉、微信、微博、携程等均是当地市场的第一进入品牌。但是，有时过早的市场进入可能会因消费者缺乏足够需求导致品牌的导入期过长，企业在实力上难以为继。此外，行业内部、外部强大的企业凭借实力优势，可能以第二等后续进入者的时机进入，并强力挤压第一进入者。这些情形都可能让作为第一进入者的品牌未完成市场导入就以失败告终。但是，过迟进入则又可能贻误战机而沦为后来者。因此需要识别进入时机，并采取相应的策略。

1. 时机判断

进入时机可从目标消费者是否形成对产品的消费动机来判断。对消费动机的判断在很大程度上则是观察相关的生活方式是否形成。以凉茶饮料的发展为例，"祛火"是广东等地消费者在日常生活中的一项重要需要，但一直以自煲凉茶或购买药用的凉茶冲剂方式来实现，对"预防上火"的消费动机并未广泛形成。20 世纪 90 年代后，随着外出消费如就餐等生活方式的出现，在就餐等日常生活领域中预防上火的消费动机和方式开始形成。罐装王老吉凉茶饮料适时识别和抓住这一机遇，通过在全国市场优先进入酒楼销售取得了成功。[1] 同样，微信作为移动即时通信服务平台，准确地识别了从基于个人计算机的即时沟通方式到基于移动终端沟通方式转变的时机，在 2011 年初率先进入市场，快速成为市场领导者。

2. 进入策略

在数字化时代，对进入策略可进行多种考虑。一是在全市场同时铺开，实现一次性地建立全市场范围的认知度、市场覆盖和市场防护。如果采取局部市场的新品牌导入，需要经历从局部市场走向全局市场的两个甚至多个阶段，时间进程较长。全范围市场的首发进入，一方面可缩短市场覆盖的时间，另一方面不给行业内部、外部的强势企业通过模仿策略在空挡市场乃至全局市场推出的机会。二是快速进入，以第二、第三批等后来进入者无法追赶的速度推进。速度是影响市场竞争绩效的重要因素，数字化时代尤甚。作为第一进入者必须确保不可超越的速度，让后来者望尘莫及。三是坚持持久战。开创性的

---

[1] 参见蒋廉雄主持的王老吉品牌定位项目研究报告（2003 年 2 月）。

新产品品牌，需要培养消费者的认知和偏好，这个过程可能需要一定时间。作为第一进入者的品牌，需要持久一致的营销，通过坚强的营销耐力，耗尽作为市场跟进者，包括跟进的强势企业、小型企业的营销资源和耐心。携程进入互联网票务预订市场就是采取了上述策略。作为互联网早期票务预订市场的第一进入者，携程率先推出预订网络平台，同时在全国各地机场出入要道安排营销人员派发卡片，激发和培养潜在用户的认知和偏好，市场中随后出现不少的跟进者，纷纷模仿产品以及在机场附近派发卡片的推广方式。但携程在全国范围市场坚持数年不动摇，后续跟进者一部分难以持续退出了市场，一部分一直处于未能超过携程的境地。携程通过这一策略成功保持了作为市场第一进入者的地位，并成为市场的领导者。

（三）激发和促进消费者的产品学习

率先进入市场的品牌，其产品对消费者而言是新的，消费者对它缺乏相关的信息和知识。为让消费者建立关于品牌的产品类别、属性和意义的知识，需要让消费者在生活中尽可能广泛地接触和使用产品，并形成产品的使用习惯，如在何种场合使用、如何使用等。最好的实现方式是普遍性的终端呈现，增加消费者通过接触、试用产品进行学习的机会。在数字化时代，消费者的搜寻行为属于偶然性行为，在其需要被唤醒后，临时在搜索引擎网站、知识社区、社交平台、购物网站进行信息搜寻，并在评估后进行购买，在购买后随时进行点赞、分享和推荐。这种消费者随时、随地、随意进行的偶然性学习是数字化时代的典型行为。为激发和保持消费者的偶然性学习，塑造品牌的网络嵌入性，进入市场的新品牌通过中心化平台、高流量的网络意见领袖（KOL），率先建立高度的内容嵌入性，将消费者的偶然性行为引入自身品牌上来。此外，对于新创企业，由于品牌化能力有限，很难使用高投入的广告、网络引流方式推动消费者认知和购买原创产品，可靠的策略是在现实和数字化终端呈现产品，利用它的独特性，如市场中唯一的产品类别、独有的产品属性等来吸引消费者互动和体验，并使消费者在互动和体验中获得学习。

（四）让消费者对提供物建立高熟悉性和融入感

在数字化时代，偶然性学习是消费者的主要行为模式。在这一模式下，消费者关于品牌的信息储存、搜寻、评价依据主要在其外部——数字化世界进行。而在此之前，消费者关于品牌的信息储存和搜寻，主要是在其内部——大脑进行。作为外部的数字化世界的信息，是过剩的、快速更新的、以机器算法动态操控呈现的，这种特点可能使消费者难以对一个目标品牌建立稳定的知识结构。但品牌原型的建立，则又需要消费者围绕品牌形成关于其声名、地位和表现方面的稳定知识。在这种矛盾的状况下，建立提供物的熟悉性和融入感是可应用的策略。

对品牌的熟悉性来自消费者积累的关于其直接和间接相关的经验（Alba and Hutchinson，1987），包括消费者在不同场景的广告接触、信息搜寻、与销售人员的互动、产品使用、视频观看、内容阅读等。融入是消费者对品牌发生体验、互动，然后付出努力投入其中（沈蕾和何佳婧，2018；朱良杰等，2017；Ramaswamy 和 Ozcan，2016）。融入使消费者不但参与品牌价值共创，而且积累关于品牌的直接经验，形成关于品牌声名、地位、表现的深度知识。可采取的措施包括以下几方面：一是强化品牌在销售终端和平台的呈现。通过进入更多的线上、线下销售终端和平台，扩展品牌的呈现范围，在增加消费者对品牌的注意、接触、试用、购买的同时，强化消费者关于品牌在市场中的声名和地位的认知。二是活化品牌的数字化嵌入。在品牌的数字化嵌入中，激发消费者的内容生产，增加互动、体验活动的趣味性，提升消费者对品牌的关注度并参与产品创意、设计、改进等活动，在此基础上建立消费者关于品牌的表现能力方面的知识。三是将品牌进行"数字界面化"。消费者手中的移动屏幕是数字化时代品牌与消费者建立关系的基本界面，电子商务将品牌的产品、信息、销售终端，从分散在各种与消费者具有地理、时间距离，甚至不可能触达的现实场景向数字移动界面汇聚，但这远远不是全部。在数字化时代，品牌将是"数字界面化"的品牌，关于品牌的产品、信息、销售终端、种养园地、生产车间、生产过程（制造、加工、种养）、运输过程、质控过程甚至内部培训等，通过数字化技术汇聚在移动界面上，实现实时的可视化、互动化、体验化和智能化，以及由此构成的通灵性，使消费者对品牌实现全方位的熟悉和融入。这不但能激发消费者的购买欲，创造新的消费者与品牌关系，提升两者关系的质量，同时还能使消费者形成目标品牌作为市场提供物代表的品牌原型，亦即市场领导者的整体认知。通过上述多种措施，建立和维护品牌的领导地位。

参考文献

［1］何佳讯，2017，《颠覆的品牌逻辑》，《清华管理评论》第 3 期，第78～84 页。

［2］何佳讯、秦翕嫣、杨清云、王莹，2007，《创新还是怀旧？长期品牌管理"悖论"与老品牌市场细分取向——一项来自中国三城市的实证研究》，《管理世界》第 11 期，第 96～107 页。

［3］蒋廉雄、冯睿、朱辉煌、周懿瑾，2012，《利用产品塑造品牌：品牌的产品意义及其理论发展》，《管理世界》第 5 期，第 88～108 页。

［4］蒋廉雄、朱辉煌，2010，《品牌认知模式与品牌效应发生机制：超越"认知－属性"范式的理论建构》，《管理世界》第 9 期，第 95～115 页。

［5］蒋廉雄、冯睿、滕海波、吴水龙，2015，《不同品牌化情境下的新产品采用：消费者创新性和品牌依恋的影响》，《南开管理评论》第 6 期，第 71～80 页。

［6］蒋廉雄、吴水龙、冯睿，2016，《重新理解品牌功能评价过程：基于产品意义建构模型》，《品牌研究》第 5 期，第 7～20 页。

［7］〔美〕劳拉·里斯、阿尔·里斯，2005，《品牌之源》，火华强译，上海人民出版社。

［8］〔美〕艾·里斯、杰克·特劳特，2002，《定位》，王恩冕、于少蔚译，

中国财政经济出版社。

[9] 沈蕾、何佳婧，2018，《平台品牌价值共创：概念框架与研究展望》，《经济管理》第 3 期，第 193 ~ 208 页。

[10] 许晖、邓伟升、冯永春、雷晓凌，2017，《品牌生态圈成长路径及其机理研究——云南白药 1999 ~ 2015 年纵向案例研究》，《管理世界》第 6 期，第 195 ~ 208 页。

[11] 周懿瑾、卢泰宏，2010，《标志品牌研究述评》，《外国经济与管理》第 2 期，第 51 ~ 57 页。

[12] 朱良杰、何佳讯、黄海洋，2017，《数字世界的价值共创：构念、主题与研究展望》，《经济管理》第 1 期，第 195 ~ 208 页。

[13] Aaker, David A. 2007. "Innovation: Brand it or Lose it." *California Management Review* 50: 8 – 24.

[14] Aaker, David A., and Erich Joachimsthaler. 2000. "The Brand Relationship Spectrum: The Key to the Brand Architecture Challenge," *California Management Review* 42: 8 – 23.

[15] Alba, Joseph W., and J. Wesley Hutchinson. 1987. "Dimensions of Consumer Expertise." *Journal of Consumer Research* 13: 411 – 454.

[16] Berry, Norman C.. 1988. "Revitalizing Brands." *Journal of Consumer Marketing* 5: 15 – 20.

[17] Chin-Parker, Seth, and Brian H. Ross. 2004. "Diagnosticity and Prototypicality in Category Learning: A Comparison of Inference Learning and Classification Learning. " *Journal of Experimental Psychology/Learning, Memory & Cognition* 30: 216 – 226.

[18] Edelman, David C.. 2010. "Branding in the Digital Age." *Harvard Business Review* 88: 62 – 69.

[19] Escalas, Jennifer Edson, and James R. Bettman. 2005. "Self-Construal, Reference Groups, and Brand Meaning." *Journal of Consumer Research* 32: 378 – 389.

[20] Granovetter, Mark. 1985. "Economic Action and Social Structure: The Problem of Embeddedness." *American Journal of Sociology* 91: 481 – 510.

[21] Gutman, Jonathan. 1997. "Means-End Chains as Goal Hierarchies." *Psychology & Marketing* 14: 545 – 560.

[22] Hauser, John, Gerard J. Tellis, and Abbie Griffin. 2006. "Research on Innovation: A Review and Agenda for Marketing Science." *Marketing Science* 25: 678 – 717.

[23] Holt, Douglas B.. 2003. "How to Build an Iconic Brand." *Market Leader* 21: 35 – 42.

[24] Holt, Douglas B.. 2004. *How Brands Become Icons: The Principles of Cultural*

Branding. Cambridge, M. A. : Harvard Business School Press.

[25] Hsu, Liwu, Susan Fournier, and Shuba Srinivasan. 2016. "Brand Architecture Strategy and Firm Value: How Leveraging, Separating, and Distancing the Corporate Brand Affects Risk and Returns." *Journal of the Academy of Marketing Science* 44: 261 – 280.

[26] Huffman, Cynthia, and Michael J. Houston. 1993. "Goal-Oriented Experiences and the Development of Knowledge." *Journal of Consumer Research* 20: 190 – 203.

[27] Kapferer, Jean-Noël. 2013. *The New Strategic Brand Management-Advanced Insights and Strategic Think.* P. A. : Kogan Page.

[28] Keller, Kevin Lane. 1993. "Conceptualizing, Measuring and Managing Customer-Based Brand Equity." *Journal of Marketing* 57: 1 – 22.

[29] Keller, Kevin Lane. 1999. "Managing Brands for the Long Run: Brand Reinforcement and Revitalization Strategies." *California Management Review* 41: 102 – 124.

[30] Keller, Kevin Lane. 2013. *Strategic Brand Management.* N. J. : Pearson Education.

[31] Laforet, Sylvie, and John Saunders. 1994. "Managing Brand Portfolios: How the Leaders Do It." *Journal of Advertising Research* 34: 64 – 76.

[32] Lefkoff-Hagius, Roxanne, and Charlotte H. Mason. 1993. "Characteristic, Beneficial, and Image Attributes in Consumer Judgments of Similarity and Preference." *Journal of Consumer Research* 20: 100 – 110.

[33] Lehu, Jean-Marc. 2004. "Back to Life! Why Brands Grow Old and Sometimes Die and What Managers Then Do: An Exploratory Qualitative Research Put into the French Context." *Journal of Marketing Communications* 10: 133 – 152.

[34] Loken, Barbara, and James Ward. 1990. "Alternative Approaches to Understanding the Determinants of Typicality." *Journal of Consumer Research* 17: 111 – 126.

[35] Loken, Barbara. 2006. "Consumer Psychology: Categorization, Inferences, Affect, and Persuasion." *Annual Review of Psychology* 57: 453 – 485.

[36] MacInnis, Doborah J. , Carlos J. Torelli, and Gheol Whee Park. 2019. "Greating Culture Meaning in Products and Brands: A Psychological Perspective. " *Journal of Consumer Psychology* 29: 555 – 562.

[37] McCracken, Grant. 1986. "Culture and Consumption: A Theoretical Account of the Structure and Movement of the Cultural Meaning of Consumer Goods." *Journal of Consumer Research* 13: 71 – 84.

[38] Nedungadi, Prakash J. , and Wesley Hutchinson. 1985. "The Prototypicality of

Brands: Relationships with Brand Awareness, Preference and Usage."
Advances in Consumer Research 12: 498 – 503.

[39] Park, C. Whan, Bernard J. Jaworski, and Deborah J. MacInnes. 1986. "Strategic Brand Concept-Image Management." *Journal of Marketing* 50: 621 – 635.

[40] Ramaswamy, Venkat, and Kerimcan Ozcan. 2016. "Brand Value Co-Creation in a Digitalized World: An Integrative Framework and Research Implications." *International Journal of Research in Marketing* 33: 93 – 106.

[41] Rao, Vithala R., Manoj K. Agarwal, and Denise Dahlhoff. 2004. "How Is Manifest Branding Strategy Related to the Intangible Value of a Corporation?" *Journal of Marketing* 68: 126 – 41.

[42] Reibstein, David J.. 1985. *Marketing: Concepts, Strategies, and Decisions.* Englewood Cliffs: Prentice-Hall Inc..

[43] Solomon, Michael R.. 2009. *Consumer Behavior.* N. J.: Pearson Education.

[44] Swaminathan, Vanitha, Karen L. Page, and Zeynep Gurhan-Canli. 2007. " 'My' Brand or 'Our' Brand: The Effects of Brand Relationship Dimensions and Self-Construal on Brand Evaluations." *Journal of Consumer Research* 34: 248 – 259.

[45] Torelli, Carlos J., and Jennifer L. Stoner. 2015. "Managing Cultural Equity: A Theoretical Framework for Building Iconic Brands in Globalized Markets." *Review of Marketing Research (Brand Meaning Management)* 12: 83 – 120.

[46] Ward, James, and Barbara Loken. 1986. "The Quintessential Snack Food: Measurement of Product Prototypes." *Advances in Consumer Research* 13: 126 – 131.

图书在版编目（CIP）数据

数字化时代建立领导品牌：理论与模式创新／蒋廉
雄著．－－北京：社会科学文献出版社，2020.1
ISBN 978－7－5201－5928－9

Ⅰ.①数… Ⅱ.①蒋… Ⅲ.①数字化－品牌战略－研
究 Ⅳ.①F273.2

中国版本图书馆 CIP 数据核字（2020）第 004745 号

数字化时代建立领导品牌：理论与模式创新

著　　者／蒋廉雄

出 版 人／谢寿光
组稿编辑／邓泳红　吴　敏
责任编辑／王　展　柯　宓

出　　版／社会科学文献出版社·皮书出版分社（010）59367127
　　　　　　地址：北京市北三环中路甲 29 号院华龙大厦　邮编：100029
　　　　　　网址：www.ssap.com.cn
发　　行／市场营销中心（010）59367081　59367083
印　　装／三河市尚艺印装有限公司

规　　格／开本：787mm×1092mm　1/16
　　　　　　印 张：15.25　字 数：219 千字
版　　次／2020 年 1 月第 1 版　2020 年 1 月第 1 次印刷
书　　号／ISBN 978－7－5201－5928－9
定　　价／89.00 元